DEUTSCHE AKADEMIE DER WISSENSCHAFTEN ZU BERLIN

SCHRIFTEN DES ZENTRALINSTITUTS FÜR GESCHICHTE

REIHE II: LANDES- UND REGIONALGESCHICHTE

BAND 10

HILDEGARD HOFFMANN

Handwerk und Manufaktur in Preußen 1769

(Das Taschenbuch Knyphausen)

mit einer Karte

AKADEMIE-VERLAG BERLIN

1969

Erschienen im Akademie-Verlag GmbH, 108 Berlin, Leipziger Straße 3–4

Lizenznummer: 202 · 100/221/69
Kartengenehmigung Nr. 566/69
Offsetdruck und buchbinderische Weiterverarbeitung: VEB Druckerei „Thomas Müntzer", 582 Bad Langensalza
Bestellnummer: 2083/II/10 · ES 14 E
31,–

INHALTSVERZEICHNIS

I. Einleitung 5

II. Zur Entwicklung der preußischen Gewerbe- und Manufakturstatistik im 18. Jahrhundert 7

III. Das statistische Taschenbuch des Dodo Heinrich Frhr. v. Knyphausen für das Jahr 1769 13

1. Beschreibung 13
2. Der Eigentümer des Taschenbuches 14
3. Zur Entstehung des Taschenbuches 16
4. Inhalt und Bedeutung des Taschenbuches 17

IV. Entwicklungsstand und regionale Verteilung der gewerblichen Produktion 26

1. Verteilung der unmittelbaren Produzenten auf die verschiedenen Produktionszweige und Provinzen 27
2. Verteilung der Unternehmen und unmittelbaren Produzenten auf Stadt und Land 32
   a) Die gewerbliche Produktion auf dem platten Lande 33
   b) Die städtische Produktion 37
3. Die kleine Warenproduktion 43
4. Kapitalistische Unternehmen 51
5. Stellung der Unternehmer und Lebensdauer der Unternehmen 61
6. Entwicklungsstand der kapitalistischen Kräfte in Preußen 65

V. Schlußbemerkungen 72

VI. Anmerkungen 73

VII. Anhang

1. Listen derer in sämtlichen königlichen Provinzen befindlichen Fabriken und Manufakturen nach Ordnung derer Provinzien pro anno 1769 95
2. General-Designation aller in sämtlichen königlichen Provinzien, exklusive Schlesien, befindlichen Manufakturen nach alphabethischer Ordnung pro anno 1769

3. Designation derer Manufakturbediente, Fabrikanten und Ouvriers, welchen alljährlich aus dem Manufaktur- und andern Fonds ihre Besoldungen, Pensions, Hausmiete, Subsistenz- und Wartegelder, Interessen von eigen Darlehn und andere Douceurs bezahlt werden, nach dem Alphabeth 193
Erläuterungen zu einzelnen Bezeichnungen 202
Geographisches Register 206
Personenregister 209

I. EINLEITUNG

Trotz zahlreicher Arbeiten über einzelne Gebiete, Produktionszweige und Probleme fehlt noch immer eine umfassende Darstellung der wirtschaftlichen Entwicklung Deutschlands in der Vorbereitungszeit der kapitalistischen Produktion, besonders im 18. Jahrhundert. Eine solche Untersuchung wird aber erst die Grundlage für eine fundierte Beurteilung der Rolle der deutschen Territorialstaaten in dem Übergangsprozeß vom Feudalismus zum Kapitalismus in Deutschland und damit auch im Rahmen der deutschen Geschichte dieses Zeitabschnittes überhaupt geben.

Die bisherigen Gesamtdarstellungen zur deutschen Geschichte und Wirtschaftsgeschichte, die diese Zeit zum Teil ziemlich summarisch behandeln, lassen deutlich erkennen, welche Schwierigkeiten hier noch zu überwinden sind. Vor allem fehlt eine vergleichende Analyse der Auswirkungen aller politischen, insbesondere wirtschaftspolitischen Maßnahmen sowohl innerhalb der einzelnen Territorien wie auch auf die nationale Geschichte. Besondere Aufmerksamkeit verdient in diesem Zusammenhang Brandenburg-Preußen. Die unterschiedliche Bedeutung seiner einzelnen Gebietsteile und die damit verbundene unterschiedliche wirtschaftspolitische Behandlung machen hier die Untersuchung besonders problematisch.

Eine wichtige Voraussetzung für die Darstellung der wirtschaftlichen Entwicklung ist selbstverständlich die Erfassung des konkreten Verlaufs der verschiedenen wirtschaftshistorischen Vorgänge. Eine bedeutsame Quellengruppe stellen dabei die Gewerbe- und Manufakturstatistiken dar, die uns wichtige Aufschlüsse über die Herausbildung der Warenproduktion und vor allem der kapitalistischen Elemente in der gewerblichen Produktion geben.

Die vorliegende Arbeit stellt sich die Aufgabe, zu diesem Fragenkomplex einen kleinen Beitrag zu leisten, indem sie eine bisher unbekannte handschriftliche Quelle über den Stand der gewerblichen Produktion Preußens im Jahre 1769/70 der Öffentlichkeit vorlegt, ihre Entstehungsgeschichte, Aussagekraft und Bedeutung erforscht und gleichzeitig anhand derselben den Entwicklungsstand der gewerblichen Produktion Preußens zu analysieren versucht.[1] Die Quelle stammt aus der ehemaligen Bibliothek des Statistischen Reichsamtes und gelangte mit dieser nach 1945 in die Bibliothek der damaligen Wirtschaftswissenschaftlichen Fakultät der Humboldt-Universität zu Berlin.[2] Ihr Titel lautet "Listen derer in sämtlichen königlichen Provinzien befindlichen Fabriken und Manufakturen nach Ordnung derer Provinzien, pro anno 1769". Diese statistische Übersicht über die Manufakturen Preußens ist eine der ausführlichsten Tabellen, die uns für das 18. Jahrhundert erhalten geblieben sind. Sie umfaßt alle preußischen Gebiete mit Ausnahme Schlesiens.

II. ZUR ENTWICKLUNG DER PREUSSISCHEN GEWERBE- UND MANUFAKTURSTATISTIK IM 18. JAHRHUNDERT

Für die Auswertung statistischer Materialien ist von entscheidender Bedeutung, zu welchem Zweck sie zusammengestellt sowie unter welchen gesellschaftlichen und technischen Bedingungen die betreffenden Erhebungen durchgeführt wurden. Daher sollen im folgenden die Entwicklungsbedingungen der Statistik im Preußen des 18. Jahrhunderts - insbesondere die Entstehung der Gewerbe- und Manufakturstatistik - kurz untersucht werden.

Zur Durchsetzung der immer umfangreicher werdenden finanz- und wirtschaftspolitischen Maßnahmen des preußischen Militärstaates war ein zentralisierter Verwaltungsapparat notwendige Voraussetzung. Dieser wurde im wesentlichen in der 1. Hälfte des 18. Jahrhunderts geschaffen, vor allem seit dem Regierungsantritt Friedrich Wilhelms I., so daß Brandenburg-Preußen schon nach wenigen Jahrzehnten einer der bestorganisierten feudal-absolutistischen Territorialstaaten Deutschlands war.[3] Eine wichtige Etappe auf diesem Wege war die endgültige Verselbständigung der obersten Kommissariatsbehörde als Generalkriegskommissariat (1712), die Umbildung der Hofkammer in das Generalfinanzdirektorium (1713) mit endgültig direkt dem König unterstellten, kollegial geleiteten Spitzen sowie einer gleichzeitig durchgeführten vollkommeneren inneren Organisation (Neuordnung des Domänenwesens, Wiederherstellung des Kammerguts, Einführung eines festen Staatsetats und Neuregelung des Schulden- und Rechnungswesens). Damit waren die Voraussetzungen für eine umfangreichere Verwaltungstätigkeit geschaffen, die sich nicht allein auf die unmittelbaren militärischen Belange einerseits und die Erhebung der immer umfassenderen Steuern andererseits, sondern auf alle wirtschaftspolitischen Maßnahmen erstreckte.

Der nächste entscheidende Schritt war die Vereinigung der beiden wichtigsten Behörden zum General-Ober-Finanz-, Kriegs- und Domänen-Direktorium, einem Ministerium für Inneres, Finanzen und Militärverwaltung. Entsprechend wurden kurz darauf in den Provinzen die Amtskammern und Kriegskommissariate zu sogenannten Kriegs- und Domänenkammern zusammengelegt.[4] Das Generaldirektorium, wie es kurz genannt wurde, bestand aus vier Provinzialdepartements, von denen jedes für mehrere Provinzen, darüber hinaus für einige Sachgebiete in allen Provinzen zuständig war[5], und dem fünften Departement, dem Justizdepartement.[6]

Mit der Schaffung des Generaldirektoriums und der Kriegs- und Domänenkammern hatte der preußische Militärstaat die zur Durchsetzung seiner machtpolitischen Pläne erforderlichen administrativen Voraussetzungen geschaffen. Hauptzwecke der gesamten inneren Verwaltung waren für Friedrich Wilhelm I. und Friedrich II. die Vergrößerung des Heeres, die Verbesserung seiner Ausrüstung und die Steigerung seiner Schlagkraft. Daher war die preußische Wirtschaftspolitik selbst in Friedenszeiten in erster Linie auf die militärischen Belange ausgerichtet.[7] In kaum einem anderen großen Staat hatte das Heer für die Wirtschaft eine derartig große Bedeutung wie in Preußen, wo dessen Umfang rund 4 Prozent der Gesamtbevölkerung erreichte.[8] Neben der ersten und Hauptaufgabe dieser Behördenorganisation - der Erhebung und Verwaltung der staatlichen Einnahmen - gewannen mit dem Streben des Staates nach Steigerung der Einnahmen und Erweiterung der Einnahmequellen im Rahmen der Verwaltung die wirtschaftspolitischen Belange eine zunehmende Bedeutung. Mit allen ihm zur Verfügung stehenden Mitteln suchte der absolutistische Staat die Waren- und Geldwirtschaft zu fördern. Dazu war zunächst eine genauere Kenntnis der wirtschaftlichen Verhältnisse in Stadt und Land notwendig. Die "Statistik" - das Wort wurde damals noch in der allgemeinen und ursprünglichen Bedeutung "Staatskunde" gebraucht - erhielt die Aufgabe, die Ansatzpunkte für die Wirtschaftspolitik aufzuzeigen. Gleichzeitig sollten die statistischen Daten als Kontrollmittel für die Ergebnisse der wirtschaftspolitischen Maßnahmen dienen. In immer größerem Umfang wurden die Verwaltungsorgane mit statistischen Erhebungen der verschiedensten Art beauftragt.[9]

Das erhöhte Gewicht, das die Statistik für die Wirtschaftspolitik erhielt, zeigt die Entwicklung der Gewerbestatistik besonders eindringlich. Die anfänglichen Ermittlungen über den Zustand der Städte wurden immer mehr erweitert und von 1722 an als sogenannte Historische Tabellen der Städte jedes Jahr neu zusammengestellt.[10] Im gleichen Jahr wurde zum erstenmal eine umfassendere statistische Erfassung des platten Landes angeordnet, die als Historische oder "Haupttabellen vom Detail des Landes" dem Generalkriegskommissariat von sämtlichen Provinzen einzureichen war. In den 24 Rubriken dieser Tabellen war u.a. die Zahl der Landhandwerker anzugeben, die eines der außerhalb der Städte zugelassenen sechs Handwerke trieben.[11] Neben diesen Erhebungen über die städtische und ländliche Bevölkerung erfolgten besondere Aufnahmen der gewerblichen Produzenten in Stadt und Land. So bereiste eine von Friedrich Wilhelm I. ernannte Kommission sämtliche Städte der Kurmark, um alle vorhandenen gewerblichen Arbeitskräfte zu erfassen. Bald darauf wurden alle Provinzialbehörden angewiesen, Nachweisungen zusammenstellen zu lassen über die Zu- bzw. Abnahme der "bürgerlichen Nahrungen", über die Zahl der Kaufleute und Handwerker sowie über die in jeder Stadt noch fehlenden Gewerbe.[12] Ferner wurde eine besondere Kommission zur Untersuchung des Handwerkswesens auf dem platten Lande und über die dort zuzulassenden Handwerker eingesetzt.[13]

Neben diesen Erhebungen erfolgte 1718 eine allgemeine Aufnahme der Zahl und des Betriebsumfanges der Seiden-, Woll-, Leinen- und Eisenwarenproduzenten. In Berlin wurde 1720 auf Verlangen des Königs eine 128 Berufe umfassende Erhebung durchgeführt, die mit der Beantwortung von 27 Fragen "vom Zustande der hiesigen Residenzstädte einen kurzen und doch deutlichen Bericht" geben sollte.[14] Obwohl alle diese Erhebungen nach Anlage und Durchführung noch mangelhaft waren, so waren sie doch für die staatlichen Bedürfnisse wichtige Hilfsmittel und für damalige Verhältnisse, gemessen an anderen Staaten, ein Fortschritt. Die Zentralverwaltung bekam dadurch einen besseren Überblick. Auf Grund dieser Erhebungen wurde bereits in dem Jahrzehnt vor der Gründung des Generaldirektoriums eine große Anzahl von Handels- und Gewerbeordnungen erlassen.

Nach der Errichtung des Generaldirektoriums drückte sich die größere wirtschaftspolitische Aktivität auch in der Zunahme statistischer Erhebungen aus. Im Interesse einer besseren Ausnutzung der Statistik für die wirtschaftspolitischen Belange wurden die Erhebungsmethoden allmählich verfeinert. In der Instruktion für das Generaldirektorium vom Dezember 1722[15] forderte man Nachweis darüber, welche Arten der Woll-, Eisen-, Holz- und Lederproduktion betrieben wurden und wie viele Produzenten noch angesetzt werden könnten. Da sich Historische Tabellen der Städte zunächst mit der Feststellung der Einwohnerzahlen, gegliedert nach Hauswirten, Kindern und Gesinde, begnügten, erfolgten die entsprechenden Erhebungen durch die Kriegs- und Domänenkammern in den "Tabellen von den in den Städten befindlichen Kaufleuten, Künstlern und Handwerkern".[16]

In dem vom Staat am stärksten geförderten Produktionszweig - der Wollindustrie - spielten die verschiedenen statistischen Erhebungen für die Vorbereitung und Kontrolle aller staatlichen Maßnahmen eine besondere Rolle. Daher entwickelte sich die Statistik hier schneller als in anderen Produktionszweigen. Ausgangspunkt der Erhebungen war die staatliche Kontrolle des Wollhandels, die seit 1717 zur Anfertigung von Tabellen über den Handel der kleinen Wollproduzenten benutzt wurde. 1721 dehnte man diese Erhebungen auf die vom Adel erzeugte Wolle - deren Ausfuhr inzwischen verboten worden war - aus und ordnete 1723 schließlich an, daß jährlich für jeden Kreis die gesamte Wolle nach Qualität und Menge der verarbeiteten Wolle gegenüberzustellen sei.[17] Seit 1723 wurde diese Statistik der Erzeugung und Verarbeitung der einheimischen Wolle durch die Ermittlung der Meister- und Gesellenzahlen in den verschiedenen Zweigen der Wollindustrie ergänzt.[18] Dabei waren zwei aufeinanderfolgende Jahre einander gegenüberzustellen und Zu- und Abgänge zu erklären. Die dem Generaldirektorium eingereichten Provinzialtabellen wurden hier zu Generaltabellen zusammengefaßt.

Bald nach der Wollindustrie wurden allmählich auch die übrigen Gewerbezweige statistisch erfaßt, und zwar einmal durch eine Erweiterung der Historischen Tabellen für Stadt und Land[19] und zum anderen durch eine Ausdehnung der bei der Wollindustrie üblichen Erhebungen. So hatten die Provinzial-Fabrikenkommissare nach ihrer Instruktion von 1736 alljährlich eine "accurate Balance vom vorigen und laufenden Jahre einzusenden und darin anzuzeigen, wie viele Meister, Gesellen und Jungen bei jedem Gewerbe der Tuch-, Zeug-, Hut- und Strumpfmacher, Leineweber, Tabakspinner, Loh- und Weißgerber vorhanden gewesen, auch wie viele Stühle bei den Woll- und Leinenfabrikanten in wirklicher Arbeit gestanden und wie viele davon ledig gewesen, auch die Ursache von Plus und Minus in solcher Tabelle beizufügen[20]."

Unter Friedrich II. ergaben sich in der Stellung und Bedeutung des Generaldirektoriums wesentliche Veränderungen, die auch für die Entwicklung der Statistik von Bedeutung waren. Während unter Friedrich Wilhelm I. die eigentliche Geschäftsführung im Generaldirektorium noch im wesentlichen bei den dirigierenden Ministern und ihren Räten gelegen hatte, sank es im Laufe der folgenden Jahre gegenüber dem königlichen Kabinett immer mehr zu einer Art Zwischeninstanz herab, deren wichtigste Aufgabe die formale Kontrolle der Kriegs- und Domänenkammern war, während der König - oftmals sogar unter Umgehung des Generaldirektoriums - in zunehmendem Maße von seinem Kabinett aus die Verwaltungsgeschäfte selbst erledigte. Die zentrale Verwaltungsstelle, bei der alle Geschäfte zusammenliefen, wurde mehr und mehr das Kabinett des absolutistischen Herrschers.

Die unter Friedrich II. neu annektierten Gebiete - Schlesien und später Westpreußen - wurden überhaupt nicht mehr dem Generaldirektorium unterstellt. Die Notwendigkeit einer stärkeren Arbeitsteilung führte dazu, daß in dem kollegial geleiteten Generaldirektorium immer mehr Fachabteilungen mit zunehmender Selbständigkeit gebildet wurden. So wurden 1740 ein V. Departement für Post-, Handels- und Gewerbesachen, 1746 das VI. Departement für Militärverwaltung, 1768 das Bergwerks- und Hüttendepartement und 1771 das Forstdepartement geschaffen. Ein Teil dieser Fachdepartements war formal noch dem Generaldirektorium, faktisch aber direkt dem König unterstellt.

Die wichtigste dieser Veränderungen in der Behördenorganisation war die Gründung des V. Departements für Post-, Handels-, Gewerbe- und städtische Kolonistensachen.[21] Jetzt wurde die Statistik noch mehr als bisher in den Dienst der staatlichen Wirtschaftspolitik gestellt. Das V. Departement war, wie Behre feststellt[22], im wesentlichen ein statistisches Büro.

Friedrich II. verlangte von ihm sehr bald eine Fülle von statistischen Nachweisungen, die einen beachtlichen Fortschritt der preußischen Gewerbestatistik erkennen lassen. Zunächst handelte es sich wohl in erster Linie um zahlreiche Einzelerhebungen[23], aber sehr bald wurden besonders wichtige Daten durch fortlaufende Erhebungen ermittelt. So gab es z.B. seit 1742 über die Entwicklung der gewerblichen Produktion für Berlin laufende Nachweisungen. Seit 1747/48 wurden wieder die längere Zeit nicht vorhandenen Historischen Tabellen vom Zustand der Städte und des platten Landes aufgestellt, wobei man das früher übliche Schema jetzt nach und nach erweiterte. Ebenso wurde auch die Handwerkertabelle hinsichtlich der erfaßten Berufe fortlaufend erweitert.

Neben der Wollproduktion erlangte in dieser Zeit die Seidenproduktion, das Steckenpferd aufgeklärt-absolutistischer Wirtschaftspolitik, größere Bedeutung. Der Anfang war mit einer umfassenden statistischen Erhebung über den Stand der Seidenindustrie in Preußen 1744 gemacht worden. In der Folgezeit wurden über die weitere Entwicklung dieses Industriezweiges fortlaufend Untersuchungen angestellt, wobei man im allgemeinen die Unternehmen und die Anzahl ihrer Stühle ermittelte. Über die Wollproduktion wurde seit 1752 laufend eine umfangreiche Tabelle zusammengestellt, die man in den 60er Jahren in drei besondere Teile zerlegte.[24]

Der entscheidende Fortschritt in der Entwicklung der Gewerbestatistik wurde jedoch durch die allmähliche Schaffung von Manufakturtabellen erreicht. Seit Ausgang der 40er Jahre bemühte man sich um eine umfassende und fortlaufende Erhebung aller vorhandenen "Manufakturen und Fabriken". Bereits 1740 waren zu diesem Zweck Fragebogen zur Erfassung aller Seiden-, Woll-, Baumwoll- und Leinen-, Leder-, Metall-, Holz-, Ton- und Glasproduzenten ausgearbeitet worden.[25] Offenbar handelte es sich bei diesen Erhebungen schon um Vorläufer der späteren Manufakturtabellen, die dann in den 60er Jahren - nach Beendigung des Siebenjährigen Krieges - einen gewissen ersten Abschluß der Entwicklung der Gewerbestatistik darstellen.

Das Schema, nach dem die Manufakturtabellen nach dem Siebenjährigen Krieg von den Kammern anzufertigen waren, enthielt folgende Fragen:[26]

1. Namen der Stadt
2. Fabriken oder Manufakturen
3. Auf wieviel Metiers oder Stühle sie angelegt sind?
4. Wieviel wirklich im Gange und warum die übrigen nicht?
5. Wieviele Ouvriers bei den Fabriken sind, so keine Metiers haben?[27]
6. Namen der Entreprenneurs und woher sie gekommen?

7. Wann solche angelegt worden?
8. Welche Privilegia darauf erteilt sind und auf wieviel Jahr?
9. Wieviel Vorschuß sie bekommen aus königlichen oder anderen Kassen?
10. Welche Konditiones ihnen sonst zugestanden sind?
11. Wieviel an Waren pp. jährlich darin gefertigt werden?
12. Wohin der Absatz der Waren sei?
13. Woher die rohen Materialien kommen und die Zutat und wieviel davon jährlich erfordert wird?
14. Praktikable Vorschläge, wie jedes Orts Fabrik besser zu poussieren
15. Welche Fabrik wieder eingegangen und aus was für Ursachen?

Entsprechend dem damaligen Sprachgebrauch, der die Begriffe Manufaktur und Fabrik synonym anwandte, sollten in den Manufakturtabellen alle gewerblichen Unternehmen sowie zünftigen und unzünftigen gewerblichen Produzenten erfaßt werden, deren Produktion über den Rahmen des örtlichen Bedarfs hinausging, die also für den Handel arbeiteten, während die nur auf Kundenbestellung (Lohnwerk) sowie für den örtlichen Konsum arbeitenden Produzenten weiterhin in den Handwerkertabellen erschienen.

Unter Friedrich II. verlagerte sich mit der stärkeren Konzentration aller Regierungsgeschäfte auf den absolutistischen Herrscher auch das Zentrum der statistischen Erhebungen immer mehr in das Kabinett, so daß erst hier die Erhebungsunterlagen aller Ressorts zusammenliefen.

Welchen Umfang die regelmäßigen und unregelmäßigen statistischen Erhebungen dann besonders nach dem Siebenjährigen Krieg erreichten, zeigt eindringlich eine Nachweisung der Kurmärkischen Kammer aus dem Jahre 1763. Es waren insgesamt 34 verschiedene Erhebungen, die jährlich auszuführen waren, 2 halbjährlich, 10 vierteljährlich sowie verschiedene monatlich. Darüber hinaus hatten einzelne Kammern - entsprechend der Eigenart ihrer Provinz - weitere Tabellen einzusenden.[28]

III. DAS STATISTISCHE TASCHENBUCH DES DODO HEINRICH FRHR. V. KNYPHAUSEN FÜR DAS JAHR 1769

1. Beschreibung

Unsere Tabelle besteht aus einem in braunes Leder eingebundenen, etwa 1 cm starken Büchlein im Oktavformat. Die beiden Deckel tragen eine eingeprägte Goldrandverzierung, der Buchrücken hat ebenfalls Verzierungen in Goldprägedruck. Das Bueh besteht aus insgesamt 62 Blättern und enthält nur handschriftliche Eintragungen. Während die ersten vier und letzten zehn Blätter sowie die Rückseite des 52. Blattes nicht gekennzeichnet sind, tragen die übrigen laufende - von 1 bis 95 - Nummern auf jeder Seite. Das vierte, nicht paginierte Blatt trägt auf der Vorderseite folgende Aufschrift: "Listen derer in sämtlichen königlichen Provinzien befindlichen Fabriken und Manufakturen nach Ordnung derer Provinzien, pro anno 1769." Darunter befindet sich - von anderer Hand - der Namenszug "v. Knyphausen".

Das Buch ist in drei Teile gegliedert. Der erste (S. 1-52) enthält in 6 bzw. 7 Spalten eine nach Landesteilen ("Provinzen") und Orten angelegte Tabelle der "Fabriken und Manufakturen". Die einzelnen Territorien sind jeweils zusammenhängend in folgender Reihenfolge aufgeführt: Kurmark (S. 1-21), Neumark (S. 22-25), Herzogtum Magdeburg (S. 26-29), Fürstentum Halberstadt (S. 30), Pommern (S. 31-33), Preußen (S. 34-38), Litauen[29] (S. 39-40), Herzogtum Kleve (S. 41-44), Fürstentum Mörs (S. 45), Herzogtum Geldern (S. 46), Grafschaft Mark (S. 47-49), Fürstentum Minden und Grafschaft Ravensberg (S. 50 f.) und Fürstentum Ostfriesland (S. 52). In der ersten Spalte sind lediglich für die Neumark die in Spalte 2 in alphabetischer Reihenfolge angeführten Orte fortlaufend numeriert, während es für die übrigen Gebiete hier keine Eintragungen gibt. In der dritten Spalte sind die einzelnen Manufakturzweige - ebenfalls alphabetisch geordnet - aufgeführt. Die vierte enthält die Gründungsjahre der Unternehmen und die fünfte die Namen der Unternehmer. In der sechsten und siebenten Spalte werden die in den Unternehmen arbeitenden Stühle sowie Arbeiter ausgewiesen.

Die zweite Tabelle beginnt auf Seite 53 mit folgendem Titel: "Generaldesignation aller in sämtlichen königlichen Provinzien, exklusive Schlesien befindlichen Manufakturen nach alphabetischer Ordnung pro anno 1769". Während in der ersten Spalte fortlaufend durch Buchstaben (A-Z) der Beginn der in Spalte 2 nach dem Alphabet aufgeführten Produktengruppen gekennzeichnet ist, werden in den Spalten 3-8 neben den Standorten der Unternehmen (Spalte 4 und 5) die gleichen Angaben wie in der ersten Tabelle gemacht (Spalte 3: Namen der Unternehmer, Spalte 6: Gründungsjahr, Spalte 7 und 8: Stuhl- und Arbeiterzahl). Die Tabelle umfaßt die Seiten 55-80. Die dritte Tabelle beginnt auf Seite 81 mit folgender Aufschrift: "Designation derer Manufakturbediente, Fabrikanten und Ouvriers, welchen alljährlich aus dem Manufaktur- und anderen Fonds ihre Besoldungen, Pensions, Hausmiete, Subsistenz- und Wartegelder, Interessen von eigen Darlehn und andere Douceurs bezahlet werden nach dem Alphabet." Sie umfaßt die Seiten 82 bis 93. In alphabetischer Reihenfolge (Register in Spalte 1) und für jeden Buchstaben laufend numeriert (Spalte 2) sind die Namen der Empfänger (Spalte 3), deren Funktion (Spalte 4), ihre Herkunft (Spalte 5), die Kasse, die die Zahlung zu leisten hat (Spalte 6), aufgeführt. In den folgenden Spalten ist der Zweck der Zahlung (Pensionen, Hausmieten usw.) mit der Höhe des betreffenden Betrages (Spalte 7-12), in Spalte 13 schließlich die Gesamtsumme für jeden Empfänger, und in der 14. Spalte sind Bemerkungen enthalten. Unsere Ausführungen sollen sich auf die beiden ersten Tabellen beschränken, während die dritte nur der Vollständigkeit halber mit aufgenommen wurde.[30] Bevor wir aber auf den Inhalt der Tabellen näher eingehen, sind noch einige Bemerkungen über die Entstehung des Tabellenbuches sowie über seinen ursprünglichen Eigentümer zu machen, da diese Angaben uns auch für die Einschätzung des Inhaltes der Tabellen Hinweise geben.

2. Der Eigentümer des Taschenbuches

Ursprünglicher Eigentümer des Taschenbuches war, wie aus dem auf dem Titelblatt enthaltenen Namenszug hervorgeht, v. Knyphausen. Der einzige Träger dieses Namens, der als ursprünglicher Eigentümer unserer Quelle in Frage kommt und dem wir ihre Entstehung zu verdanken haben, ist der seit 1765 als Commissaire général de Commerce im V. Departement des Generaldirektoriums tätige Dodo Heinrich Freiherr von Knyphausen. Diese Annahme wird durch einen Vergleich des Namenszuges auf dem Titelblatt mit verschiedenen in den Akten des Generaldirektoriums[31] erhaltenen Unterschriften bestätigt. Über Knyphausen und seine Tätigkeit in der preußischen Verwaltung - wenigstens soweit sie in unserem Rahmen von Interesse ist - war leider nur wenig in Erfahrung zu bringen.[32] Im Berliner Adress-Kalender der Jahre 1766 bis 1774 findet sich folgende Eintragung über ihn:

> "Hr. Dodo Heinrich Freiherr von Knyphausen, Commissaire général de Commerce, auch Geh. Legationsrat, Drost des Amts Stickhausen in Ostfriesland, Erbherr auf Visquard, Jennelt etc., wohnt auf Neustadt am Brandenburger Tor in des Kaufmann Sieburg Haus."[33]

Knyphausen, der die diplomatische Laufbahn einschlug, war zunächst Sekretär des preußischen Gesandten in Stockholm und kam 1751 in gleicher Eigenschaft nach Paris. In dieser Stellung zeichnete er sich so aus, daß er - erst 24jährig - zum preußischen Gesandten ernannt wurde. Diesen Posten hatte er bis Ende 1756 inne. 1758 erhielt er von Friedrich II. unter Ernennung zum Bevollmächtigten Minister den Auftrag, die ins Stocken geratenen Verhandlungen mit England wegen des Subsidienvertrages in London zu Ende zu führen.[34] 1763 wurde er - nach mehrfachen Gesuchen - zurückberufen und verließ den diplomatischen Dienst.

1763 übertrug Friedrich II. ihm den gerade neu geschaffenen Posten eines Commissaire géneral de Commerce beim Generaldirektorium. Knyphausen erhielt den Rang eines Geheimen Finanzrates und zeichnete auch alle Berichte und Verfügungen des Departements zusammen mit den übrigen Mitgliedern des Departements. Sein Aufgabengebiet umfaßte die beim Fabrikendepartement "vorfallenden extraordinairen Kommerzien-, Manufaktur- und Fabriksachen, besonders die zu treffenden neuen Arrangements in Finanz- und Kommerziensachen".[35] Neben den allgemeinen Manufaktur- und Handelsangelegenheiten gehörten besonders zu seinem Aufgabenbereich die in dieser Zeit von Friedrich II. geplanten und teilweise auch schon geschaffenen großen Monopolunternehmen wie die Levantekompanie[36], die Holzhandlungskompanie[37], die Bank[38], ferner die Vorbereitung eines neuen Stempelediktes[39] sowie die Verpachtung des Tabakmonopols und der Tabakregie[40]. Trotz dieser im Rahmen der preußischen Verwaltung gewiß hervorragenden Stellung trat v. Knyphausen, soweit wir es auf Grund des uns überlieferten Materials beurteilen können, in dieser Tätigkeit wenig hervor. Die Ursache wird einmal in der allgemeinen Tendenz des absoluten Herrschers zu suchen sein, von seinem Kabinett aus immer stärker in alle Einzelheiten der Staatsverwaltung einzugreifen, keinen ernsthaften Widerspruch zu dulden und auch die höchsten Beamten lediglich als ausführende Organe seiner Pläne und Anordnungen zu betrachten. Ob der mit den französischen und besonders den fortschrittlichen englischen Verhältnissen vertraute Knyphausen immer den Vorstellungen und Befehlen Friedrichs II. zustimmte, erscheint zumindest fraglich.[41] Hinzu kam, daß Knyphausen - und dies lag in der Eigenart der damaligen Verwaltungsorganisation begründet - auch infolge der wenig klaren Aufgabenstellung für seinen Posten und der sich überschneidenden Kompetenzbereiche der einzelnen Departements und ihrer Mitglieder in seiner Tätigkeit nicht recht zum Zuge kam. Offenbar unerträglich wurde für ihn diese Situation, als 1774 ein unfähiger Minister die Leitung des V. Departements erhielt, der eine äußerlich strenge bürokratische Ordnung einführte und damit gleichzeitig die bevorrechtigte Stellung von Knyphausen beseitigte.[42] Diese Unstimmigkeiten trugen mit Sicherheit auch dazu bei, daß v. Knyphausen Anfang 1775 auf eigenen Wunsch aus dem Generaldirektorium ausschied.[43]

Die geringen Entfaltungsmöglichkeiten, die Knyphausen auf seinem Posten als Commissaire géneral de Commerce hatte, sind gewiß ein wesentlicher Grund dafür, daß nur wenig über seine Tätigkeit im Generaldirektorium bekannt ist. Sein Nachfolger war auch nur einige

Jahre auf diesem Posten. Ob diese Stelle danach überhaupt wieder besetzt wurde, ist aus den Akten nicht ersichtlich. Offenbar verhinderte die immer ausgeprägtere Selbstherrschaft des Königs hier ebenso wie bei den verschiedenen Ansätzen zur Bildung von Manufakturkommissionen - sei es auf Anregung der Bourgeoisie, der Kammern oder des V. Departements - jede selbständigere Tätigkeit, so daß diese Einrichtungen nicht recht wirksam wurden und meist keinen langen Bestand hatten.

Wenn behauptet worden ist, daß Knyphausen sich in diesem Ressort "durch besondere Verdienste die königliche wie die allgemeine Anerkennung" erwarb[44], so fehlt dafür die nähere Begründung.[45] Trotzdem möchte man sagen, daß seine Tätigkeit im V. Departement recht positiv war, da seine Ansichten und Vorschläge - soweit sie uns erhalten sind - den Interessen der Unternehmer und Kaufleute oftmals entgegenkamen und auf die Förderung kapitalistischer Elemente in der gewerblichen Produktion abzielten.[46]

3. Zur Entstehung des Taschenbuches

Mit der Feststellung des ursprünglichen Eigentümers unseres Taschenbuches ist gleichzeitig ein wertvoller Anhaltspunkt sowohl über den Zweck, zu welchem die Tabellen angefertigt wurden, als auch über den Entstehungsvorgang und -zeitpunkt vorhanden. So kann mit Sicherheit angenommen werden, daß die in dem Taschenbuch enthaltenen Angaben den von den Kammern dem Fabrikendepartement eingereichten Manufakturtabellen bzw. den im Fabrikendepartement aus letzteren angefertigten Generaltabellen entstammen. Da die Hauptergebnisse der Generaltabellen wiederum regelmäßig in Form eines Taschenbuches zusammengestellt und dem König überreicht wurden[47], ist es wahrscheinlich, daß Knyphausen sich eine entsprechende Abschrift des für den König bestimmten Taschenbuches anfertigen ließ. Obwohl sein Aufgabenbereich hauptsächlich die von Friedrich II. geplanten und teilweise realisierten Monopoleinrichtungen und -unternehmen waren, legte der König doch Wert darauf, daß er über den Entwicklungsstand der Manufakturen unterrichtet war. Das geht schon daraus hervor, daß ihm kurz nach seinem Eintritt in das Generaldirektorium auf Anordnung des Königs alle Berliner Manufakturen gezeigt werden sollten.[48] Der Anlaß der Entstehung unserer Quelle ist daher offensichtlich: Knyphausen wollte mit ihrer Hilfe jederzeit über den Stand der Manufakturen unterrichtet sein. Darüber, ob Knyphausen Friedrich II. auf einer oder mehreren seiner "Revue"-Reisen begleitete und zu diesem Zweck das Taschenbuch anfertigen ließ, war aus den vorliegenden Akten und der Literatur leider nichts zu eruieren.[49]

Offen bleibt noch die Frage, wann das Taschenbuch entstanden ist. Das früheste wäre das auf dem Titelblatt angegebene Jahr 1769, und als spätester Termin käme das Jahr 1774 in

Frage, da Knyphausen Anfang 1775 aus dem Generaldirektorium ausschied. Da die für den König bestimmten Taschenbücher regelmäßig aus den Generaltabellen und diese wiederum aus den von den Kammern jährlich eingesandten Manufakturtabellen angefertigt wurden und unser Taschenbuch nach seinem Titel den Stand der Manufakturen für das Jahr 1769 wiedergibt, so liegt die Vermutung nahe, daß unsere Quelle in der Zeit zwischen dem Eingangstermin der Tabellen für 1769 und dem der für 1770 angelegt wurde. Für eine Provinz (Ostfriesland) ließen sich die Einsendetermine der Tabellen an das Fabrikendepartement ermitteln. Die ostfriesischen Tabellen für 1769 wurden im Oktober dieses Jahres und die für 1770 im Oktober 1770 eingereicht.[50] Da beide Tabellen erhalten sind[51], konnten ihre Angaben mit unserem Taschenbuch verglichen werden. Dabei ergab sich, daß die 1769er Tabelle einige - allerdings geringfügige - Abweichungen enthält, während die Tabelle von 1770 in allen Positionen mit unserer Quelle übereinstimmt. Daraus kann geschlossen werden, daß die zur Anfertigung unserer Quelle benutzte Generaltabelle und damit auch unser Taschenbuch nicht vor Oktober 1770 zusammengestellt wurde. Nehmen wir weiter an, daß der Termin für die Einreichung des Taschenbuches an den König, wie 1769 und 1773[52], in den dazwischenliegenden Jahren ebenfalls im Mai lag, so ist es anzunehmen, daß unsere Quelle zwischen Oktober 1770 und Mai 1771 entstand. Nach dem Ausscheiden Knyphausens aus dem Generaldirektorium verblieb das Taschenbuch im Fabrikendepartement und gelangte 1805 bei der Errichtung des Königlich preußischen Statistischen Büros in dessen Bibliothek, wo es für fast 150 Jahre in Vergessenheit geriet.

4. Inhalt und Bedeutung des Taschenbuches

Für die Auswertung der Quelle und damit gleichzeitig für die Beurteilung des Wertes ist noch die Frage zu klären, inwieweit das in ihr enthaltene Material der Wirklichkeit entspricht, d.h., ob die ihr zugrunde liegenden Erhebungen zuverlässig, vollständig und vergleichbar sind.

Vergleicht man die Angaben der ersten in unserer Quelle enthaltenen Tabelle mit denen der zweiten, so stellt man fest, daß sie im großen und ganzen übereinstimmen. Kleinere Abweichungen lassen erkennen, daß jede unmittelbar von den Originalunterlagen abgeschrieben wurde, da offensichtliche Fehler in der ersten Tabelle in der zweiten nicht auftreten und umgekehrt. Die Angaben in beiden Tabellen ergänzen sich somit.[53]

Obwohl das Taschenbuch nach seinem Titel den Stand von 1769 wiedergeben soll, stellten wir bereits fest[54], daß die Tabelle von 1770 für Ostfriesland im Gegensatz zu der von 1769 völlig mit den Angaben unserer Tabellen übereinstimmt. Ferner gibt unser Taschenbuch in mehreren Fällen 1770 als Gründungsjahr eines Unternehmens an. Diese Widersprüche finden ihre

Erklärung darin, daß die als Unterlage für die Generaltabelle dienenden Berichte der Kammern durchaus nicht immer gleichzeitig unmittelbar am Ende des Jahres zusammengestellt und nach Berlin eingesandt wurden. Darüber hinaus wurden mitunter im Laufe eines Jahres vom Fabrikendepartement noch zusätzliche Nachweisungen von den Kammern eingefordert.[55] Trotzdem verlangte der König vom Fabrikendepartement die Extrakte aus den Tabellen pünktlich. Wenn man bei einem Vergleich unseres Taschenbuches mit der in den Akten des Generaldirektoriums erhaltenen Manufakturtabelle von Minden und Ravensberg für das Jahr 1770[56] feststellt, daß diese - im Unterschied zur Tabelle von Ostfriesland vom gleichen Jahr - an einigen Stellen von den Angaben im Taschenbuch abweicht, so läßt sich das daraus erklären, daß zum Zeitpunkt der Zusammenstellung der Generaltabellen die 1770er Tabelle für Minden und Ravensberg in Berlin noch nicht vorlag und daher eine zuvor von der Kammer eingesandte benutzt wurde. Die Einhaltung eines Stichtages oder auch -monats der Erhebung war bei dem damaligen Stand der Erhebungstechnik schwer möglich. Erst an der Jahrhundertwende läßt sich für die Berliner Seidenproduktion feststellen, daß die Stuhlzahlen im Monatsdurchschnitt berechnet wurden.[57] So kann angenommen werden, daß unsere Tabellen dem Stand von 1769/70 entsprechen.

Inwieweit können wir nun einen einigermaßen vollständigen Überblick über den Stand der "Fabriken und Manufakturen"[58] in Preußen zu diesem Zeitpunkt erwarten, bzw. welche Einschränkungen sind von vornherein zu machen? Zur Beantwortung dieser Frage muß man sich Ursprung, Entstehungsort und Zweckbestimmung der Knyphausen-Tabelle vor Augen halten. Knyphausen wollte sich als Commissaire général de Commerce über den Entwicklungsstand der zum Aufgabenbereich seines Departements gehörenden "Fabriken und Manufakturen" unterrichten. Die Angaben des Knyphausenschen Taschenbuches entstammen ausschließlich den von den Kammern dem Fabrikendepartement eingereichten Manufakturtabellen. Aus dieser Tatsache ergibt sich zunächst eine wichtige territoriale Einschränkung. Das Taschenbuch enthält keine Angaben über Schlesien[59], das eine Sonderverwaltung hatte und dem Generaldirektorium nicht angegliedert war. Weiterhin gab es einige Produktionszweige, die dem Fabrikendepartement nicht unterstanden. Daher fehlen die Angaben über Glashütten[60], über Schießpulverherstellung[61] und Salzgewinnung[62]. Teilweise erfaßt sind Bergbau und Hüttenwesen[63], obgleich sie dem 1768 geschaffenen besonderen Fachdepartement unterstellt waren und dem Generaldirektorium die Berichterstattung über die Eisenhütten und Hammerwerke in der Kur-, Neumark und Pommern bereits seit 1760 nicht mehr oblag.[64] So finden sich in unserem Taschenbuch neben umfangreichen Angaben über die westlichen Provinzen auch solche über die Kurmark. Für die Hütten fehlen dabei allerdings die Zahlen der Arbeiter, während die metallverarbeitenden Unternehmen diese im wesentlichen ausweisen.[65] Die Tabakproduktion ist nur insoweit erfaßt, als sie nicht mehr der staatlichen Regie unterstand.[66] So erscheinen für die mittleren und östlichen Provinzen in den Manufakturtabellen überhaupt keine Angaben, während in den westlichen Provinzen, wo die Regie entweder gar nicht eingeführt oder bald wieder aufgehoben wurde[67], die Tabakproduktion ausgewiesen wird.[68] Weiterhin sind in unserer Quelle nicht erfaßt Buchdruck[69] und Papierherstellung[70]. Obwohl die Tabellen nur "Manufakturen und Fabriken" enthalten sollen, läßt sich doch auf den ersten Blick erkennen, daß neben größeren Unternehmen auch viele kleine Warenproduzenten sowie Zünfte aufgenommen sind. Um diesen scheinbaren Widerspruch zu begreifen, ist zunächst die Unklarheit der damaligen Terminologie zu berücksichtigen. Die Begriffe Manufaktur und Fabrik wurden nicht nur gleichbedeutend gebraucht, sondern man verstand im allgemeinen unter Manufakturen alle gewerbliche Produktion, die über den Rahmen des örtlichen Bedarfs hinausging, alle Produktion für den Handel. So wurden in die "Fabriken- und Manufakturtabellen" neben den Manufakturisten und Verlegern auch alle für den Handel arbeitenden zünftigen und unzünftigen Produzenten aufgenommen, während nur die auf Kundenbestellung (Lohnwerk) sowie für den Konsum am Orte arbeitenden unmittelbaren Produzenten hier nicht erscheinen, sondern in besonderen statistischen Erhebungen, den Handwerkertabellen, erfaßt wurden.[71]

So ist es auch zu erklären, daß Gewerbezweige mit z.T. großen Unternehmungen, die ausschließlich oder im wesentlichen für den örtlichen Bedarf und z.T. nur auf Bestellung arbeiteten, nicht erfaßt worden sind. Dazu gehören die Maurer und Zimmerleute in Berlin, denen man bereits in den Generalzunftprivilegien von 1734 pro Meister maximal 30 bis 40 und zeitweilig sogar bis zu 50 Gesellen zugestand.[72] Weiterhin fehlen die Kalk- und Ziegelbrennereien, die in der Nähe größerer Städte z.T. größere Betriebe bildeten.[73] Ferner sind in unserer Quelle nicht enthalten Branntweinbrennereien und Stärkeproduktion, die man erst später in die Tabellen aufnahm.[74] Nicht aufgenommen wurden für den Fernhandel arbeitende Hilfsgewerbe, wie die Böttcher in Halle, Neumarkt und Glaucha. Von den 1768 vorhanddenen 70 Meistern waren 40 lediglich mit der Herstellung von Salztonnen beschäftigt, und der Rest stellte Gefäße für die Stärkeproduzenten her.[75]

Zum Unterschied von den Handwerkertabellen sind in den Manufakturtabellen im allgemeinen Unternehmen, die verschiedene Produkte herstellen oder unmittelbare Produzenten verschiedener Berufe beschäftigen, nicht getrennt nach Produktionszweigen an verschiedenen Stellen mit der anteiligen Beschäftigtenzahl aufgeführt.[76] Dieser Grundsatz, der einen großen Fortschritt gegenüber den Handwerkertabellen bedeutete, wird im Taschenbuch nur in ganz wenigen Fällen nicht beachtet.[77] Während die von den Kammern dem Fabrikendepartement eingereichten Tabellen ausführliche Angaben über die Produktion enthalten[78], beschränkt sich unsere Quelle auf die Benennung der Produktionszweige und -orte und gibt bei den einzelnen Produzenten, Unternehmen und Zünften lediglich die Zahl der beschäftigten Arbeitskräfte sowie für die Textilproduktion die Zahl der Webstühle an. Nach diesen grundsätzlichen Einschränkungen der Aussagekraft unseres Taschenbuches ist noch auf verschiedene Mängel hinzuweisen, die sich aus dem Zweck der Erhebung und dem daraus resultierenden unterschiedlichen Interesse der Beteiligten und zum anderen aus dem Entwicklungsstand der Erhebungstechnik ergaben. So bereitete trotz genauer Anweisungen die vollständige und richtige Aufstellung der Tabellen in den einzelnen Provinzen mehr oder weniger große Schwierigkeiten. Als Beispiel sei die ostfriesische Kammer erwähnt, die anläßlich der Einreichung ihrer Tabellen an das Fabrikendepartement folgende Einschränkungen machte:

"In einer Provinz als die hiesige, worin weder Steuer- noch Landräte, Fabrikeninspektores noch Controlleurs existieren, worin die Ware nicht gestempelt und zu Register gebracht, sondern dem Fabrikantenauf holländischen Fuß völlige Freiheit gelassen wird, mithin alle diejenigen Hilfsmittel fehlen, wozu andere Kammern ohne Weitläufigkeit greifen können, ist es ungemein mühsam, in dergleichen Art tabellarischer Nachrichten etwas Vollständiges, und - was die Hauptsache ist - etwas Zuverlässiges zu liefern, da alle Nachrichten von einzelnen Personen sorgfältig eingezogen werden müssen, Magistrate, Beamte und Rentmeister sich oft nicht zu helfen wissen, die Negotianten und Fabrikanten, wenn man genau nachfragt, mißtrauisch werden, eine Auflage befürchten, und die Wahrheit verschweigen, dahero dann die Nachrichten von einem Jahre zum anderen dergestalt abweichend und widersprechend ausfallen, daß es ungemein schwer hält, endlich den richtigen oder doch probablesten Satz herauszubringen."[79]

Ähnliche Sorgen wie die ostfriesische Kammer äußert aber auch der Magistrat von Duisburg bei Einsendung der Manufakturtabelle von 1769 an die Kammer:

"Wir müssen bei Einholung dieser Nachrichten allerhand spitzfindige und lächerliche Reden hören. Die einen sagen, man solle in die Tabellen schreiben, was man wolle, sie wüßten selber nicht, wieviele Stühle sie in königlichen Landen in Arbeit hätten. Andere sagen, sie hätten schon öfters Angaben gemacht, aber noch wenig Förderung erfahren. So geben sie an, was sie wollen, ohne daß man gehörige Untersuchung anstellen kann."[80]

Selbst in den mittleren Landesteilen und sogar in Berlin, wo verwaltungsmäßig für die Aufnahme bessere Voraussetzungen gegeben waren, sind die Angaben nicht vollständig. So erscheinen im Taschenbuch 2 Berliner Unternehmen, bei denen keine Arbeiterzahl ausgewiesen ist, von denen wir aber wissen, daß sie zur Zeit der Aufstellung der Tabellen eine größere Zahl von Arbeitern beschäftigten. Es sind die beiden größten privaten Berliner Wollfabrikanten Wegely und Lange[81], die in unserer Quelle lediglich mit ihrem Namen ohne Arbeiterzahl angegeben sind. Sie erhielten zum Unterschied von den vielen anderen größeren Unternehmern - abgesehen von den allgemein gewerbefördernden Maßnahmen des preußischen Staates - keine besondere staatliche Unterstützung und waren wie die Fabrikanten der Westprovinzen an einer Bekanntgabe ihres Geschäftsumfanges nicht sonderlich interessiert. Umgekehrt hatte der Staat auf Grund der Tatsache, daß diese beiden privaten Unternehmer selbständig ohne seine finanzielle Hilfe produzierten, nicht die gleichen Handhaben der Erhebung wie zum Beispiel in der Berliner Seidenproduktion, wo die Fabrikenkommissare mit der Kontrolle über die vom Staat bewilligten Mittel die statistischen Angaben leichter erlangten, da die von der staatlichen Unterstützung abhängigen Fabrikanten eher bereit waren, die notwendigen Daten mitzuteilen. Diese Beispiele lassen schon erkennen, daß die Erhebung bei den Betroffenen auf mancherlei Widerstand stieß.

Man darf also die Genauigkeit der Tabellen in der Erfassung aller gewerblichen Produzenten keinesfalls überschätzen.[82] Auf der anderen Seite wäre es verfehlt anzunehmen, daß die angeführten Zahlen durchgehend nicht der Wirklichkeit entsprechen, daß sie etwa gar übertrieben sind, wie es um 1800 bei der Überprüfung der Fraktionssätze für die Textilproduktion durch das Manufaktur- und Kommerzkolleg zum Ausdruck kam.[83] Die Untersuchungen zeigten, daß in der Textilindustrie, besonders in der Seidenproduktion, wo für die Berechnung des Produktionswertes neben der Art des Produktes die Zahl der ermittelten Webstühle der Ausgangspunkt war, die pro Webstuhl beschäftigte Personenzahl zu hoch angesetzt war. Eine Prüfung der Angaben in dem Knyphausenschen Taschenbuch anhand der damals durch die Technische Deputation neu festgelegten Fraktionssätze ergibt, daß diese im Durchschnitt bei weitem nicht erreicht werden, daß also im Durchschnitt die Zahl der Produzenten in der Textilerzeugung in unserer Tabelle eher zu niedrig als zu hoch angesetzt ist.[84] Die Vorwürfe, die in den 90er Jahren - gewiß mit Recht - den Kammern und den mit der Zusammenstellung Beauftragten gemacht wurden, treffen im großen und ganzen für die 60er Jahre noch nicht zu.[85] Erst eine längere Praxis ergab, daß einzelne Beamte, um ihre Leistungen ins rechte Licht zu setzen, überhöhte Fraktionssätze zugrunde legten und infolgedessen fiktive Wertberechnungen vornahmen.[86]

Um 1769/70 waren noch andere Faktoren in entgegengesetzter Richtung stärker wirksamt, wie die äußerste Schwierigkeit, die verschiedenen Formen der Produktionsverhältnisse in der Übergangsperiode vom Feudalismus zum Kapitalismus genau zu erfassen.[87] So ergab sich aus der Fragestellung des Erhebungsschemas[88] eine Fehlerquelle, die dazu beitrug, daß die Zahl der unmittelbaren Produzenten nicht vollständig ermittelt wurde, was aber nur anhand der von den Kammern eingereichten Tabellen zu erkennen ist. Diese waren in ihrer Anlage - auch im modernen Sinne - insoweit Manufakturtabellen, als ihre Fragestellung auf die Zünfte statistisch einwandfrei nicht anwendbar war. Die Eintragungen über die Zünfte erfolgten daher auch nicht einheitlich. So finden wir in den Erhebungsunterlagen der Kammern die Zahl der Zunftmeister teilweise in der Spalte der Unternehmer, während die dazugehörigen Gesellen und Lehrlinge in der Spalte der Arbeiter ausgewiesen werden[89], oder aber die Zahl der Zunftmeister wurde in der Spalte der wirklich in Gang befindlichen Stühle zusammen mit diesen eingesetzt und keine Angaben über Gesellen und Lehrlinge gemacht.[90] In der Spalte der Unternehmer fand sich im zweiten Falle der Vermerk: "Haben keinen Entreprenneur, sondern ein jeder Meister arbeitet vor sich".

Wie sehr die gewerbestatistischen Erhebungsmethoden noch in den Kinderschuhen steckten, zeigen einige Fehler, die im Fabrikendepartement bei der Zusammenstellung der Generaltabellen aus den Tabellen der Kammern gemacht wurden. So ersetzte man bei Übernahme der Zunftzahlen aus der Liste für Ostfriesland alle Angaben in der Spalte, in der nach den Unternehmern gefragt wurde, durch den Vermerk "Gewerk". Die in der Aufstellung der Kammern angeführten Meisterzahlen verschiedener Emdener Zünfte[91] wie auch die 30 Verleger der Leineweber in Leer[92] sind daher in unserem Taschenbuch nicht erwähnt.

Ein anderer Fehler bei der Zusammenstellung der Generaltabellen entstand dadurch, daß - wie der Vergleich mit der Manufakturtabelle des Herzogtums Magdeburg für das Jahr 1768[93] ergab - bei einzelnen Zünften nur die vorhandenen Zahlen der Meister übernommen, aber weder die fehlenden Angaben über Gesellen und Lehrlinge von der Kammer nachgefordert noch die sonst übliche Berechnung der Produzentenzahl anhand der Webstühle im Fabrikendepartement vorgenommen wurde.[94]

Es gibt in beiden Tabellen des Knyphausenschen Taschenbuches aber auch eine Reihe von Eintragungen, bei denen Zahlenangaben überhaupt fehlen. In einigen Fällen konnte festgestellt werden, daß die betreffenden Unternehmen zur Zeit der Erhebungen vorübergehend oder endgültig stillagen. Dies trifft zum Beispiel für die 1760 in Berlin gegründete Manchestermanufaktur von Saltzmann[95] zu, die infolge der königlichen Neugründung einer Manchestermanufaktur eingegangen war, während sich die nach dem Siebenjährigen Krieg in Kloster Zinna angesiedelten Löbauer Leinen- und Baumwollweber zur Zeit der Erhebung in großen Schwierigkeiten befanden, da sie keinen Verleger hatten.[96] Und bei der 1766 gegründeten, in der 1768er Tabelle[97] noch mit 18 Schmieden ausgewiesenen Nagelmanufaktur in Kalkar heißt es in der der Kriegs- und Domänenkammer am 30. November 1769 eingereichten Tabelle: "Die Fabrik hat nur eine kurze Zeit gestanden, und ist durch den gemachten Banquerot des Bureau eingegangen."[98]

Die ostfriesischen Manufakturtabellen zeigen deutlich, wie das Fabrikendepartement und die Kammern bemüht waren, die Erhebungsmethoden zu verbessern und gleichzeitig den Kreis der erfaßten Produktionszweige allmählich zu vervollständigen.[99] So nahm die ostfriesische Kammer von sich aus schon länger bestehende kleinere Unternehmen neu in die Tabellen auf, sobald deren Produktion einen gewissen Umfang und eine gewisse überlokale Bedeutung erlangt hatte.[100] Auf diese Weise ist es auch zu erklären, daß in den Manufakturtabellen späterer Jahre mitunter Unternehmen angeführt sind, deren Gründungsjahr vor 1770 liegt, die aber unsere Quelle noch nicht enthält.[101] Zweifellos ergaben sich aus dieser Abgrenzungsfrage gegenüber den Handwerkertabellen mancherlei Schwierigkeiten[102], deren Lösung auch von dem unterschiedlichen Geschick der mit der Erhebung betrauten Beamten abhing.

Trotz dieser einschränkenden Bemerkungen über die Aussagekraft des Knyphausenschen Tabellenbuches bietet es doch die Grundlage für eine genauere Kenntnis der gewerblichen Zustände Brandenburg-Preußens nach dem Siebenjährigen Krieg. Der große Wert der Quelle wird erst deutlich, wenn man untersucht, welches dem Taschenbuch entsprechende gewerbestatistische Material bisher für das 18. Jahrhundert bekannt ist oder noch ungenutzt in den Archiven ruht. Behre gibt an, daß die Anfänge der preußischen Manufakturtabellen bis in die 40er Jahre zurückzuverfolgen seien.[103] Es findet sich aber weder bei ihm noch an irgendeiner anderen Stelle in der Literatur eine vollständige Tabelle oder auch nur der Hinweis auf eine solche. Eine Durchsicht der in Frage kommenden Bestände des Deutschen Zentralarchivs, Abteilung Merseburg, ergab, daß für den gesamten Zeitraum von den 40er bis zu den 90er Jahren kein Exemplar der vollständigen Generaltabelle erhalten ist.[104] Die Akten des Fabrikendepartements enthalten lediglich aus den 90er Jahren Extrakte dieser Tabelle[105], in denen aber Angaben über die einzelnen Unternehmen, die gerade den besonderen Wert der Manufakturtabellen ausmachen, nicht aufgeführt sind. Sie enthalten neben anderen Angaben lediglich summarische Daten über die Stuhl- und Arbeiterzahlen, nach den Produkten und Landesteilen zusammengestellt.

Auch die dem Generaldirektorium von den Kammern laufend eingereichten Manufakturtabellen sind äußerst selten. Für kein einziges Jahr sind diese Unterlagen auch nur annähernd vollständig aus allen Landesteilen erhalten. Lediglich für einige konnten die Tabellen ermittelt werden, nämlich vollständig über einen längeren Zeitraum hin nur in bezug auf die nicht gerade bedeutende Manufakturproduktion Ostfrieslands (von 1766 bis Ende des 18. Jahrhunderts).[106] Darüber hinaus fanden sich zwei Manufakturtabellen des Fürstentums Minden und der Grafschaft Ravensberg (ohne Tecklenburg-Lingen) von 1770 und 1771.[107] Für die Provinz Kleve sind erst aus den 90er Jahren Tabellen vorhanden.[108]

Auch in den für die ehemaligen preußischen Provinzen zuständigen Archiven sind nur wenige dieser Unterlagen erhalten geblieben. So waren weder für die östlichen Provinzen im Staatlichen Archivlager Göttingen[109] noch für die Kur- und Neumark im Staatsarchiv Potsdam diesbezügliche Unterlagen aufzufinden. Lediglich für das Herzogtum Magdeburg konnte eine Generaltabelle für das Jahr 1768 festgestellt werden.[110] Für die westlichen Provinzen ist die Situation fast die gleiche. Außer den bereits veröffentlichten Manufakturtabellen für das Herzogtum Kleve für 1785[111] und 1787/88[112] und die Grafschaft Mark für 1788[113] liegen im Staatsarchiv Münster in den Akten der Kriegs- und Domänenkammer Minden die Entwürfe der Tabellen für Minden-Ravensberg für die Jahre 1777 - 1780 und 1790 - 1797 sowie für die Grafschaft Mark für 1797[114], während im Staatsarchiv Düsseldorf außer der von G. Vollmer veröffentlichten Tabelle von 1787/88 für diesen Zeitabschnitt keine weiteren vollständigen Erhebungsunterlagen vorhanden sind.[115]

Darüber hinaus sind für Teilgebiete einzelner Provinzen und für verschiedene Orte noch Erhebungsunterlagen der Manufakturtabellen erhalten[116], die aber ebenso wie die in den Akten der zeitgenössischen und moderneren Literatur vorhandenen Zusammenstellungen aus den 70er bis 90er Jahren wegen ihres beschränkten Erfassungsbereiches bzw. ihrer oft nur summarischen Angaben für unsere Untersuchung im wesentlichen unberücksichtigt bleiben mußten.[117] Ferner gibt es in der einschlägigen Literatur eine Fülle von Zahlenmaterial über den Zustand der gewerblichen Produktion einzelner meist kleinerer Gebiete, Orte oder Produktionszweige für einzelne Jahre oder auch längere Zeitabschnitte des 18. Jahrhunderts. Sie alle geben aber nur sehr spezielle Einblicke in die gewerbliche Entwicklung und blieben daher ebenfalls unberücksichtigt.

Diese Zusammenstellung des wichtigsten dem Knyphausenschen Taschenbuch entsprechenden gewerbestatistischen Materials zeigt ganz klar, wie wenig die vereinzelten aus verschiedenen Landesteilen und Jahren vorhandenen Manufakturtabellen für irgendeinen Zeitpunkt des 18. Jahrhunderts ein genaueres Bild des Entwicklungsstandes der gewerblichen Produktion in Preußen vermitteln. Daher ist das Taschenbuch nicht nur die früheste und relativ vollständigste Quelle dieser Art, sondern zugleich auch der einzige bisher für das 18. Jahrhundert bekannte deutliche Querschnitt durch den Entwicklungsstand der wichtigsten Produktionszweige für den größten Teil der preußischen Monarchie, leider ohne Schlesien mit seiner hochentwickelten gewerblichen Produktion.

Wenn die im Taschenbuch enthaltenen Angaben in ihrem Umfang den Manufakturtabellen auch nicht ganz entsprechen, so sind doch gerade die für die Beurteilung des Entwicklungsstandes der kapitalistischen Produktionsverhältnisse wichtigsten Daten in ihm verzeichnet und damit die Voraussetzungen für eine in dieser Richtung gehende Auswertung gegeben. Das Taschenbuch Knyphausens ist aber nicht nur ein wichtiges Dokument zur Kenntnis der gewerblichen Produktion, es unterrichtet gleichzeitig über die Methoden der preußischen Gewerbestatistik, vor allem über die Zusammenfassung der statistischen Einzelunterlagen durch die Zentralbehörden. Ein Blick auf die entsprechende Literatur der übrigen deutschen Territorien zeigt, daß aus dieser Zeit kaum für ein anderes größeres Gebiet ähnlich ausführliche Quellen vorhanden sind.[118] Die große Bedeutung der Statistik, insbesondere der Gewerbe- und Manufakturstatistik, ergab sich in Preußen aus der aktiven Wirtschaftspolitik des absolutistischen Militärstaates, der mit seinem zentralisierten Beamtenapparat alle produktiven Kräfte des Landes zu erfassen suchte, um sie im Interesse seiner Machtpolitik zu nutzen. Zusammenfassend kann also festgestellt werden, daß unser Taschenbuch für die deutsche Wirtschaftsgeschichte des 18. Jahrhunderts eine historische Quelle ersten Ranges darstellt.

IV. ENTWICKLUNGSSTAND UND REGIONALE VERTEILUNG DER GEWERBLICHEN PRODUKTION

Bei der Auswertung der im Knyphausenschen Taschenbuch enthaltenen statistischen Daten kommt es zunächst einmal darauf an, einen Überblick über den Entwicklungsstand und die regionale Verteilung der hier erfaßten gewerblichen Produktion Preußens zu erlangen. Die Grundlage dazu bieten die Angaben über die unmittelbaren Produzenten. Da ein wichtiges Ziel unserer Untersuchung ist, gewisse Aufschlüsse über Entwicklungsstand und -bedingungen der kapitalistischen Produktion zu erlzugen, werden wir nach einer Aufschlüsselung aller Produzenten auf die verschiedenen Produktionszweige und Provinzen auf die für die Herausbildung des Kapitalismus wichtige Frage des Verhältnisses zwischen städtischer und ländlicher Produktion eingehen.

Für diese und die weitere Auswertung werden die gewerblichen Produzenten in zwei Hauptgruppen aufgegliedert: Die eine umfaßt die Produzenten in Unternehmen bis zu 10 Beschäftigten und die andere alle übrigen in größeren Unternehmen. Durch diese Aufgliederung dürfte von vornherein die kleine Warenproduktion von der einwandfrei kapitalistischen - wenigstens vom Gesichtspunkt der Arbeiterzahl aus gesehen - getrennt sein. Selbstverständlich ist eine endgültige Bestimmung der Produktionsverhältnisse der einzelnen Unternehmen erst nach Untersuchung weiterer Merkmale möglich. Aber die Zahl der Beschäftigten pro Unternehmen gibt doch allein schon einen entscheidenden Anhaltspunkt, denn: "Die kapitalistische Produktion beginnt ... in der Tat erst, wo dasselbe individuelle Kapital eine größere Anzahl Arbeiter gleichzeitig beschäftigt, der Arbeitsprozeß also seinen Umfang erweitert und Produkt auf größerer quantitativer Stufenleiter liefert."[119] Sicher ist es für die Zeit der Vorbereitung der kapitalistischen Produktion besonders schwierig zu sagen, von welcher Größe (d.h. hinsichtlich der Zahl der beschäftigten Arbeitskräfte) an ein Unternehmen - abgesehen von anderen erforderlichen Kennzeichen, insbesondere den Produktionsverhältnissen - als kapitalistisches angesehen werden kann. Dabei muß man sich darüber im klaren sein, daß die Zahl der in einem Unternehmen beschäftigten Arbeitskräfte nur ein, wenn auch wesentlicher Faktor ist und daß es wünschenswert und im Einzelfall auch notwendig wäre, den Entwicklungsstand der Produktivkräfte zur Einordnung heranzuziehen. So müßte z.B. ein Betrieb mit weniger als 10 Arbeitskräften, der Mühlenstühle oder andere Maschinen besaß, eher als kapitalistisches Unternehmen bezeichnet werden als ein Betrieb mit mehr als 10 Arbeitskräften, der ohne wesentliche Arbeitsteilung mit althergebrachter handwerklicher Technik arbeitete.[120] Unsere Quelle und selbst die ausführlichen Originalerhebungen enthalten aber keine so spezifizierten Angaben über den Entwicklungsstand der Produktivkräfte - weder hinsichtlich des Einsatzes von Produktionsinstrumenten noch der Arbeitsorganisation.

Da die eben angeführten Beispiele keineswegs die Regel darstellen, läßt sich die Aufgliederung der Unternehmen nach der Beschäftigtenzahl in die beiden Hauptgruppen[121] und die weitere Unterteilung der größeren Unternehmen doch recht gut als Hilfsmittel für die Auswertung benutzen.

Die tabellarische Auswertung des Taschenbuches beschränkt sich grundsätzlich auf das in ihm enthaltene Zahlenmaterial. Auf Ergänzungen und sachliche Korrekturen anhand anderen Materials wurde verzichtet, weil das dem Taschenbuch nur die ihm selbst zukommende Aussagekraft genommen hätte, ohne die ihm anhaftenden Mängel völlig zu beseitigen. Lediglich bei der Behandlung der großen Unternehmen sind die fehlenden Zahlen für die drei größten Berliner Firmen berücksichtigt und unter besonderer Kennzeichnung in die entsprechende Aufstellung[122] aufgenommen worden, um so das Bild zu vervollständigen. Im übrigen wurden die Angaben der beiden Haupttabellen des Taschenbuches miteinander verglichen und offensichtliche Fehler in der einen oder anderen Tabelle eliminiert. Soweit die Angaben über die Beschäftigten in der ersten und zweiten Tabelle nicht übereinstimmen, wurde für die Auswertung der jeweils niedrigere Wert benutzt. Lautet in der ersten Tabelle die Bezeichnung der Produzenten "Kolonisten" und in der zweiten "Gewerk" oder umgekehrt, so wurden dieselben bei den Zünften eingeordnet.[123]

1. Verteilung der unmittelbaren Produzenten auf die verschiedenen Produktionszweige und Provinzen

Die Zusammenstellung der Tabellen erfolgte nach den im Taschenbuch enthaltenen Zahlenangaben über die unmittelbaren Produzenten in den einzelnen Unternehmen, Zünften und nichtzünftigen Gewerben. Dabei wurden für die wichtigsten der angeführten Produktionszweige - die Textil- und die metallverarbeitenden Gewerbe - besondere Gruppen gebildet, während man alle übrigen Produzenten in der Gruppe "sonstige Gewerbe"[124] zusammenfaßte. Auf eine weitere Untergliederung wurde verzichtet, da sie keine größere Aussagekraft ergeben hätte. Soweit im folgenden von den Landesteilen der preußischen Monarchie gesprochen wird, verstehen wir darunter die westlichen, mittleren und östlichen Territorien, deren einzelne Teile in der zeitgenössischen Verwaltungspraxis als "Provinzen" bezeichnet wurden. Sie setzten sich aus folgenden Gebieten zusammen:[125]

1. westliche Territorien: Herzogtum Kleve, Fürstentum Mörs, ein Teil Gelderns (Obergeldern), Grafschaft Mark, Fürstentum Minden, Grafschaft Ravensberg mit den Grafschaften Tecklenburg und Lingen, Fürstentum Ostfriesland;

2. mittlere Territorien: Kurmark (bestehend aus der Alt- und Mittelmark, Prignitz und Uckermark) und Neumark, Herzogtum Magdeburg, Fürstentum Halberstadt, Herzogtum Pommern;

3. östliche Territorien: östlicher Teil Ostpreußens: in den Quellen als "Litauen" bezeichnet, westlicher Teil Ostpreußens: in den Quellen als "Preußen" bezeichnet.

Die Verteilung der unmittelbaren Produzenten auf die verschiedenen Produktionszweige und Landesteile ergibt sich aus folgender Zusammenstellung:

Produktionszweige	Anzahl	in %	Landesteile	Anzahl	in %
Textilproduktion	29583	83	westliche	9521	27
Metallverarbeitung	2888	8	mittlere	21045	59
sonstige Gewerbe	3197	9	östliche	5102	14
insgesamt	35668	100	insgesamt	35668	100

Die Verteilung nach Produktionszweigen zeigt ganz deutlich die Vormachtstellung der Textilproduktion, in der über vier Fünftel aller unmittelbaren Produzenten tätig waren. Die Metallverarbeitung und sonstigen Gewerbe standen etwa gleich und umfaßten insgesamt 17 Prozent aller Beschäftigten. Bei der Aufteilung auf die verschiedenen Landesteile wird deutlich, daß das Schwergewicht der gewerblichen Produktion zwar in den mittleren Territorien lag, daneben aber auch die westlichen eine beachtliche Rolle spielten, obwohl sie nach Größe und Bevölkerung ganz erheblich hinter den mittleren Gebieten zurückblieben.

Darin zeichnen sich schon die grundlegenden Strukturunterschiede ab, die zwischen den westlichen, mittleren und östlichen Landesteilen bestanden.

Bevor auf den Stand der Produktion in den einzelnen Territorien eingegangen wird, ist es angebracht, sich zunächst noch einmal deren Größe und Bevölkerungsstärke zu vergegenwärtigen. Die entsprechenden Zahlen lauten für:[126]

Landesteile	Größe in Quad. Meil.	%	wahrscheinliche Bevölkerung in Taus.	%
Kurmark	510	22,6	720	23,8
Neumark	218	9,6	256	8,5
Magdeburg und Halberstadt	165	7,3	364	12,0
Pommern	398	17,6	417	13,8
Ostpreußen ("Preußen" und "Litauen")	655	29,0	698	23,0
Kleve und Mörs	50	2,2	108	3,6
Geldern	26	1,1	48	1,6
Mark	84	3,8	130	3,3
Minden und Ravensberg[127]	87	3,8	187	4,3
Ostfriesland	68	3,0	102	3,4
insgesamt	2261	100	3030	100[128]

Diese Zahlen zeigen, daß die mittleren Territorien mit 57,1 Prozent der Fläche und 58,1 Prozent der Bevölkerung den überwiegenden Anteil besaßen (ohne Pommern betrug der Anteil 39,5 Prozent der Fläche und 44,3 Prozent der Bevölkerung). Die dichter besiedelten westlichen Gebiete umfaßten nur 13,9 Prozent der Fläche, aber 16,2 Prozent der Bevölkerung. In Ostpreußen (Preußen und Litauen) dagegen wohnte bei einer Fläche von 29,0 nur 23,0 Prozent der Bevölkerung, für Pommern ist das Verhältnis 17,6 zu 13,8 Prozent.

Über die Produktion der einzelnen Gebiete gibt die auf Seite 30 dargestellte Tabelle, die die Verteilung der unmittelbaren Produzenten auf die verschiedenen Produktionszweige und Provinzen zeigt, Auskunft. Ihr erster Teil (Spalte 1-3) bringt die Aufgliederung aller im Taschenbuch erfaßten Produzenten (in absoluten und Prozentzahlen) auf die einzelnen Provinzen. Die folgenden drei Spalten (4-6) zeigen deren Anteil an der Gesamtzahl der Produzenten, aufgegliedert nach den Hauptproduktionszweigen Textilproduktion, Metallverarbeitung und übrige Gewerbe. Die Spalten 7-9 geben dann eine Übersicht über den Anteil der einzelnen Provinzen an der Zahl der Beschäftigten der verschiedenen Produktionszweige. Die letzten Spalten (10-12) zeigen schließlich die Aufgliederung der unmittelbaren Produzenten auf die einzelnen Produktionszweige innerhalb der einzelnen Provinzen.

Verteilung der unmittelbaren Produzenten auf Produktionszweige und Landesteile

Landesteile	Produzenten insgesamt		%-Anteil an der Gesamtzahl der Produzenten			%-Anteil an den Produzenten des Produktionszweiges			%-Anteil pro Landesteil		
	Anzahl	in % der Gesamtzahl	Textil	Metall	Übrige	Textil	Metall	Übrige	Textil	Metall	Übrige
Kurmark	10716	30,0	21,6	3,0	5,4	26,0	37,6	60,2	71,9	10,2	18,1
Neumark	5932	16,6	16,2	-	0,4	19,5	-	4,9	97,4	-	2,6
Magdeburg	3512	9,8	8,9	-	0,9	10,8	-	10,2	90,7	-	9,3
Halberstadt	476	1,3	1,3	-	0,0 +	1,6	-	0,5	96,8	-	3,2
Pommern	409	1,1	1,1	0,0	0,0	1,4	0,1	0,2	97,8	1,0	1,2
Preußen } Ostpreußen	4546	12,7	12,3	0,0	0,4	14,8	0,4	4,9	96,3	0,3	3,5
Litauen } Ostpreußen	556	1,6	1,4	-	0,2	1,6	-	2,1	87,8	-	12,2
Kleve	1318	3,7	3,1	0,0	0,6	3,8	0,0	6,4	84,3	0,1	15,6
Mörs	1860	5,2	5,0	0,0	0,2	6,0	0,4	2,2	95,6	0,6	3,8
Geldern	622	1,7	1,7	-	0,0	2,1	-	0,5	97,6	-	2,4
Mark	2630	7,4	2,1	5,0	0,3	2,5	61,1	3,7	28,4	67,1	4,5
Minden-Ravensberg	2289	6,4	6,2	-	0,2	7,5	-	2,1	97,1	-	2,9
Ostfriesland	802	2,2	2,0	0,0	0,2	2,4	0,3	2,1	90,4	1,2	8,4
	35668 =	100 % ++	82,9	8,0	9,0	100	100	100	-	-	-

\+ 0,0 bedeutet kleiner als 0,05.

++ Differenzen in der Addition einzelner Längs- und Querspalten (von 0,1 - 0,3) in dieser und allen folgenden Tabellen resultieren aus der Auf- bzw. Abrundung der Einzelangaben.

Die Verteilung der Produzenten auf die einzelnen Provinzen zeigt, daß die Kurmark, vor allem vertreten durch Berlin und Potsdam (mit zusammen 22 Prozent), fast ein Drittel (30 Prozent) der Gesamtzahl aller Produzenten stellt. Es folgen - allerdings mit beachtlichem Abstand - die Neumark (17 Prozent) und Ostpreußen (ohne "Litauen" 13 Prozent) vor Magdeburg (10 Prozent) und den westlichen Gebieten. Den geringsten Anteil an der Gesamtzahl der gewerblichen Produzenten weisen Pommern, Halberstadt und "Litauen" auf. Besonders deutlich wird die überragende Bedeutung der beiden Residenzstädte Berlin und Potsdam. Stark treten auch die Neumark und Ostpreußen (ohne "Litauen") hervor, wo das Textilgewerbe stark entwickelt war.

Betrachtet man den prozentualen Anteil der Landesteile an der Gesamtzahl der Beschäftigten, aufgegliedert nach Produktionszweigen, so ergibt sich folgendes Bild: In allen Gebieten mit Ausnahme der Grafschaft Mark steht die Textilproduktion an erster Stelle, ist wenigstens doppelt so stark wie die beiden anderen Gruppen zusammen, meist sogar weitaus stärker. Dabei ist der Anteil der Textilproduzenten an der Gesamtzahl aller Beschäftigten in der Kurmark (22 Prozent), der Neumark (16 Prozent) und in Ostpreußen ohne "Litauen" (12 Prozent) wiederum am größten.

Die metallverarbeitende Produktion stellt in allen Territorien den geringsten Anteil an der Gesamtzahl der Beschäftigten; in sechs Territorien ist diese Gruppe überhaupt nicht nachgewiesen. Eine Ausnahme macht allein die Grafschaft Mark, in der die Metallverarbeitung an erster Stelle steht, doppelt so stark ist wie die Textilproduktion. Neben der Grafschaft Mark (5 Prozent) hat in der Metallverarbeitung nur noch die Kurmark (3 Prozent) größere Bedeutung. Ähnlich ist es bei den übrigen Gewerben, wo die Kurmark mit 5,4 Prozent aller Beschäftigten allein hervorragt.

Besonders deutlich wird die Rolle, die der gewerblichen Produktion der einzelnen Provinzen zukam, wenn man ihren prozentualen Anteil an der Zahl der Beschäftigten in den einzelnen Produktionszweigen betrachtet. In der Textilproduktion folgen hier der Kurmark mit 26 Prozent aller Produzenten die Neumark mit rund 20, "Preußen" mit 15 und Magdeburg mit 11 Prozent. Die in der Metallverarbeitung tätigen Produzenten verteilen sich im wesentlichen auf die Grafschaft Mark mit rund 60 und die Kurmark mit rund 38 Prozent. Die übrigen Produktionszweige sind vor allem in der Kurmark (60 Prozent) konzentriert. Erst in weitem Abstand folgen Magdeburg mit 10, Kleve mit 6 sowie die Neumark und "Preußen" mit je 5 Prozent.

Die wirtschaftliche Struktur der einzelnen Territorien selbst zeigt uns der Anteil der Beschäftigten in den einzelnen Produktionszweigen an der Gesamtzahl der Produzenten des jeweiligen Gebietes. Hier ergibt sich zunächst wieder die unbedingte Vorrangstellung der Textilproduktion. In den meisten Territorien erfaßt sie mehr als 90 Prozent der Beschäftigten, weniger nur in "Litauen" und Kleve und in der Kurmark (72 Prozent). Dazu kommt die Grafschaft Mark, in der die Metallverarbeitung mit 67 Prozent an erster Stelle steht, während der Anteil der Textilproduktion mit 28 Prozent noch nicht einmal halb so groß ist. Die übrigen Gewerbe haben nur in der Kurmark (18), in Kleve (16), "Litauen" (12) größere, in Magdeburg (9) und Ostfriesland (8 Prozent) einige Bedeutung.

Setzen wir abschließend die aus dem Taschenbuch gewonnenen Daten über den Anteil der einzelnen Territorien an der Gesamtzahl der Beschäftigten noch einmal in Beziehung zu ihrem Anteil an der Gesamtbevölkerung Preußens, so ergibt sich, daß die gewerbliche Produktion in Kleve und Mörs, der Grafschaft Mark und in der Neumark wesentlich stärker war, als man nach ihren Bevölkerungsanteilen erwarten sollte. Beachtenswert ist dies vor allem für die Neumark, deren gewerbliche Produktion - meist Textilproduktion - in ihrer Bedeutung oft unterschätzt wird. Pommern dagegen hatte kaum eine gewerbliche Produktion von überlokaler Bedeutung aufzuweisen, was deutlich die Rückständigkeit dieses Territoriums erkennen läßt. In den übrigen Gebieten hielten sich Produktions- und Bevölkerungsanteile etwa die Waage, wobei jedoch die Konzentration der Produktion in einzelnen Städten, die dieses Bild etwas modifiziert, nicht berücksichtigt ist.

2. Die Verteilung der Unternehmen und unmittelbaren Produzenten auf Stadt und Land

Die Untersuchung des Standorts der gewerblichen Produktion ist für die Übergangsperiode vom Feudalismus zum Kapitalismus von besonderer Bedeutung, da für die kapitalistische Produktion auf dem zunftfreien platten Lande meist bessere Entwicklungsmöglichkeiten bestanden als in den von Zünften beherrschten Städten.[129]

In Preußen allerdings konnten die Zünfte infolge der Stadt und Land scharf trennenden Akziseordnung mit Unterstützung des Staates weit auf das platte Land übergreifen und in den mittleren und östlichen Gebieten sogar die ausschließlich für die Versorgung des platten Landes zugelassenen Landhandwerker, z.T. selbst wenn sie keine Gesellen oder Lehrlinge beschäftigten, zur Mitgliedschaft in der Zunft zwingen.[130]

Aber auch in den westlichen Territorien erreichten die Zünfte teilweise die Einbeziehung der ländlichen, für den überlokalen Markt arbeitenden Produzenten in ihren Machtbereich. So mußten bereits 1662 die im Kirchspiel Hemer wohnhaften Drahtzieher der Iserlohner Zunft angehören und dazu das Bürgerrecht in Iserlohn erwerben. Dieses Beispiel zeigt, daß die Aufschlüsselung der Produzenten auf Stadt und Land nicht in allen Fällen den Wohnort anzeigt.[131] Das gleiche trifft zu für alle übrigen metallverarbeitenden Gewerbezweige der Grafschaft Mark, deren zunftgebundene Produzenten teilweise auf dem platten Lande produzierten.[132]

a) Die gewerbliche Produktion auf dem platten Lande

Bevor wir mit der Auswertung der in den Knyphausenschen Tabellen enthaltenen Angaben über die gewerbliche Produktion des platten Landes beginnen, sei zunächst noch einmal darauf hingewiesen, daß alles das, was eingangs in den kritischen Bemerkungen zur Vollständigkeit des Knyphausenschen Taschenbuches gesagt worden ist, in noch stärkerem Maße für die Angaben über die ländliche Produktion gilt. Die gesamte Landproduktion, die für den Handel Bedeutung hatte, ist keineswegs erfaßt. Dies trifft vornehmlich auf die Textilproduktion zu. Die Spinnerei hatte ihren Standort in erheblichem Umfange auch außerhalb der Städte[133], und auch für die übrigen Teilprozesse der Textilproduktion - vor allem für die Weberei - war das flache Land von Wichtigkeit. Die Spinnerei ist selbst dort, wo sie hauptberuflich betrieben,und auch dort, wo sie als Exportgewerbe teilweise nebenberuflich ausgeübt wurde[134], kaum bzw. gar nicht erfaßt. So wurde im Fürstentum Mörs, für das in der Tabelle überhaupt keine ländliche gewerbliche Produktion ausgewiesen wird, die Landbevölkerung aus der Umgebung von Krefeld sehr stark zu Hilfsarbeiten in der Seidenfabrikation herangezogen.[135] Die Krefelder Firmen beschäftigten darüber hinaus ländliche Produzenten nicht nur in Geldern, sondern auch in benachbarten Gebieten, in Jülich und im Kölnischen.[136]

In diesem Zusammenhang taucht eine andere Frage auf, die für die Einschätzung der Zahlen über die ländliche gewerbliche Produktion sehr wichtig ist. Betrieben die in unserer Tabelle angeführten ländlichen Produzenten die gewerbliche Produktion neben einer landwirtschaftlichen oder anderen Tätigkeit oder bildete die gewerbliche Arbeit ihre entscheidende Existenzgrundlage? Für die Textilproduzenten in Minden-Ravensberg läßt sich nachweisen, daß sie hauptberufliche Textilproduzenten waren.[137] Ein Hinweis in den auf uns überkommenen Manufakturtabellen von Minden-Ravensberg für 1771 bestätigt dies. Dort heißt es bei den ländlichen Produzenten des Amtes Ravensberg in der Spalte "Practicable Vorschläge, wie die Fabrik zu poussieren": "poussieret sich genügsam, weil es die einzige Geldquelle ist."[138] Auch die kleinen ländlichen Warenproduzenten in der Kurmark arbeiteten hauptberuflich in der Textilproduktion, handelt es sich bei ihnen doch zumeist um Bewohner von Weber- und Spinnerkolonien. Soweit die Betreffenden nebenbei eine Landwirtschaft betrieben, diente sie also im wesentlichen der Selbstversorgung.

Etwas anders stand es mit dem metallverarbeitenden Gewerbe der Grafschaft Mark.[139] Da die für die Drahtzieherei und sonstige Metallverarbeitung notwendige Wasserkraft nicht das ganze Jahr hindurch zur Verfügung stand und überdies die Produktion infolge Absatzschwierigkeiten durch den Drahtstapel zeitlich begrenzt wurde, waren hier die unmittelbaren Produzenten zwar vornehmlich in diesem Gewerbe tätig, daneben aber meist noch relativ eng mit der Landwirtschaft verbunden bzw. übten zwischenzeitlich noch irgendeine andere Tätigkeit aus.

Dennoch kann man sagen, daß die in der Tabelle aufgeführten Landproduzenten ihrem Gewerbe in der Regel hauptberuflich nachgingen.

Über den Anteil der ländlichen Produzenten an der Gesamtzahl der Produzenten sowie über ihre Verteilung auf die einzelnen Provinzen geben uns folgende Zahlen Auskunft:[140]

Landesteile	Prozent der Gesamtzahl aller Produzenten	Prozent der Gesamtzahl aller ländlichen Produzenten	Prozent an der Zahl der Beschäftigten pro Provinz
Kurmark	0,4	4,0	1,3
Neumark	-	-	-
Magdeburg	0,0[141]	0,3	0,7
Pommern	0,1	0,8	12,7
Preußen	-	-	-
Litauen	-	-	-
Kleve	0,1	1,2	6,1
Mörs	-	-	-
Geldern	1,2	12,2	67,2
Mark	2,5	26,3	34,4
Minden-Ravensberg	5,3	55,3	82,9
Ostfriesland	-	-	-
insgesamt	9,6	100	-

Von der Gesamtzahl der in der Knyphausenschen Tabelle aufgeführten Produzenten sind also rund 10 Prozent ländliche, von denen allein auf Minden-Ravensberg über 5, auf die Grafschaft Mark fast 3 und auf das Herzogtum Geldern 1,2 Prozent entfallen. Der Anteil der ländlichen Produzenten aller anderen Provinzen an der Gesamtzahl der Produzenten ist fast bedeutungslos; für einige sind überhaupt keine ländlichen Produzenten ausgewiesen. Ein noch deutlicheres Bild ergibt sich, wenn man den Anteil der ländlichen Produzenten der einzelnen Provinzen an deren Gesamtzahl betrachtet. An erster Stelle steht Minden-Ravensberg mit mehr als 50 Prozent sämtlicher Landproduzenten, gefolgt von der Grafschaft Mark mit 26 und dem Herzogtum Geldern mit über 10 Prozent. In den mittleren und östlichen Territorien spielt die Landproduktion dagegen kaum eine Rolle, selbst in der Kurmark war der Anteil an der Gesamtzahl aller Landproduzenten mit 4 Prozent relativ gering.

Die relative Schwäche der Landproduktion in den mittleren und östlichen Landesteilen Preußens wird noch unterstrichen, wenn man den Anteil der ländlichen Produzenten an der Gesamtzahl der Beschäftigten der einzelnen Territorien ins Auge faßt. In Minden-Ravensberg ist die gewerbliche Produktion mit einem Anteil von 83 Prozent ländlicher Produzenten eindeutig durch diese bestimmt. Das gleiche gilt für das Herzogtum Geldern, wo die Landproduzenten fast 70 Prozent ausmachen. Auch in der Grafschaft Mark haben die ländlichen Produzenten mit einem Anteil von mehr als 30 Prozent aller dortigen Produzenten noch eine größere Bedeutung.[142] In den übrigen Gebieten liegen die entsprechenden Zahlen wesentlich niedriger. Der größere Prozentanteil der Landproduktion an der Gesamtzahl der Beschäftigten in dem gewerbearmen Pommern im Verhältnis zur Kurmark und zu Magdeburg darf nicht darüber hinwegtäuschen, daß es sich hier lediglich um ein einzelnes Unternehmen handelt.

Die Situation in den mittleren Provinzen wird durch folgende Zusammenstellung aller in unserer Quelle erfaßten ländlichen Unternehmen beleuchtet: In der Kurmark waren im Dorf Amalienhof die Barchentmanufaktur des Baron von Vernezobre mit 21 Stühlen und 90 Arbeitern[143], im Schloß Caputh die Türkisch-Garnfärberei von Schmitt mit 8 Arbeitskräften[144], in Hohenfinow die Draht-, Stahl- und Nagelmanufaktur des Baron von Vernezobre (ohne Zahlenangaben)[145], in Nowawes Kattunweber (Gewerk) mit 14 Stühlen und 14 Arbeitern sowie Barchentweber (Gewerk) mit 6 Stühlen und 6 Arbeitern[146] und in Weißenspring die Tabakpfeifenmanufaktur des Amtsrat Kienitz mit 15 Arbeitern.[147]

Im Herzogtum Magdeburg gab es im Dorf Königsborn die 1768 gegründete Seidenmanufaktur des Kriegs- und Domänenrats Gosler mit 8 Stühlen und 12 Arbeitern[148], in Pommern im Dorf Friedrichshuld die 1754 gegründete Barchent- und Leinenmanufaktur des Ministers von Massow mit 24 Stühlen und 26 Arbeitern.[149]

Inwieweit die im Knyphausenschen Taschenbuch aufgeführten ländlichen gewerblichen Produzenten von kapitalistischen Unternehmen der verschiedenen Größenklassen beschäftigt wurden oder aber als zünftige oder nichtzünftige kleine Warenproduzenten arbeiteten, zeigt folgende Zusammenstellung. So gab es in den einzelnen Provinzen auf dem Lande:[150]

Landesteile	Zünfte Anzahl	Produzenten	sonstige Produzenten	Unternehmen mit Beschäftigten 1-10	11-25	26-50	51-100	über 100
Kurmark	1	14	6		2		1	
Magdeburg					1			
Pommern						1		
Kleve						1		
Geldern	3	340	57	2		1		
Mark			408	6	7	3	1	1
Minden-Ravensb.	2	437	1455	2				
insgesamt	6	791	1926	10	10	6	2	1

Während die geringe Zahl ländlicher Produzenten in den mittleren Provinzen im wesentlichen in einigen größeren Unternehmen beschäftigt war, setzte sich die Masse der ländlichen Produzenten der westlichen Provinzen - insbesondere in Minden-Ravensberg - aus kleinen Warenproduzenten zusammen, obwohl es auch hier - namentlich in der Grafschaft Mark - eine Reihe beachtlicher Unternehmen mit ländlichen Produzenten gab. Die weitaus größere Zahl derartiger Unternehmen in den westlichen Landesteilen - in der Grafschaft Mark allein 18, in der Kurmark dagegen nur 3 - zeigt, daß hier auf der Basis stark entfalteter waren- und geldwirtschaftlicher Verhältnisse auf dem platten Land die Einbeziehung derselben in die kapitalistische Produktion wesentlich weiter gediehen war als in den mittleren und östlichen Territorien

Unter den Faktoren, die den verschiedenartigen Anteil der mittleren und westlichen Provinzen an der ländlichen gewerblichen Produktion bestimmten, war neben den geographischen Bedingungen, die für die metallverarbeitenden Gewerbe eine größere Rolle spielten als für die Textilproduktion, und der Bevölkerungsdichte vor allem die unterschiedliche ökonomische und politische Situation in den einzelnen Landesteilen ausschlaggebend. Vor allem ist dabei zu berücksichtigen, daß in den meisten westlichen Landesteilen durch das Fehlen der zweiten Leibeigenschaft[151] und der damit verbundenen Gutswirtschaft schon frühzeitig die gewerbliche Produktion die ökonomische Basis eines zunehmenden Teils der ländlichen Bevölkerung bildete. Nach dem Erwerb dieser Gebiete sah sich die preußische Regierung genötigt, dieser Tatsache Rechnung zu tragen, insbesondere bei der Einführung der Akzise-[152] und Kantonverfassung.[153] Während in den mittleren und östlichen Territorien mit geringen Ausnahmen[154] das für den Handel arbeitende Gewerbe auf die Städte beschränkt blieb, ließen sich die damit zusammenhängenden Regelungen nur schwer in den westlichen Gebieten durchsetzen.[155]

In den mittleren und östlichen Territorien gab es nur eine Stadt[156], die nicht Akziseort war und deren Einwohner ebenso wie die der Weber- und Spinnerdörfer von städtischen, meist Berliner Unternehmern beschäftigt wurden.[157] Vornehmlich im fiskalischen Interesse unterband man die Errichtung von gewerblichen Unternehmen, die ihren Sitz auf dem platten Land hatten, ebenso wie jedes ländliche Handwerk, abgesehen von einigen wenigen für die Landwirtschaft unbedingt erforderlichen.[158] Soweit ländliche Handwerker Lehrlinge und Gesellen halten wollten, mußten sie überdies der Zunft des nächstgelegenen Ortes beitreten.[159] Die Macht der Zünfte reichte mit Unterstützung des Staates weit auf das platte Land hinaus.

Die Einführung der Akziseordnung beruhte auf einer strengen Trennung der Städte, auf die das Gewerbe beschränkt wurde, von dem platten Land. Daher bereitete ihre Durchsetzung in den westlichen Gebieten mit ihrer teilweise starken ländlichen Produktion, ihrer verstreuten Lage sowie ihrem teilweise sehr geringen Umfang größte Schwierigkeiten. Eine Beschränkung des Gewerbes auf die Städte war hier nicht möglich. So erhielten mit der Einführung der Akzise eine Anzahl Flecken und Dörfer Stadtrecht, um auf diese Weise die starke gewerbliche Produktion der betreffenden ländlichen Gebiete im Rahmen der Akzise steuerlich zu erfassen. Dies trifft auf die Hälfte aller in unserer Quelle aufgeführten Städte der Territorien Minden und Ravensberg sowie auf Tecklenburg und Lingen zu.[160] In den 70er und 80er Jahren sah sich die Regierung nach verschiedenen mißlungenen Versuchen endgültig gezwungen, in den einzelnen westlichen Territorien wesentliche Veränderungen in der Akziseerhebung vorzunehmen bzw. diese durch andere direkte Steuern zu ersetzen.[161] In Ostelbien behinderte die Gutswirtschaft die Entfaltung der Waren- und Geldbeziehungen auf dem platten Land.[162] Außerdem erschwerten militär- und machtpolitische Maßnahmen Friedrichs II. hier die gewerbliche Produktion und die Anlegung von Manufakturen. So wurde dem Adel eine "bürgerliche" Betätigung[163] und den Bürgerlichen der Erwerb adliger Güter verboten.[164]

b) Die städtische Produktion

In der Vorbereitungsperiode der kapitalistischen Produktion müssen die städtischen Produzenten sehr eingehend nach den verschiedensten Gesichtspunkten untersucht werden, um aus ihrer Struktur und ihrer Verteilung auf die einzelnen Produktionszweige, Städte und Landesteile Anhaltspunkte für den Entwicklungsstand der kapitalistischen Produktionsverhältnisse zu gewinnen.

Beginnen wir mit einer Analyse der in unserer Quelle enthaltenen Zunftproduzenten. Von den im Taschenbuch aufgeführten 348 Städten und Flecken scheiden für unsere Untersuchung 124 aus, da in ihnen keine gewerbliche Produktion überlokaler Bedeutung ausgewiesen wird.

Von den verbleibenden 224 Städten und Flecken sind für 129 lediglich Zunftproduzenten angeführt, deren Verteilung auf die einzelnen Landesteile sowie Städtegruppen überaus aufschlußreich ist:

Orte[165]	mittlere und östliche Gebiete	westliche Gebiete	insgesamt
2000 - 10 000 Einwohner	22	-	22
1000 - 2 000 "	65	1	66
unter 1 000 "	24	2	26
Größe nicht feststellbar	13	2	15
insgesamt	124	5	129

Im Gegensatz zu den westlichen Territorien, wo Städte und Flecken, die lediglich Zunftproduzenten aufweisen, äußerst selten sind (insgesamt 5), spielen derartige Orte in den mittleren und östlichen Landesteilen offensichtlich eine wesentliche Rolle.[166] Dabei sind hier sogar 22 größere Orte (2 000 - 10 000 Einwohner) nachgewiesen[167], während im Westen ausschließliche Zunftproduktion nur in den kleineren Städten vorhanden war.

Ebenso interessant ist die Verteilung der Städte und Flecken auf die einzelnen Landesteile, in denen größere Unternehmen mit mehr als 10 Beschäftigten bestanden. An derartigen Orten besaßen:

Kurmark	9	Kleve	8
Neumark	4	Mörs	2
Magdeburg	3	Geldern	3
Halberstadt	3	Mark	7
Pommern	3	Minden-Ravensberg	6
Preußen	2	Ostfriesland	1
insgesamt	24	insgesamt	27

Zunächst sieht es so aus, als ob sich die westlichen Provinzen in dieser Beziehung mit den mittleren und östlichen die Waage hielten. Bringt man diese Zahlen jedoch mit der im Taschenbuch enthaltenen Gesamtzahl der Städte mit gewerblicher Produktion in Beziehung, so verschiebt sich das Bild rasch zugunsten der westlichen Territorien. Während die mittleren und östlichen Provinzen an den im Taschenbuch aufgeführten Städten mit gewerblicher Produktion einen Anteil von 75 Prozent haben, stellen sie in der Gruppe der Produzenten in Unternehmen mit mehr als 10 Beschäftigten lediglich 47 Prozent. In den westlichen Gebieten mit nur 25 Prozent der im Taschenbuch aufgeführten Städte mit gewerblicher Produktion gibt es dagegen von ihnen rund 53 Prozent, die Unternehmen mit mehr als 10 Beschäftigten aufweisen.

Wie verteilen sich nun die größeren Unternehmen auf die einzelnen Städte nach Größengruppen? Folgende Zusammenstellung - nach Größengruppen der Unternehmen aufgegliedert - veranschaulicht uns dies:

Landesteile westliche (w) mittlere (m) östliche (ö)	Städte mit einer Einwohnerzahl von mehr als 10 000	 2 000 bis 10 000	 weniger als 2 000	plattes Land	insgesamt
11 - 25 Beschäftigte:					
w	-	20	15	8	43
m und ö	65	4	3	3	75
insgesamt	65	24	18	11	118
26 - 50 Beschäftigte:					
w	-	10	7	4	21
m und ö	34	6	3	1	44
insgesamt	34	16	10	5	65
51 - 100 Beschäftigte:					
w	-	1	4	1	6
m und ö	13	4	1	1	19
insgesamt	13	5	5	2	25
über 100 Beschäftigte:					
w	-	6	1	1	8
m und ö	18	3	2	-	23
insgesamt	18	9	3	1	31

In allen vier Gruppen der Unternehmen ist eine deutliche Konzentration auf die größten Städte (mit mehr als 10 000 Einwohnern) zu verzeichnen, in denen die meisten der kapitalistischen Unternehmen ihren Standort hatten. Auch die Zahl der mittleren und kleinen Städte mit größeren Unternehmen ist in den westlichen Provinzen weitaus größer als im Osten, wobei der Anteil der Residenzstädte Berlin und Potsdam an den einzelnen Größengruppen der Unternehmen sehr beträchtlich war. Er betrug in der Gruppe der

Unternehmen	mit	11 - 25	Beschäftigten	rund	39	Prozent,
"	"	26 - 50	"	"	27	" ,
"	"	51 - 100	"	"	40	" ,
"	"	über 100	"	"	35	" .

Wenn man die drei großen Berliner Unternehmen mit mehr als 100 Beschäftigten, die in unserem Taschenbuch nur mit Namen ohne Zahlenangaben aufgeführt sind, dazu berücksichtigt[168], ergeben sich sogar 41 Prozent.

Betrachten wir nun den Anteil, den die gewerblichen Produzenten in Unternehmen mit mehr als 10 Beschäftigten jeweils an der Einwohnerzahl der betreffenden Städte hatten. Zum Vergleich seien die Prozentzahlen für alle gewerblichen Produzenten auf Grund der Knyphausenschen Tabelle hinzugefügt. Zunächst die Städte mit einer Gesamtbevölkerung von mehr als 10 000 Einwohnern:

Stadt	Prozentanteil der gewerblichen Produzenten in Unternehmen mit mehr als 10 Beschäftigten an der Stadtbevölkerung	Prozentanteil der gewerblichen Produzenten insgesamt
Berlin	2,7	4,2
Potsdam	9,0	9,7
Halle	2,3	8,2
Magdeburg	2,5	7,8
Halberstadt	-	1,3
Stettin	1,1	1,8
Königsberg	3,5	9,4

An erster Stelle steht Potsdam, wo der Anteil der gewerblichen Produzenten an der Stadtbevölkerung im wesentlichen von den Unternehmen mit über 10 Beschäftigten bestimmt wurde. Bei allen anderen Städten ist der Anteil, den die gewerblichen Produzenten der größeren Unternehmen an der Gesamtbevölkerung haben, wesentlich geringer. Selbst wenn man die Gesamtzahl der gewerblichen Produzenten zur Einwohnerzahl in Beziehung setzt, bleibt der Anteil der gewerblichen Produzenten relativ gering. Er beträgt dann im Durchschnitt rund 6 Prozent, wobei Berlin mit 4,2 sowie Halberstadt und Stettin mit je noch nicht einmal zwei Prozent sogar unter dem Durchschnitt liegen. Das sind Zahlen, die für die Handelsstadt Stettin und das gewerbeschwache Halberstadt nicht überraschen, während sie für Berlin doch erstaunlich niedrig liegen.

Bei den mittleren und kleinen Städten wollen wir uns auf diejenigen beschränken, die einen größeren Prozentsatz gewerblicher Produzenten aufweisen. Dabei sei grundsätzlich für jeden Landesteil - sofern dort überhaupt Städte mit größeren Unternehmen existieren - zumindest eine Stadt angeführt.[169]

Stadt	Landesteil	Prozentanteil der gewerblichen Produzenten an der Stadtbevölkerung: In Unternehmen mit mehr als 10 Beschäftigten	Insgesamt
Neustadt (Dosse)	Kurmark	20,0	20,0
Landsberg (Warthe)	Neumark	11,0	12,8
Wolmirstedt	Magdeburg	3,0	3,0
Osterwieck	Halberstadt	9,3	9,3
Kolberg	Pommern	0,9	1,3
Duisburg	Kleve	23,2	24,7
Orsoy	Kleve	6,9	7,6
Sonsbeck	Kleve	4,7	4,7
Krefeld	Mörs	32,3	34,7
Geldern	Geldern	1,3	2,5
Schwelm	Mark	18,4	18,8
Iserlohn	Mark	2,3	16,5
Hagen	Mark	8,7	9,6
Herdecke	Mark	7,4	9,9
Breckerfeld	Mark	5,0	5,0
Bielefeld	Minden-Ravensberg	12,0	14,0
Emden	Ostfriesland	1,0	5,6

An der Spitze steht hier Krefeld, wo die Beschäftigten größerer Unternehmen rund ein Drittel der Gesamtbevölkerung ausmachten.[170] In geringem Abstand folgt Duisburg, wo die gewerblichen Produzenten in größeren Unternehmen rund 22 Prozent der städtischen Bevölkerung stellten. In beiden Städten übte die gewerbliche Produktion der größeren Unternehmen bedeutenden Einfluß auf die wirtschaftliche Lage der Stadt aus.[171] Noch mehr war dies der Fall, wenn in einer Stadt die gesamten oder der überwiegende Teil der gewerblichen Produzenten von einem einzigen großen Unternehmen gestellt wurde; das heißt, wenn die Stadt weitgehend vom Gedeihen dieses Unternehmens abhängig war. So bestimmten in Krefeld die Familienunternehmen der von der Leyen das Gesicht der Stadt. In ähnlicher Situation befand sich das kurmärkische Neustadt an der Dosse, wo ein Unternehmen 20 Prozent der Stadtbevölkerung beschäftigte. Erwähnenswert sind unter diesem Gesichtspunkt auch Schwelm in der westfälischen Grafschaft Mark, Landsberg an der Warthe und Osterwieck im Harz, wo je ein Unternehmen 14,2, 8,4 bzw. 7,3 Prozent der Bevölkerung beschäftigte. Auch in einigen kleineren Orten - mit einer Bevölkerung von weniger als 1 000 - bestimmten einzelne Unternehmen das Wirtschaftsleben, weil sie der einzige größere Gewerbebetrieb waren, der alle nicht unmittelbar für den örtlichen Bedarf arbeitenden gewerblichen Produzenten beschäftigte. Das zeigt sich z.B. in Breckerfeld (Grafschaft Mark), wo das einzige vorhandene gewerbliche Unternehmen 5 Prozent der Bevölkerung beschäftigte, oder Herdecke (Grafschaft Mark), wo ebenfalls in dem einzigen größeren Unternehmen 7,4 Prozent der Bevölkerung arbeiteten.

Welche Bedeutung die größeren gewerblichen Unternehmen für die Wirtschaft der betreffenden Städte hatten, wird noch klarer, wenn wir bedenken, daß der ökonomisch von ihnen abhängige Teil der Stadtbewohner bei einer durchschnittlichen Stärke der Familie von 4 Köpfen etwa das Vierfache oben angeführter Prozentsätze betrug.

Abschließend seien die Standorte der größten Unternehmen gesondert zusammengestellt, um deren Verteilung auf die einzelnen Städte näher zu beleuchten. Das bisher Gesagte wird hier bestätigt. Die fünf Städte - die drei großen, Berlin, Potsdam und Königsberg, sowie die beiden kleineren, Duisburg und Krefeld - ragen gegenüber allen anderen hervor.

Standorte der Unternehmen mit über 100 Beschäftigten

Städte	Bevölkerungs-zahl	Landesteil	Zahl der Unternehmen
I. Städte mit mehr als 10 000 Einwohnern:			
1. Berlin	133 520	Kurmark	7 + 3[172]
2. Potsdam	16 208	"	4
3. Königsberg	52 196	Ostpreußen	4
4. Halle	12 866	Magdeburg	1
5. Magdeburg	17 978	"	1
6. Stettin	13 990	Pommern	1
II. Städte mit 2 000 - 10 000 Einwohnern:			
1. Krefeld	5 265	Mörs	3
2. Duisburg	3 342	Kleve	3
3. Brandenburg	8 565	Kurmark	1
4. Landsberg	5 485	Neumark	1
5. Rathenow	2 745	Neumark	1
III. Städte unter 2 000 Einwohnern und plattes Land:			
1. Osterwieck unter	2 000	Halberstadt	1
2. Schwelm	1 703	Mark	1
3. Neustadt (Dosse)	601	Kurmark	1
4. Hochgericht Schwelm		Mark	1

3. Die kleine Warenproduktion

Bisher wurde eine Aufgliederung der unmittelbaren Produzenten nach der Größe der Unternehmen, in denen sie beschäftigt waren, nur vorgenommen, um die Bedeutung der gewerblichen Produktion in den einzelnen Landesteilen herauszustellen. Für eine Untersuchung des Entwicklungsstandes der kapitalistischen Produktion anhand des Knyphausenschen Taschenbuches ist aber darüber hinaus erforderlich, alle Unternehmen und unmittelbaren Produzenten für das gesamte preußische Gebiet (ohne Schlesien) unter diesem Gesichtspunkt zu analysieren. Dabei sollen die beiden Hauptgruppen - die kleine Warenproduktion und die kapitalistischen Unternehmen - gesondert untersucht werden.

Die kleine Warenproduktion stellt in der Übergangsperiode vom Feudalismus zum Kapitalismus noch den Hauptanteil der gewerblichen Produzenten. Sie ist die Grundlage für das Entstehen kapitalistischer Unternehmen. Daher ist die Kenntnis ihrer Stärke, Struktur und Standortverteilung auch für die Untersuchung der kapitalistischen Elemente in der Produktion von Bedeutung. Die in unserer Quelle aufgeführten kleinen Warenproduzenten aller preußischen Landesteile sind in der folgenden tabellarischen Übersicht[173] zusammengestellt. Sie umfassen einmal alle kleinen Warenproduzenten mit Unternehmen bis zu 10 Beschäftigten und zum anderen alle Zünfte, soweit sie im Taschenbuch lediglich in Globalzahlen erscheinen. Die Zunftproduzenten dagegen, die mit der Größe ihres Betriebes in den Knyphausenschen Tabellen angeführt sind, wurden entweder in die Gruppe der kleinen Warenproduzenten bis zu 10 Beschäftigten eingereiht oder in die entsprechende Gruppe der kapitalistischen Unternehmen.[174] Weiterhin sind in die tabellarische Übersicht der kleinen Warenproduzenten alle sonstigen Produzenten aufgenommen worden, bei denen der Umfang des einzelnen Unternehmens durch Ungenauigkeit der Angaben nicht klar ersichtlich ist.[175] Nachstehende Aufstellung gibt einen Überblick über den Umfang und die Verteilung der kleinen Warenproduzenten auf die verschiedenen Produktionszweige und Provinzen.

Die Spalten 2 bis 4 weisen in absoluten Zahlen jeweils für den in Spalte 1 genannten Landesteil den Anteil der Unternehmen mit 1 - 10 Beschäftigten, der Zünfte sowie der sonstigen Produzenten aus. Ebenso wie in der ersten Zusammenstellung[176] wird dann der Anteil dieser Produzenten an der Gesamtzahl der Beschäftigten in Prozenten aufgeführt. Er beträgt rund 60 Prozent aller unmittelbaren Produzenten, wobei auf die Textilproduktion fast 55 und auf alle übrigen Produktionszweige nur rund 6 Prozent entfallen. Der Anteil der einzelnen Landesteile an der Textilproduktion der kleinen Warenproduzenten ist folgendermaßen aufgegliedert: An erster Stelle steht die Neumark (mit rund 14 Prozent), wo die Zunftproduktion den entscheidenden Anteil hat. Ihr folgt die Kurmark (mit rund 11 Prozent), Ostpreußen (ohne "Litauen") mit 8, Magdeburg mit 7,4 und Minden-Ravensberg mit rund 6 Prozent. Die Zahlen der übrigen Produktionszweige liegen mit Ausnahme der Metallwarenproduzenten in der Grafschaft Mark (mit rund 4) fast alle unter 1 Prozent.

Bei den prozentualen Anteilen der kleinen Warenproduzenten an der Gesamtzahl der Beschäftigten der einzelnen Produktionszweige ist die gleiche Rangfolge wie bei dem Anteil an der Gesamtzahl der Beschäftigten festzustellen, nur tritt hier die Bedeutung der einzelnen Produktionszweige in den jeweiligen Landesteilen klarer zutage. In der Textilproduktion

Die Verteilung der kleinen Warenproduzenten (Zünfte, "Sonstige" und Unternehmen mit 1 - 10 Beschäftigten) auf die verschiedenen Produktionszweige und Landesteile

Landesteil	Produzentenzahl				% der Gesamtzahl der Produzenten			% an den Produzenten des Produktionszweiges			% an Produzenten pro Landesteil		
	in Unternehmen bis zu 10 Beschäftigten	Zünfte	Sonstige	Insgesamt	Tex.+	Met.+	Übr.+	Tex.+	Met.+	Übr.+	Tex.+	Met.+	Übr.+
Kurmark	1926	2276	53	4255	11,4	0,1	0,5	13,7	1,0	6,0	38,0	0,3	1,8
Neumark	49	5141		5190	14,2	-	0,3	17,1	-	4,2	85,2	-	2,3
Magdeburg	94	2636		2730	7,4	-	0,2	8,9	-	2,6	75,4	-	2,4
Halberstadt	18	173		191	0,5	-	0,0x	0,6	-	2,2	37,0	-	3,2
Pommern	125	54		179	0,5	0,0	0,0	0,6	0,1	0,2	41,6	1,0	1,2
Preußen } Ostpreußen	126	2946		3072	8,3	0,0	0,3	10,0	0,4	3,4	64,9	0,3	2,4
Litauen } Ostpreußen	-	556		556	1,4	-	0,2	1,7	-	2,1	87,8	-	12,2
Kleve	133	131	44	308	0,6	0,0	0,3	0,7	0,0	3,1	15,9	0,0	7,4
Mörs	84	30	16	130	0,2	0,0	0,1	0,3	0,4	1,3	4,1	0,6	2,3
Geldern	31	454	57	542	1,5	-	0,0	1,8	-	0,5	84,7	-	2,4
Mark	114	258	1181	1553	0,7	3,6	0,1	0,8	44,2	1,3	9,0	48,5	1,5
Minden-Ravensberg	138	561	1455	2154	5,9	-	0,2	7,1	-	2,1	91,2	-	2,9
Ostfriesland	22	714		736	2,0	0,0	0,1	2,4	0,4	0,7	87,8	1,3	2,7
	2860	15930	2806	21596	54,6	3,7	2,3	65,7	46,5	29,7	-	-	-
					60,6 (Summe Tex.+, Met.+, Übr.+)								

Tex.+ = im Textilgewerbe Beschäftigte; Met.+ = in der Metallverarbeitung Tätige; Übr.+ = Übrige; 0,0x = kleiner als 0,05.

hat die Neumark (mit rund 17) vor der Kurmark (rund 14) und Ostpreußen (ohne "Litauen": 10 Prozent) die erste Stelle inne. Diesen folgt Minden-Ravensberg mit 7 Prozent. Insgesamt beträgt der Anteil dieser Gruppe der kleinen Warenproduzenten sämtlicher preußischer Landesteile an der Gesamtzahl der Textilproduzenten rund 66 Prozent.

In der Gruppe der Metallproduzenten sind alle Landesteile bedeutungslos bis auf die Grafschaft Mark, deren Anteil 44 Prozent beträgt, bei einem Gesamtanteil der kleinen Warenproduzenten aller Gebiete an der Gruppe der Metallwarenproduzenten von insgesamt rund 46 Prozent.

Der Gesamtanteil der Gruppe, in der alle übrigen Produzenten zusammengefaßt sind, beträgt rund 30 Prozent. Hier tritt die Kurmark mit rund 6 neben der Neumark mit rund 4 und Ostpreußen (ohne "Litauen") mit rund 3 Prozent nur wenig aus der Reihe der Landesteile hervor.

Noch aufschlußreicher ist der prozentuale Anteil der kleinen Warenproduzenten an der Gesamtzahl der Beschäftigten pro Landesteil. Im allgemeinen zeigt sich hier wiederum ganz eindeutig die Vorrangstellung der Textilproduktion. Die Gruppe der kleinen Warenproduzenten in der Textilproduktion ist am stärksten vertreten in Minden-Ravensberg mit 91, "Litauen" und Ostfriesland mit je ca. 88, der Neumark und Geldern mit je ca. 85, Magdeburg mit 75 und Ostpreußen (ohne "Litauen") mit ca. 65 Prozent.

In der Metallverarbeitung, die, wie schon mehrfach betont, ausschließlich in der Grafschaft Mark größere Bedeutung besaß, entfallen auf die kleinen Warenproduzenten rund 50 Prozent. Die Verteilung der übrigen kleinen Warenproduzenten auf die einzelnen Gebiete ist nicht sehr unterschiedlich, lediglich "Litauen" mit 12 und Kleve mit 7 Prozent treten hier etwas hervor.

Für die Einschätzung des Charakters der kleinen Warenproduktion ist es wichtig zu wissen, inwieweit die unmittelbaren Produzenten zünftig gebunden waren.[177] Ein Vergleich der Zahl der in Spalte 2 aufgeführten Zunftproduzenten (Tabelle S. 45) mit der Gesamtzahl der kleinen Warenproduzenten sowie der der unmittelbaren Produzenten der einzelnen Landesteile ergibt das auf Seite 47 dargestellte Bild. Neben "Litauen", für das ausschließlich Zunftproduzenten ausgewiesen werden, ist deren Anteil auch in einigen anderen Landesteilen recht erheblich. Nach Ostfriesland und der Neumark mit je ca. 90 Prozent beträgt er in Magdeburg und Geldern je ca. 75 und in "Preußen" ca. 65 Prozent der Gesamtzahl der Produzenten des Landesteils. Der Anteil der nichtzünftigen kleinen Warenproduzenten an der Gesamtzahl aller Produzenten in jedem Landesteil wird in Spalte 3 nachfolgender Aufstellung noch einmal besonders angegeben, um diese für die Ausbildung der kapitalistischen Produktion wichtige Gruppe hervorzuheben. An erster Stelle steht hier Minden-Ravensberg mit fast 70, gefolgt von der Grafschaft Mark mit fast 50 Prozent.

Landesteil	Prozentanteil der kleinen Warenproduzenten an der Gesamtzahl der Produzenten pro Landesteil	Prozentanteil der zünftigen Produzenten an der Gesamtzahl der Produzenten pro Landesteil	Prozentanteil der nichtzünftigen Produzenten an der Gesamtzahl der Produzenten pro Landesteil[178]
Kurmark	40,1	21,4	18,7
Neumark	87,5	86,6	0,9
Magdeburg	77,8	75,1	2,7
Halberstadt	40,2	36,3	3,9
Pommern	43,8	13,2	30,6
Preußen	67,6	64,8	2,8
Litauen	100,0	100,0	-
Kleve	23,3	9,9	13,4
Mörs	7,0	1,6	5,4
Geldern	87,1	75,0	12,1
Mark	59,0	9,8	49,2
Minden-Ravensberg	94,1	24,6	69,5
Ostfriesland	91,8	89,0	2,8

Mit der Aufgliederung der kleinen Warenproduktion in zünftige und nichtzünftige Produzenten erhebt sich die Frage, inwieweit diese Kennzeichnung Wesensunterschieden in den Produktionsverhältnissen entsprach. Damit wird gleichzeitig die Frage nach den Produktionsverhältnissen aller in der Gruppe der kleinen Warenproduktion zusammengefaßten gewerblichen Produzenten aufgeworfen.

Die Zusammenstellung dieser Gruppe hatte zunächst nur das Ziel, die kleinen Warenproduzenten von den ohne weiteres als kapitalistisch anzusehenden Unternehmen zu trennen. Sie umfaßt daher neben der einfachen Warenproduktion[179] die verschiedensten Formen des Übergangs zur kapitalistischen Produktion. Wie weit die Zersetzung der einfachen Warenproduktion bereits gediehen war und wie die Übergangsverhältnisse beschaffen waren, in denen sich die unmittelbaren Produzenten befanden, soll – ebenso wie die Rolle der Zunftproduktion – anhand von Beispielen aufgezeigt werden.

Von den rund 60 Prozent kleinen Warenproduzenten unter den unmittelbaren gewerblichen Produzenten entfallen allein auf die nur in Globalzahlen angegebenen Zunftproduzenten drei Viertel. Die Bestimmung der Produktionsverhältnisse dieser großen Gruppe der unmittelbaren Produzenten gibt auch die Möglichkeit, ihre Bedeutung in der Vorbereitungsperiode der kapitalistischen Produktion zu ermitteln.

Wie groß die Unterschiede in der Lage der zünftigen Produzenten sein konnten, wird schon anhand der im Taschenbuch namentlich ausgewiesenen Berliner Wollstrumpfproduzenten deutlich. Von den 119 Strumpfwirkermeistern arbeiteten 55 allein, 39 mit je einer zusätzlichen Arbeitskraft und nur drei mit mehr als 5 Beschäftigten. Die Höchstzahl der von einem Meister Beschäftigten betrug 9.[180] Die 9 zünftigen Berliner Strumpfstrickermeister dagegen beschäftigten jeder mehr als 10 Arbeiter, drei von ihnen sogar über 25. Die höchste Zahl der von einem Meister Beschäftigten betrug hier 33.[181] Von einer die Entstehung kapitalistischer Produktion entscheidend hemmenden Wirkung des Zunftwesens kann in diesem Falle nicht die Rede sein. Das gleiche gilt für die Berliner Leinen-[182] und Wollenzeugproduzenten[183], deren teilweise zünftige Bindung im Taschenbuch überhaupt nicht erwähnt wird, obwohl neben den nicht zünftig organisierten Freimeistern und Fabrikanten noch zahlenmäßig starke Zünfte bestanden.[184]

Die Herausbildung kapitalistischer Unternehmer aus dem Kreise der Zunftmeister ist mit genauen Arbeitskräftezahlen dem Taschenbuch nur für Berlin zu entnehmen. Sie vollzog sich selbstverständlich auch anderwärts. Von der starken Magdeburger Zunft der Strumpfwirkermeister ist z.B. bekannt, daß bereits in den 20er Jahren des 18. Jahrhunderts von den damals 107 Magdeburger Meistern achtzehn ohne eigene Produktion von anderen verlagsmäßig arbeiten ließen. Von den 62 Pfälzer Meistern beschäftigten zwei fast allein die übrigen 60, und darüber hinaus wurden die Strumpfwirkermeister in den Städten Burg, Haldensleben und Calbe an der Saale sämtlich von Magdeburger Meistern verlagsmäßig beschäftigt.[185] Leider sind für die Zeit um 1770 keine genauen Angaben ermittelt worden. Die Situation wird aber im wesentlichen die gleiche gewesen sein; der Konzentrationsprozeß dürfte sich fortgesetzt haben.

Ähnliche Verhältnisse finden wir in Halle. 1770 betrug die Zahl der Tuchmacher nach Neuß[186] 90 Meister; sie waren zum großen Teil "Lohnmeister", d.h. vom Verlag erfaßt.[187] Nach W. Schmidt[188] befanden sich 1770 in Halle 158 Strumpfwirkermeister mit 203 Gesellen und 84 Strumpfstrickermeister mit 30 Gesellen; allein erstere benötigten für die Spinnerei und das Wollkrempeln etwa 500 Personen. Unter den Meistern beider Zünfte waren 25 Verleger, 17 davon stellten die kleinere Zunft der Strumpfstrickermeister.[189]

Anders stand es um die Emdener Zwirnmacherzunft. Aus den in den Akten des Generaldirektoriums erhaltenen Manufakturtabellen ist zu entnehmen, daß die 1770 vorhandenen 27 Zunftmeister insgesamt 200 Gesellen und Lehrlinge beschäftigten. Hier waren aber die

Unterschiede zwischen den Meistern nicht so groß. Jeder hatte fünf bis zehn Arbeitskräfte.[190]

Die angeführten Zahlen lassen den starken Differenzierungs- und Zersetzungsprozeß erkennen, dem die Zunftproduktion ausgesetzt war. Einem kleinen Teil der Meister - so einigen Magdeburger Strumpfwirkermeistern - war es bereits gelungen, sich zu kapitalistischen Unternehmern zu entwickeln, während andere sich erst auf diesem Wege befanden. Solange der einzelne Zunftmeister aber noch selbst im Produktionsprozeß mitarbeitete, war er "nur ein Mittelding zwischen Kapitalist und Arbeiter, ein 'kleiner Meister'"[191].

Die verhältnismäßig große Anzahl der nach dem Taschenbuch selbständigen, ohne fremde Arbeitskräfte arbeitenden Zunftmeister war in der Mehrzahl der Fälle keineswegs mehr in der Lage, mit eigenen Mitteln zu produzieren. Diese Gruppe führte nur noch eine Scheinexistenz als selbständige Warenproduzenten. Faktisch war sie schon mehr oder weniger stark vom Kapital abhängig. Neben der Abhängigkeit von reicheren Meistern spielte hier die Abhängigkeit vom Handelskapital eine große Rolle. So waren die im Taschenbuch ausgewiesenen 400 Produzenten der Leinweberzunft in Leer (Ostfriesland)[192], wie aus den von der Kammer eingereichten Unterlagen hervorgeht, von 30 Verlegern abhängig.[193] Die im Taschenbuch als Zunftproduzenten angeführten Baumwollweber der Weberkolonie Nowawes[194] konnten von Anfang an ohne Verleger überhaupt nicht existieren.[195]

Auch die meisten Zunftmeister der zahlreichen Tuchmacherzünfte in den mittleren und östlichen Landesteilen waren keineswegs selbständige Warenproduzenten mehr. Sie wurden zum Teil von Kaufleuten ihres Ortes oder der nächstgelegenen größeren Städte oder auch - und das betraf besonders eine Reihe kurmärkischer Städte - von Berlin aus vom Lagerhaus verlegt.[196] Bei vielen zünftigen Tuchmachern dieser Gebiete, die weder selbst die zur Produktion erforderlichen Mittel besaßen noch Kaufleute oder Unternehmer als Verleger fanden, mußte der Staat helfend eingreifen. In erster Linie im Interesse der reibungslosen Versorgung des preußischen Heeres mit den notwendigen Textilien hatte man in vielen Orten der östlichen und vor allem der mittleren Landesteile staatliche Magazine angelegt, in denen die unmittelbaren Produzenten den für die Produktion erforderlichen Rohstoff (Wolle) gegen Kredit bis zum Verkauf ihrer daraus hergestellten Ware erhielten.[197] Waren die Kreditnehmer beim Absatz ihrer Erzeugnisse auch nicht an die Magazine gebunden - sie durften sie, im Gegensatz zu verlegten Produzenten, frei verkaufen -, so konnte man sie nicht mehr als völlig selbständige Warenproduzenten ansehen, da ihnen die Rohstoffe faktisch nicht gehörten.

Zusammenfassend ist festzustellen, daß die Zunftproduzenten in den alten ebenso wie in den erst im Verlaufe des 17. und 18. Jahrhunderts gegründeten Zünften nur noch selten selbständige kleine Warenproduzenten waren. Unter den neueren Zünften gab es bereits einzelne, in denen sich von Anfang an nur oder zum wesentlichen Teil vom Kapital abhängige Produzenten zusammengeschlossen hatten, wo sich hinter der alten Form der Zunft schon ein wesentlich veränderter Inhalt verbarg, der dann auch meist in den Zunftstatuten fixiert war.[198]

Wie wenig die Zunftbindung einzelner, besonders der jüngeren Zünfte noch etwas mit der mittelalterlichen zünftigen Zielsetzung zu tun haben konnte, zeigt die Verbindung der Samt- und Seidenwirker in Berlin. Ursprünglich in drei Zünften der Ganz-, Halbseidenwirker und Samtmacher organisiert, waren sie seit 1766 in einer Zunft zusammengefaßt. Im Knyphausenschen Taschenbuch sind diese Produzenten als nicht zunftgebunden ausgewiesen. Die meisten arbeiteten entweder in den Manufakturen der größeren Unternehmer oder auf dem Verlagswege.

Bei der staatlichen Regelung der Seidenproduktion war die Errichtung eines Seidenwirkergewerks angeordnet worden. Obwohl sonst eine starke Reglementierung und Beaufsichtigung der größeren Seidenfabrikanten erfolgte, war gerade mit der Schaffung dieser Zunft, die in der Hauptsache einen Zwangsverband der von den kapitalistischen Unternehmern beschäftigten Lohnarbeiter darstellte, kaum eine Einschränkung oder Behinderung der kapitalistischen Produktion verbunden. Die neuen Zunftstatuten enthielten vielmehr eine Anzahl Bestimmungen, die das Verhältnis zwischen Unternehmern und Arbeitern im Interesse der Unternehmer regelten.

Die wenigen Zünfte, die ausschließlich aus ländlichen Produzenten bestanden[199], sind ebenfalls den älteren städtischen Zünften in keiner Weise gleichzusetzen.

Wenn auch manche Zünfte und Zunftbestimmungen der Entstehung und Entwicklung kapitalistischer Produktionsverhältnisse mehr oder weniger hinderlich waren, so haben die Zunftordnungen im ganzen den Prozeß der Zersetzung der alten Produktionsverhältnisse höchstens verzögert, ihn aber nicht verhindern können.

Die nicht zünftig gebundenen kleinen Warenproduzenten[200] waren im allgemeinen, da ihnen der Zunftschutz fehlte, erst recht keine selbständigen Warenproduzenten mehr. So herrschten in den westlichen Landesteilen, die den Hauptteil der nichtzünftigen Produzenten stellten, neben dem Kaufsystem[201] ebenfalls Verlagsbeziehungen vor.[202]

Die angeführten Beispiele zeigen, daß die in der Gruppe der kleinen Warenproduzenten zusammengefaßten gewerblichen Produzenten bereits in den verschiedensten Formen mehr oder weniger stark vom Kapital abhängig waren. Selbständige Produzenten finden sich in dieser Gruppe nur in geringer Zahl.[203] Da in den meisten Fällen die Beziehungen zwischen den unmittelbaren Produzenten und den kapitalistischen Kräften noch nicht sehr fest und dauerhaft waren, konnten alle diese Produzenten - ganz abgesehen von den Fällen, wo durch staatliche Hilfe (Wollmagazine) oder das Kaufsystem die Verfügungsgewalt über das hergestellte Produkt dem unmittelbaren Produzenten zumindest juristisch erhalten blieb - bei dem damaligen Stand der Erhebungstechnik statistisch nicht als Abhängige erfaßt werden. Sie erscheinen daher in den Manufakturtabellen als selbständige Warenproduzenten.

4. Kapitalistische Unternehmen

In der Gruppe der kapitalistischen Unternehmen sind diejenigen unmittelbaren gewerblichen Produzenten erfaßt, die vom Merkmal der Arbeitskräftezahl her offensichtlich von kapitalistischen Unternehmern beschäftigt wurden und dem Kapital bereits endgültig untergeordnet waren.

Um den Stand der Vorbereitung der kapitalistischen Produktion festzustellen, ist - ebenso wie für die kleinen Warenproduzenten - einmal die Aufgliederung der Produzenten nach Landesteilen erforderlich, die die regionale Verteilung der kapitalistischen Produktion aufzeigt. Zum anderen ist der Anteil festzustellen, den die einzelnen Produktionszweige an den kapitalistischen Unternehmen hatten. Es kann auch Genaueres über die Stärke der einzelnen Kapitalisten ausgesagt werden, da die Zahl der von jedem Unternehmer Beschäftigten hierfür einen wichtigen Anhaltspunkt bietet. Aus diesem Grunde sind dann die Unternehmen und die in ihnen beschäftigten Arbeitskräfte in verschiedene Größengruppen - in kleine, mittlere und große Unternehmen - gegliedert und hier wiederum nach Landesteilen und Produktionszweigen getrennt.

Um die regionale Verteilung und örtliche Konzentration der großen Unternehmen genauer zu verfolgen, werden die Gruppen der Unternehmen mit 51 bis 100 und mit mehr als 100 Beschäftigten - geordnet nach ihrer Konzentrationsstärke auf einzelne Orte - in besonderen Zusammenstellungen namentlich erfaßt. Diese Aufstellungen lassen dann schon erkennen, daß einige große Kapitalisten im Taschenbuch als Inhaber mehrerer Unternehmen erscheinen. Um deren Stärke zu erfassen, ist es notwendig, alle Unternehmer mit allen ihnen gehörenden Unternehmen gesondert anzuführen. Erst dann kann man ersehen, in welchem Umfang diese größten Kapitalisten bereits Lohnarbeiter ausbeuteten. Abschließend sollen noch einige Überlegungen darüber folgen, welche Bedeutung die Angaben über die Arbeiterzahl für die Ermittlung der Stärke der bourgeoisen Kräfte in Preußen in dieser Zeit haben.

Die Verteilung der Produzenten in Unternehmen mit mehr als 10 Beschäftigten

Landesteil	Zahl der Produzenten in Unternehmen mit mehr als 10 Beschäftigten	% an Gesamtzahl der Produzenten			% an Produzenten des Produktionszweiges			% der Produzenten pro Landesteil		
		Tex.+	Met.+	Übr.+	Tex.+	Met.+	Übr.+	Tex.+	Met.+	Übr.+
Kurmark	6461	10,3	3,0	4,9	12,4	36,6	54,3	34,2	9,9	16,2
Neumark	742	2,0	-	0,1	2,4	-	0,7	12,1	-	0,4
Magdeburg	782	1,5	-	0,7	1,8	-	7,5	15,4	-	6,9
Halberstadt	285	0,8	-	-	1,0	-	-	59,9	-	-
Pommern	230	0,6	-	-	0,8	-	-	56,2	-	-
Preußen } Ostpreußen	1474	4,0	-	0,1	4,8	-	1,6	31,3	-	1,1
Litauen } Ostpreußen	-	-	-	-	-	-	-	-	-	-
Kleve	1010	2,5	-	0,3	3,0	-	3,4	68,4	-	8,2
Mörs	1730	4,8	-	0,1	5,7	-	0,9	91,5	-	1,6
Geldern	80	0,2	-	-	0,3	-	-	12,9	-	-
Mark	1077	1,4	1,4	0,2	1,7	16,9	2,4	19,4	18,6	3,0
Minden-Ravensberg	135	0,4	-	-	0,5	-	-	5,9	-	-
Ostfriesland	66	0,1	-	0,1	0,1	-	1,4	2,6	-	5,6
	14072	28,6	4,4	6,5	34,5	53,5	72,2	-	-	-
		39,5								

Tex.+ = Textilproduktion; Met.+ = Metallverarbeitung; Übr.+ = Übrige

Obwohl anhand der Tabelle über die kleinen Warenproduzenten[204] auch der Anteil und die Verteilung der Unternehmen mit mehr als 10 Beschäftigten und ihre Verteilung auf die verschiedenen Produktionszweige und Landesteile ermittelt werden können, ist diese Gruppe ihrer Wichtigkeit wegen vorstehend auch tabellarisch gesondert zusammengestellt worden.[205] Sie umfaßt rund 40 Prozent aller gewerblichen Produzenten in sämtlichen Landesteilen. Auch hier stehen die Textilproduzenten mit rund 28 Prozent an erster Stelle. Die beiden anderen Gruppen umfassen insgesamt nur rund 11 Prozent aller Beschäftigten. In der Reihenfolge der einzelnen Gebiete sind dabei wesentliche Abweichungen von den sonstigen Proportionen festzustellen. Weit hervor ragt die Kurmark mit insgesamt 18 Prozent aller Beschäftigten, davon Textil- 10 und Metallverarbeitung 3 Prozent. In großem Abstand folgen Mörs mit rund 5 sowie Preußen mit 4, Kleve und Grafschaft Mark mit je 3 Prozent. Von den 10 Prozent der Textilproduzenten in der Kurmark entfallen auf Berlin allein rund 7 Prozent. Auch die Mehrheit der Textilproduzenten in Ostpreußen, Kleve und Mörs ist jeweils auf eine Stadt - Königsberg, Duisburg und Krefeld - konzentriert. Neben Berlin spielen also die westlichen Landesteile in dieser Gruppe der kapitalistischen Unternehmen in Preußen eine wichtige Rolle. Während die Kurmark rund 12 Prozent der gesamten Produzenten der Textilindustrie stellt, sind die entsprechenden Zahlen für Mörs rund 6, für Preußen 5 sowie für Kleve 3 Prozent.

Von den in der Metallverarbeitung Beschäftigten entfallen auf die Gruppe der größeren Unternehmen insgesamt rund 54 Prozent, davon allein auf die Kurmark rund 37 Prozent. In der Gruppe der übrigen Produktionszweige, bei denen der Anteil der in großen Unternehmen Beschäftigten rund 72 Prozent der Gesamtzahl aller in diesen Produktionszweigen Beschäftigten beträgt, steht ebenfalls die Kurmark mit 54 Prozent an erster Stelle. Interessant ist, daß der Prozentsatz der in Unternehmen mit mehr als 10 Beschäftigten in der Textilproduktion nur 34 Prozent beträgt, in der Metallverarbeitung aber 54 und in den übrigen Zweigen sogar 72 Prozent.[206] Die Konzentration der Produktion auf große Unternehmen war also in der Metallverarbeitung stärker als im Textilgewerbe. Sicher ist dies neben anderen Faktoren - wie Unterschiede in der Binnen- und Außenmarktlage und in der ursprünglichen Akkumulation, vor allem der Kapitalbereitstellung - auch auf einen unterschiedlichen Entwicklungsstand der Produktivkräfte in beiden Produktionszweigen zurückzuführen.

Betrachtet man den Anteil der großen Unternehmen innerhalb der einzelnen Landesteile, so steht hier an erster Stelle das Fürstentum Mörs, wo über 90 Prozent aller Beschäftigten auf Unternehmen mit mehr als 10 Arbeitskräften entfielen. In großem Abstand folgen dann Kleve und die Kurmark, wo über 75 bzw. 60 Prozent aller gewerblichen Produzenten in größeren Unternehmen arbeiteten. Hervorzuheben ist weiterhin der Anteil von über 40 Prozent in der

Anteil der einzelnen Landesteile an den Unternehmen mit mehr als 10 Beschäftigten nach Größengruppen

Landesteil	11 - 25		26 - 50		51 - 100		über 100		insgesamt	
	Untern.⁺ %	Besch.⁺ %	Untern.⁺ %	Besch.⁺ %	Untern.⁺ %	Besch.⁺ %	Untern.⁺ %	Besch.⁺ %	Untern.⁺ %	Besch.⁺ %
Kurmark	20,2	5,4	11,2	6,7	5,4	6,7	5,8	27,1	42,6	45,9
Neumark	0,8	0,3	1,2	0,9	0,8	0,9	0,4	3,3	3,3	5,3
Magdeburg	5,4	1,7	1,7	0,9	0,4	0,4	0,8	2,5	8,3	5,6
Halberstadt	0,4	0,2	0,4	0,3	0,4	0,5	0,4	1,0	1,7	2,0
Pommern	0,4	0,1	0,8	0,4	0,4	0,4	0,4	0,7	2,1	1,6
Ostpreußen (ohne "Litauen")	4,1	1,2	3,3	2,1	0,4	0,7	1,7	6,6	9,5	10,5
Kleve	5,0	1,4	2,5	1,6	1,2	1,3	1,2	2,8	9,9	7,2
Mörs	2,1	0,7	1,2	0,6	-	-	1,2	11,0	4,5	12,3
Geldern	1,2	0,2	1,2	0,4	-	-	-	-	2,5	0,6
Mark	5,4	1,5	4,1	2,6	1,2	1,6	0,8	2,0	11,6	7,7
Minden-Ravensberg	3,3	1,0	-	-	-	-	-	-	3,3	1,0
Ostfriesland	0,4	0,1	0,4	0,3	-	-	-	-	0,8	0,5
insgesamt	48,7	13,8	28,0	16,8	10,2	12,5	12,7	57,0	100	100

Untern.⁺ = Unternehmen; Besch.⁺ = Beschäftigte

Grafschaft Mark und von mehr als 30 Prozent in Ostpreußen, während dem hohen Anteil, der für Halberstadt mit 60 und Pommern mit 56 Prozent ausgewiesen wird, infolge der niedrigen absoluten Zahlen in diesen Territorien nur geringe Bedeutung zukommt.

Mit der Unterteilung der gewerblichen Produzenten in kleine Warenproduzenten mit bis zu 10 Beschäftigten und in die Gruppe der Unternehmen mit mehr als 10 Beschäftigten haben wir versucht, die kapitalistischen Unternehmen herauszuheben, soweit sie in der Tabelle als solche in Erscheinung treten. Dies ist für unsere weitere Betrachtung von großer Bedeutung. Um über die Struktur dieser größeren Unternehmen Näheres zu erfahren, sollen sie weiter in Größengruppen aufgegliedert werden. Es ergibt sich dann folgender Überblick über den Anteil der Unternehmen sowie der Beschäftigten an den Gesamtzahlen dieser Gruppen:[207]

Unternehmen mit Beschäftigten	Zahl der Unternehmen in Prozent	Zahl der Beschäftigten in Prozent
11 - 25	49	14
26 - 50	28	17
51 -100	10	12
mehr als 100	13	57

Bei den größten Unternehmen waren also fast 60 Prozent aller in kapitalistischen Unternehmen Beschäftigten tätig. Den Hauptanteil an allen vier Gruppen hat die Kurmark. Diese Vorrangstellung wird, wie schon erwähnt, durch den Anteil der Berliner und Potsdamer Unternehmen bewirkt. Die über 5 Prozent der Beschäftigten der Kurmark in der ersten Gruppe werden fast ausschließlich von Berlin und Potsdam gestellt. Auch in der zweiten Gruppe übertrifft der Anteil Berlins und Potsdams die übrige Kurmark bei weitem. In der folgenden Gruppe (51 - 100 Beschäftigte) kommen Berlin und Potsdam rund drei Viertel des gesamten Anteils der Kurmark zu und der letzten Gruppe - über 100 Beschäftigte - von den 27 Prozent der Kurmark rund 24 Prozent. Hervorzuheben ist weiterhin der beachtliche Anteil von Mörs mit 11 Prozent der Beschäftigten. Diese Stellung verdankt Mörs der Krefelder Textilproduktion. Auch der ostpreußische Anteil von fast 7 Prozent ist erwähnenswert. Er entfällt ebenfalls ausschließlich auf Textilunternehmen der Stadt Königsberg.

Die folgende tabellarische Übersicht zeigt die Verteilung der verschiedenen Größengruppen von Unternehmen sowie der in diesen Beschäftigten auf die Hauptproduktionszweige.

Verteilung der Unternehmen und Produzenten (ab 11 Beschäftigte) auf die einzelnen Produktionszweige nach Größengruppen in Prozent der Gesamtzahlen

	11 - 25		26 - 50		51 - 100		über 100		Insgesamt	
	U[1)]	B[2)]	U	B	U	B	U	B	U	B
Textil-produktion	36	10	22	13	9	10	10	39	77	73
Metall-verarbeitung	5	1	3	2	1	2	1	6	10	11
Übrige Gewerbe	7	2	3	2	0[3)]	1	2	12	13	16
insgesamt	48	14[4)]	28	17	10	13	13	57	100	100

1) U = Unternehmen
2) B = Beschäftigte
3) 0 = kleiner als 0,5
4) Differenz der Summe ergibt sich aus Abrundungen

Die überwiegende Mehrheit aller Unternehmen wie auch der Beschäftigten - in beiden Fällen rund 75 Prozent - gehörte der Textilproduktion an, während den geringsten Anteil die Metallverarbeitung hatte. Die Gruppe der Unternehmen mit 51 bis 100 Beschäftigten ist allgemein schwach, wogegen man die stärkste Konzentration in der Gruppe der größten Unternehmen (mit mehr als 100 Beschäftigten) in der Textilproduktion vorfindet. Der Gesamtanteil der unmittelbaren Produzenten in Unternehmen mit mehr als 100 Beschäftigten ist erstaunlich hoch (57 Prozent). Hier liegt also eine relativ starke Konzentration vor.

Um von den bedeutendsten kapitalistischen Kräften ein besseres Bild zu bekommen, sind im folgenden[208] alle Unternehmen mit 51 bis 100 sowie diejenigen mit mehr als 100 Beschäftigten mit allen im Taschenbuch enthaltenen Angaben[209] angeführt, und zwar, wie erwähnt, in der Reihenfolge ihrer Konzentration auf die einzelnen Orte. Dabei sind zum Unterschied von der bisherigen tabellarischen Auswertung des Taschenbuches in die zweite Aufstellung (Unternehmen mit mehr als 100 Beschäftigten) im Taschenbuch fehlende Daten aufgenommen worden, um das Bild dieser wichtigsten Gruppe möglichst zu ergänzen.[210]

Die größten Unternehmer heben sich hierbei deutlich ab. Die Gesamtzahl der von ihnen beschäftigten Arbeitskräfte kann erst durch eine Zusammenstellung aller im Taschenbuch angeführten Einzelunternehmen der verschiedenen Größengruppen, die sich in den Händen dieser größten Kapitalisten befanden, ermittelt werden. Es handelt sich insgesamt um drei Gruppen von Unternehmen; zwei von ihnen lagen in der Kurmark und die dritte im Fürsten-

Unternehmen von 51 bis 100 Beschäftigten

Lfd. Nr.	Ort	Name des Unternehmens	Gründungsjahr	Produktionszweig	Zahl der Beschäftigten
1.	Berlin	Girard & Michelet	1748	Samt u. Seide	86
2.	"	Levi, Meyer Benjamin	1765	Samt u. Seide	64
3.	"	Gutbier Witwe & Sohn	1709	Halbseiden	70
4.	"	Jancke sen.	1725	Wollenzeug	61
5.	"	Stumpf & Favreau	1764	Seidenband	60
6.	"	Simons Erben	1747	Kattun, Zitz, Baumwolle	60
7.	"	Pätsch	1743	Wollenzeug	60
8.	"	Oemigcke Witwe	1740	Kattun, Zitz, Baumwolle	57
9.	Potsdam	Ephraim & Söhne	1745	Gold- und Silberkanten	100
10.	"	Hirsch, David	1730	Samt u. Seide	84
11.	Dorf Amalienhof	Baron v. Vernezobre		Barchent	90
12.	Eberswalde	Splittgerber & Daum		Stahl u. Eisen	60
13.	Spandau	Splittgerber & Daum	1722	Gewehrmanufaktur	94
14.	Küstrin	Schiele	1752	Wollenzeug	60
15.	Landsberg	Mathes	1742	Rasch u. Zeuge	73
16.	Magdeburg	Bruguier	1734	Wollstrümpfe	60
17.	Bleicherode	Trautvetter	1721	Wollenzeug	75
18.	Stettin	Vieulseuf	1765	Wollstrümpfe	52
19.	Königsberg	Boeley	1764	Wollenzeug	98
20.	Duisburg	Buchholtz, Johann	1749	Tuch	60
21.	Orsoy	Lüps Witwe	1729	Tuch	64
22.	Sonsbeck	Metzgen & Hinsen	1734	Tuch u. Misselan	65
23.	Herdecke	Wilmsen & Konsorten		Tuch	69
24.	Amt Iserlohn	Kloever & v.d. Beck		Draht	62
25.	Schwelm	Sternberg Erben		Siamoisen	90

tum Mörs. Die dritte Gruppe steht mit 1625 im Taschenbuch ausgewiesenen Arbeitskräften an der Spitze, während die beiden anderen 1467 bzw. 1259 Personen beschäftigten. Die größte Gruppe im Fürstentum Mörs bestand ausschließlich aus Textilbetrieben; die eine kurmärkische

Unternehmen mit mehr als 100 Beschäftigten

Lfd. Nr.	Ort	Name des Unternehmens	Gründungsjahr	Produktionszweig	Zahl der Beschäftigten	Produktionsorganisation[1]	Herkunft der Unternehmer		Bemerkungen
							Inl./Ausl./ Jude (J)	Beruf[2]	
1.	Berlin	Ephraim & Söhne	1686	Gold- und Silbermanufaktur	845	M 1	J	K	
2.	"	Lagerhaus	1713	Wollenzeug	285	M 2	Inl.	P	
3.	"	Baudouins	1763	Samt und Seide	200	V	Ausl.[3]	K	
4.	"	Splittgerber & Daum	1749	Zuckersiederei	185	M 3	Inl.	K	
5.	"	Dutitre	1746	Kattun, Zitz, Baumwolle	150	M 1	Ausl.	P	
6.	"	Marçaut	1770	Blonden	135	M 3 (?)	Ausl.	?	Akziseinspektor
7.	"	Syburg	1759	Kattun, Zitz, Baumwolle	125	M 1	Inl.	K	
8.	"	Königliche Kosten	1750	Porzellan	(342)	M 3	Staatl.	-	Gründer: Kaufmann
9.	"	Wegely	1701	Wollenzeug	(mind. 300)	M 2 (?)	Ausl.	P	
10.	"	Lange	1748	Wollenzeug	(mind. 300)	M 2 (?)	Inl.	P	
11.	Potsdam	Splittgerber & Daum	1722	Gewehrmanufaktur	800	M 3	Inl.	K	
12.	"	Ephraim & Söhne	1745	Kanten, brabantsche	262	M 3	J	K	
13.	"	Ephraim & Söhne	1745	Blonden	260	M 3	J	K	
14.	"	Isaac Levin Joel	1746	Broderie in Nesseltuch	117	M 3	J	K	
15.	Königsberg/ Ostpreußen	Schmidt, Jacob	1748	Wollenzeug	458	M 1 (?)	Inl.	K (?)	
16.	"	Wurffels	1734	Wollenzeug	219	M 1 (?)	Inl.	K (?)	

17.	Königsberg/ Ostpreußen	Schmidt Witwe	1734	Wollenzeug	144	M 1 (?)	Inl.	K (?)
18.	"	Bautz & Konsorten	1766	Kattun, Zitz, Barchent	101	M 1	Ausl.	P
19.	Duisburg	Scheidt	1765	Tuch	180	M 1	Inl.	P
20.	"	Hardt Witwe	1747	Tuch	104	M 1 (?)	Inl.	P (?)
21.	"	Tuckermann	1747	Tuch	104	M 1 (?)	Inl.	P (?)
22.	Krefeld	von der Leyen & Lingen	1731	Samt und Seide	726	M 1	Inl.	K
23.	"	von der Leyen & Komp.	1721	Samt und Seide	510	M 1	Inl.	K
24.	"	von der Leyen & Komp.	1721	Seidenband	312	M 1	Inl.	K
25.	Brandenburg	Grützhaupt & Meisner	1760	Wollene Strümpfe	205	V (?)	Inl. (?)	K (?)
26.	Neustadt a.d. Dosse	Schickler	1696	Spiegelmanufaktur	120	M 3	Inl.	K
27.	Rathenow	Tresckau	1763	Barchent	102	M 1 (?)	Inl.	P
28.	Landsberg	Stoeber	1744	Wollenzeug	458	V (?)	Inl.	K (?)
29.	Halle	Plantier	1680	Handschuh (Leder)	194	M 1	Ausl.	P
30.	Magdeburg	Kriegs- und Domänenrat Gosler	1732	Halbseiden und Wollenzeug	164	M 1 (?)	Inl.	K
31.	Osterwieck	Holberg Gebrüder	1759	Leinen	140	V (?)	Inl.	P (?)
32.	Stettin	Pufahl	1762	Wollenzeug	104	V (?)	Inl.	P (?)
33.	Schwelm	Sternberg Erben		Leinen	163	V (?)	Inl.	K (?)
34.	Hochgericht Schwelm	Steilenbeck		Stahl	113	V (?)	Inl.	P (?)

1) V = Verlag, M 1 = zerstreute Manufaktur
M 2 = gemischte Manufaktur
M 3 = zentralisierte Manufaktur

2) K = Kaufmann
P = Produzent

3) Unter Ausland sind nicht - wie in den zeitgenössischen Quellen - auch die nichtpreußischen Gebiete erfaßt.

Gruppe von Betrieben gehörte nur den metallverarbeitenden Gewerben an, und die andere erstreckte sich vorwiegend auf die Gold- und Silberdrahtherstellung und -verarbeitung.

Die verschiedenen Unternehmen der Familie von der Leyen in Krefeld[211] sollen - als größte Gruppe - zuerst zusammengestellt werden. Nach unserem Taschenbuch arbeiteten für sie unter der Firma von der Leyen und Kompanie in Krefeld 510 Arbeitskräfte an der Herstellung von Samt und Seide, ferner 312 in der Seidenbandproduktion sowie in der Stadt Mörs weitere 28 in der Seidenherstellung. Unter dem Firmennamen von der Leyen & Lingen waren in Krefeld 726 Produzenten mit der Herstellung von Samt und Seide beschäftigt und unter der Firma von der Leyen Erben am gleichen Ort 20 Arbeitskräfte mit der Herstellung von Wollstrümpfen sowie 24 an Seidenzwirnmühlen.[212] Insgesamt belief sich die Zahl der von der Familie von der Leyen ausgebeuteten Lohnarbeiter nach unseren Tabellen auf 1625. In Wirklichkeit lag diese Zahl erheblich höher.[213] Neben den unmittelbar in der Nähe Krefelds beschäftigten ländlichen Produzenten arbeiteten für die Firma sicher auch zu diesem Zeitpunkt - wie es für 1763 bekannt ist[214] - Produzenten in Xanten[215], Goch, im Geldernschen sowie im nichtpreußischen Gebiet.[216] Otto Hintze gibt für 1768 die Zahl der von der Firma Friedrich und Heinrich von der Leyen beschäftigten Arbeiter mit über 3000 an.[217] Kersten, der bereits für die Jahre 1745/1750 2800 Arbeitskräfte feststellt, weist darauf hin, daß die von den Leyenschen Unternehmen von 1668 bis 1794 mehr als 90 Prozent der gewerblichen Produktion Krefelds in ihren Betrieben vereinigten.[218]

Das größte kapitalistische Unternehmen im ostelbischen Gebiet war die Berliner Firma Ephraim & Söhne, die sich in erster Linie auf die mit der Textil- ebenso wie mit dem metallverarbeitenden Gewerbe verbundene Gold- und Silberfadenproduktion und -verarbeitung eingerichtet hatte. Im Taschenbuch erscheint sie mit vier Betrieben. In Berlin wurden von ihr in der Gold- und Silbermanufaktur 845 Produzenten beschäftigt[219], in Potsdam 262 Arbeitskräfte mit der Herstellung von brabantischen Kanten[220], ferner am gleichen Ort 260 mit der Produktion von Blonden[221], und 100 Arbeitskräfte stellten Kanten aus Gold- und Silberfäden her.[222] Insgesamt betrug die Zahl der für diese Firmen tätigen Produzenten also 1467.

Der größte kapitalistische Unternehmer in Preußen auf dem Gebiet der Metallverarbeitung war nach dem Taschenbuch die Firma Splittgerber & Daum. Neben der Potsdam-Spandauer Gewehrmanufaktur mit 800 Produzenten in Potsdam[223] und 94 in Spandau[224] beschäftigte sie in der Stahl- und Eisenwarenproduktion in Eberswalde 60 Produzenten.[225] Ferner hatte sie den Kupferhammer am gleichen Ort[226] und das Messingwerk im Flecken Messingwerk[227] in der Kurmark in Besitz. Diese beiden Werke waren ebenso wie die im Taschenbuch nicht angeführte Eisenspalterei vom Staat gepachtet.[228] Für sie fehlen bei Knyphausen die Be-

schäftigtenzahlen.[229] Neben diesen Unternehmen der Metallwarenproduktion hatte die Firma in Berlin eine Zuckersiederei mit 185 Arbeitskräften.[230] Die 1769 von Schickler, einem Schwiegersohn David Splittgerbers und Chef der Firma Splittgerber & Daum, erworbene Spiegelmanufaktur in Neustadt an der Dosse[231] mit 120 Arbeitern ist hier ebenfalls zu berücksichtigen, auch wenn sie kein unmittelbarer Bestandteil der Firma war.[232] Insgesamt arbeiteten für die Firma Splittgerber & Daum - ohne den Kupferhammer und das Messingwerk - nach dem Taschenbuch 1259 Produzenten.

5. Stellung der Unternehmer und Lebensdauer der Unternehmen

Die Größe der Unternehmen und die Zahl der in ihnen beschäftigten unmittelbaren Produzenten bieten Anhaltspunkte für den Entwicklungsstand der kapitalistischen Produktion. Die im Taschenbuch angeführten Namen von Unternehmern ermöglichen weiterhin festzustellen, in wessen Händen sich die Unternehmen befanden. Diese Untersuchung ist für die Einschätzung der Stärke der kapitalistischen Kräfte von Wichtigkeit, denn nicht alle großen Unternehmen befanden sich im Eigentum bürgerlicher Unternehmer. So ist es für eine Analyse der Klassenverhältnisse dieser Zeit wichtig, den Anteil des Adels an den gewerblichen Unternehmen zu kennen. Nachstehende Zusammenstellung macht deutlich, daß im Knyphausenschen Taschenbuch Vertreter des Adels als gewerbliche Unternehmer nur ausnahmsweise zu finden sind:[233] In der Kurmark besaß Baron von Vernezobre eine Barchentmanufaktur (im Dorf Amalienhof) mit 21 Stühlen und 90 Arbeitskräften[234] sowie eine Draht-, Stahl- und Nagelmanufaktur im Dorf Hohenfinow (ohne Zahlenangabe)[235]. Eine Fayence-Manufaktur in Rheinsberg (ohne Zahlenangabe)[236] gehörte Graf Kameke, und Obrist von Wangenheim besaß eine Manufaktur marseillanischer Seife in Berlin (ohne Zahlenangabe).[237] In Pommern hatte Minister von Massow ein Unternehmen zur Barchent- und Leinenproduktion im Dorf Friedrichshuld[238] mit 26 Arbeitskräften und Major von Kamckin ein Unternehmen zur Baumwoll- und Leinenproduktion in Stettin mit 10 Arbeitern.[239]

Wenn wir anhand des Taschenbuches auch nicht feststellen können, ob die für adlige Unternehmer tätigen Produzenten Fron- oder Lohnarbeiter waren - feudal gebunden oder juristisch frei, nur ökonomisch abhängig -, so ist das kapitalistische Arbeitsverhältnis für die in der Stadt, vor allem in Berlin und Stettin, betriebenen Unternehmen mit ziemlicher Gewißheit anzunehmen. Die wenigen Fälle, in denen Adlige als gewerbliche Unternehmer genannt werden, lassen den Schluß zu, daß sie allgemein für die gewerbliche Produktion - soweit es die im Knyphausenschen Taschenbuch ausgewiesenen Produktionszweige betrifft - kaum ins Gewicht fielen. Aus den westlichen Landesteilen sind adlige Unternehmer überhaupt nicht angeführt. Insgesamt gesehen, werden sie hier auch einen noch geringeren Anteil an der nicht-

agrarischen Produktion gehabt haben als der Adel der mittleren Territorien und besonders in dem im Taschenbuch fehlenden Schlesien.

Für die Untersuchung der Frage, aus welchen Kräften sich die bürgerlichen Kapitalisten zusammensetzten, bietet das Taschenbuch ebenfalls Anhaltspunkte. Anhand der Namen kann bei einem Teil bereits mit einiger Sicherheit auf die Herkunft der Unternehmer geschlossen werden. Während die kleineren Gruppen von Religionsflüchtlingen, die neben den Hugenotten im 18. Jahrhundert in der gewerblichen Produktion Preußens hervortreten - die Salzburger, böhmische Kolonisten und Mennoniten -, an ihren Namen schwerer zu erkennen sind, lassen sich die Refugiés, die in den mittleren Territorien den größten Anteil an den ausländischen Einwanderern stellten, eindeutig feststellen. Sie waren aus einem Land gekommen, das in der Entwicklung kapitalistischer Produktion im wesentlichen bereits weiter vorgeschritten war, und hatten - sei es als Unternehmer oder auch als Arbeiter - die Produktionserfahrungen ihres Landes mit nach Preußen gebracht.[240]

Neben der Einführung neuer Gewerbe sowie der Verbesserung der Produktionstechnik brachten die Refugiés auch eine moderne Produktionsorganisation mit, die frei von zünftigen Bindungen war. Wenn die preußischen Könige diese Kräfte in Preußen dauernd seßhaft machen wollten, so mußten sie - trotz aller Proteste der Zünfte - den Einwanderern besondere Privilegien gewähren. Die Refugiés waren daher für die Entwicklung der kapitalistischen Produktion in Preußen von großer Bedeutung. Selbstverständlich kann man die zweite oder dritte Generation dieser Einwanderer, um die es sich zur Zeit der Entstehung des Taschenbuches meist handelt, nicht mehr als Ausländer bezeichnen. Auf der anderen Seite zeigen die Namen die ursprüngliche Herkunft der Unternehmer noch deutlich an und erlauben gleichzeitig gewisse Schlüsse auf die Produktionsverhältnisse sowie Produktionsorganisation und -technik.[241] In der Gruppe der Unternehmen mit mehr als 100 Beschäftigten stehen hier an erster Stelle die Unternehmer der Textilproduktion Baudouins, Marçaut sowie Dutitre in Berlin und die große Handschuhmanufaktur von Plantier in Halle.

Eine ähnliche Bedeutung wie die Hugenotten für die Gewerbeentwicklung der mittleren preußischen Landesteile besaßen die eingewanderten religiösen Minderheiten, vor allem die Mennoniten für die westlichen Territorien, insbesondere für Ostfriesland und das kleine Fürstentum Mörs. Unter den meist in enger Verbindung mit den Niederlanden stehenden mennonitischen Gewerbetreibenden ragen die Familienunternehmen der von der Leyen in Krefeld besonders hervor. Neben den Hugenotten und Mennoniten sind als größere Unternehmer in der gewerblichen Produktion Preußens die Juden von Bedeutung. Soweit sie als Handels- und Geldkapitalisten von sich aus nicht an der Produktion interessiert waren und sich auf Handels- und Geldgeschäfte beschränkten, mußten sie verschiedentlich unter staatlichem Zwang zur Produktion übergehen, da ihnen mitunter eine Konzession für den Handel nur bei gleichzeitiger Anlegung eines Teiles ihres Kapitals in der Produktion gegeben wurde.[242] Die größten jüdischen Unternehmen[243] waren die Gold- und Silbermanufaktur Ephraim & Söhne in Berlin, die von den gleichen Unternehmern in Potsdam betriebenen Textilmanufakturen im Waisenhaus sowie die ebenfalls im Potsdamer Waisenhaus eingerichtete Manufaktur von Isaac Levin Joel. Außer diesen großen Unternehmen in Berlin und Potsdam gab es - abgesehen von zwei kleinen in der Kur-[244] bzw. Neumark[245] nach dem Taschenbuch keine weiteren jüdischen Unternehmen; in den westlichen Territorien fehlten sie ganz.

Das Knyphausensche Taschenbuch enthält über die bisher ausgewerteten Angaben hinaus in der Mehrzahl der Fälle auch die Gründungsjahre der Unternehmen und gewährt damit Aufschluß über die Zeit ihres Bestehens.[246] Der Zeitpunkt der Gründung ebenso wie die Lebensdauer der Unternehmen sind wichtig für die Beurteilung der Entwicklung der kapitalistischen Produktion in Preußen. Bei der Untersuchung der Verhältnisse der Manufakturperiode beobachtete Marx die häufige Erscheinung, "daß die Manufakturen kurzlebig sind".[247] Ausgehend von den Angaben im Taschenbuch wollen wir versuchen festzustellen, in welchem Umfang dies auch für Preußen zutrifft bzw. welche Besonderheiten sich aus der historischen Situation in Preußen ergaben.

Im folgenden sind die drei Gruppen von Unternehmen mit einer Beschäftigtenzahl von 26 - 50, 51 - 100 sowie über 100 nach Gründungsjahren aufgeschlüsselt:

Gründungsjahr	Unternehmen mit einer Arbeiterzahl von		
	26 - 50	51 - 100	über 100
vor 1700	2	-	2
1701 - 1710	-	1	-
1711 - 1720	1	-	-
1721 - 1730	1	5	1
1731 - 1740	3	2	3
1741 - 1750	8	6	7
1751 - 1760	18	1	3
1761 - 1770	15	4	5

Deutlich zeichnet sich der große Aufschwung ab, den die kapitalistische Produktion in Preußen seit den 40er Jahren des 18. Jahrhunderts nahm. Die Mehrzahl der Unternehmen aller Größengruppen ist in dieser Zeit entstanden. Nur wenige Unternehmen blicken auf ein wesentlich höheres Lebensalter zurück. Die Gruppe der kleinsten angeführten Unternehmen - 26 - 50 Beschäftigte - zeigt das rapide Wachstum der Wirtschaft besonders deutlich. Viele dieser Unternehmen lassen sich auch in späteren Jahrzehnten verfolgen, in denen sie einen beachtlichen Aufschwung nahmen.

Eine Untersuchung der Unternehmen mit langer Lebensdauer ergibt, daß es sich hierbei hauptsächlich um Heereslieferanten handelt, wie die Gold- und Silbermanufaktur und das Lagerhaus in Berlin oder die Gewehrmanufaktur in Potsdam und Spandau. Über die von Marx aufgeführten Schwierigkeiten[248] hinaus wirkten sich in Preußen auf die Lebensdauer der Unternehmen die geringe Kapitalkraft der Unternehmer, die sich aus den im Vergleich zu England wesentlich ungünstigeren Bedingungen der ursprünglichen Akkumulation ergab, und damit in engem Zusammenhang die durch die territoriale Zersplitterung und zweite Leibeigenschaft verursachte geringe Entwicklung des inneren Marktes aus. Diese beiden Faktoren beeinträchtigten die Lebensdauer der Unternehmen erheblich, wenn auch in Preußen die militärischen Bedürfnisse des absolutistischen Staates in entgegengesetzter Richtung wirkten. Genauere Aussagen lassen sich anhand des Querschnittes, den das Knyphausensche Taschenbuch gibt, nicht machen, da es die vor 1769/1770 wieder eingegangenen Unternehmen nicht berücksichtigt.

Für die Beurteilung des Entwicklungsstandes der kapitalistischen Produktion ist auch die berufliche Herkunft der Unternehmer von Belang. Sie war in dieser Zeit für die Entwicklung der Produktivkräfte mitunter wichtig[249], besonders in Gebieten, in denen die Konkurrenz durch feudale Hemmnisse - vor allem von seiten des Staates - eingeschränkt wurde.

War der Unternehmer Kaufmannskapitalist, der sich die einfachen Warenproduzenten unterworfen hatte und als ihr Verleger auftrat, so wurden häufig die alten vorgefundenen Produktionsmethoden konserviert. Stieg dagegen ein unmittelbarer Produzent zum Verleger seiner Mitmeister auf, so hatte er auf Grund seiner genauen Kenntnis des Produktionsprozesses eher die Möglichkeit, neue Produktionsmethoden zu entwickeln.[250]

Einige Anhaltspunkte für diese Feststellung ergeben sich bereits aus der Herkunft der Unternehmer. So waren bekanntlich viele Refugiés von Haus aus selbst Produzenten, jüdische Unternehmer dagegen meist ursprünglich reine Handels- und Geldkapitalisten. In der Aufstellung der Unternehmen mit mehr als 100 Beschäftigten[251] sind alle erreichbaren Angaben über die Herkunft der Unternehmer zusammengestellt. Es wurde versucht, dabei die Unternehmer kaufmännischer Herkunft ("K") von denjenigen zu unterscheiden, die ursprünglich Produzenten waren ("P"). Da diese Angaben die Situation um 1769/1770 wiedergeben, ist zu berücksichtigen, daß die damaligen Inhaber teilweise nicht die Gründer des Unternehmens darstellten, wie überhaupt ein Eigentumswechsel häufig war.

Von den neun privaten großen Berliner Unternehmen mit mehr als 100 Beschäftigten verzeichnen wir als Inhaber drei Kaufleute, fünf ehemalige Produzenten, während der neunte Akziseinspektor war. Rechnet man den Begründer der Porzellanmanufaktur, einen Kaufmann, noch hinzu, so befand sich weniger als die Hälfte der großen Berliner Unternehmen in den Händen von Kaufleuten bzw. wurde durch diese begründet. Die übrigen Unternehmer waren ursprünglich Produzenten. Das Bild verschiebt sich aber wesentlich zugunsten der Kaufleute, wenn die Potsdamer und darüber hinaus sämtliche großen Unternehmen mit mehr als 100 Beschäftigten berücksichtigt werden. Auf die Kaufleute entfielen etwa zwei Drittel und auf die Produzenten ein Drittel der großen Unternehmer. Bei den übrigen großen Unternehmen - mit 51 bis 100 Beschäftigten - scheint das Verhältnis ähnlich gewesen zu sein, während es bei den kleinen mit 26 bis 50 Arbeitskräften - soweit sich für Berlin feststellen ließ -, etwas günstiger für die Produzenten aussieht.

Auch in den westlichen Gebieten scheinen die Dinge ähnlich gelegen zu haben. Die größten Unternehmen befanden sich dort in den Händen ehemaliger Kaufleute[252], während bei den kleineren Unternehmen der Anteil ehemaliger Produzenten größer war. Für den westfälischen Raum stellt Peter Schöller[253] fest, daß in der Textilproduktion die Unternehmer aus dem Handel kamen, während sich in der Eisenverarbeitung der Aufstieg zumeist aus dem Gewerbe vollzog. Aber auch für die Textilproduktion gibt es Beispiele für den zweiten Weg. So mußten die Verleger der Leinenweber in Leer (Ostfriesland)[254] vorher diesen Beruf erlernt und ein Meisterstück angefertigt haben, um - wie es in den Quellen heißt - die Qualität ihrer Waren beurteilen zu können.[255] Das Vorherrschen der ehemaligen Kaufleute ist sicher mit darauf zurückzuführen, daß sich auch in Deutschland die für die kapitalistische Produktion notwendige ursprüngliche Kapitalakkumulation vorwiegend mit Hilfe des Handels vollzog. Demzufolge war der Handelskapitalist gegenüber dem aus der Produktion gekommenen Unternehmer im Vorteil. Neben seiner besseren Marktkenntnis hatte der ehemalige Kaufmann mitunter noch den Vorteil, daß er durch seine Handelsbeziehungen über Produktionsmethoden anderer Länder - die allerdings meist sorgfältig gehütet und vor allem vor Ausländern geheimgehalten wurden - orientiert war und versuchen konnte, sie auf seinen Betrieb zu übertragen.[256] Um in dieser Frage sicherere Aussagen machen zu können, sind jedoch spezielle Untersuchungen für möglichst alle Produktionszweige und Gebiete erforderlich.

6. Entwicklungsstand der kapitalistischen Kräfte in Preußen

Im Zusammenhang mit der Feststellung der beruflichen Herkunft der Unternehmer wurde bereits die Frage nach dem Entwicklungsstand der Produktivkräfte berührt. Für die Beurteilung der ökonomischen Stärke der kapitalistischen Kräfte ist letzterer von Bedeutung.

Während die Arbeiterzahl pro Unternehmen uns Aufschluß über die quantitative Seite der kapitalistischen Produktion gibt, ist für die Einschätzung des qualitativen Entwicklungsstandes notwendig, Näheres über die Produktivkräfte, insbesondere über die Produktionsorganisation und Arbeitsteilung zu wissen. Dadurch sind auch Rückschlüsse auf den Entwicklungsstand der Produktionsverhältnisse möglich. Bei den Unternehmen mit mehr als 100 Arbeitskräften haben wir anhand der entsprechenden Angaben aus Akten und Literatur zu ermitteln gesucht, inwieweit es sich um Verlag, zerstreute oder zentralisierte Manufakturen handelte.[257] Hierbei ergaben sich zwei Schwierigkeiten, die auch für die weitere Untersuchung dieses Fragenkomplexes gelten. Die eine ist dadurch bedingt, daß sich der Übergang von der handwerklichen Produktion zur manufakturmäßigen Arbeitsteilung allmählich vollzog und es daher viele Übergangsstadien gab. Diese gilt es zu erkennen und entsprechend einzuordnen.[258] Darüber hinaus ist die Untersuchung auch dadurch erschwert, daß die konkreten Zustände in den einzelnen Unternehmen kaum ausführlich beschrieben sind und weder der Produktionsorganisation noch dem Entwicklungsstand der Arbeitsteilung und Technik in den Quellen und der zeitgenössischen Literatur viel Aufmerksamkeit geschenkt wurde. Außerdem lagen die Begriffe Verlag, Manufaktur und Fabrik nicht fest, wie sie ja bis in die neueste Literatur hinein bald synonym im Wechsel gebraucht, bald verschieden definiert werden.[259]

Unsere Auswertungsversuche ergaben, daß in dieser Gruppe aller Wahrscheinlichkeit nach die Mehrzahl der Unternehmen zerstreute Manufakturen darstellten, reine Verlagsunternehmen dagegen verhältnismäßig selten waren, seltener noch als zentralisierte Manufakturen. Ähnlich scheint es bei den Gruppen der kleineren Unternehmen gewesen zu sein.

Die Stärke der kapitalistischen Elemente war auch von ihrer Kapitalkraft abhängig. Die Zahl der für einen Kapitalisten tätigen Arbeitskräfte, die uns durch unsere Quelle bekannt ist, reicht zwar für die Beurteilung allein nicht aus, gibt aber bereits einen außerordentlich wichtigen Anhaltspunkt; denn je mehr Arbeiter von einem Unternehmer beschäftigt wurden, desto größer mußte das Kapital sein, das er vor allem für Löhne und Rohstoffe vorzuschießen hatte. Außerdem mußte er den unmittelbaren Produzenten teilweise die Produktionsinstrumente zur Verfügung stellen und gegebenenfalls auch die Gebäude und sonstigen Produktionseinrichtungen beschaffen. Das zur Produktion erforderliche Kapital richtete sich also neben der Arbeitskräftezahl auch nach dem Entwicklungsstand der Produktionsverhältnisse[260] sowie der Produktivkräfte und war in den einzelnen Produktionszweigen recht unterschiedlich. Da aber in der Zeit bis zur industriellen Revolution - besonders in der Textilproduktion - neben dem für den Handel erforderlichen Kapital die Löhne zusammen mit den für die Rohstoffbeschaffung notwendigen Mitteln den entscheidenden Anteil am Gesamtkapital hatten, gibt uns unsere Quelle unmittelbar für die Fragestellung gewisse Aufschlüsse.[261]

Über die Eigentumsverhältnisse der Unternehmer gibt das Taschenbuch meist keine eindeutige Auskunft, da die angeführten Unternehmer nicht mit den Eigentümern der Unternehmen identisch zu sein brauchen. In der Mehrzahl der Fälle dürften Eigentümer und Besitzer allerdings die gleichen gewesen sein. So ist besonders dort, wo Adlige als Unternehmer ausgewiesen werden[262], anzunehmen, daß diese gleichzeitig Eigentümer der betreffenden Betriebe waren, vor allem, wenn diese auf dem Lande lagen.

Eindeutig kenntlich wird aus unserer Quelle der Charakter des größten in staatlichem Eigentum und staatlicher Verwaltung befindlichen Unternehmens, der Königlichen Porzellanmanufaktur in Berlin.[263] Weiterhin bestand in Berlin eine vom Staat gegründete Manchestermanufaktur, für die sich 1769/1770 erst teilweise private Unternehmer gefunden hatten[264], so daß ein Teil offensichtlich noch unmittelbar in den Händen des Staates war.[265] Obwohl der preußische Staat auf die Gründung und Entwicklung privater Unternehmen größtes Gewicht legte, hat er doch verschiedentlich, sofern sich keine andere Möglichkeit fand, besonders im Interesse der Belieferung des Heeres selbst Unternehmen geschaffen, die teilweise auch für längere Zeit unter seiner Leitung blieben. Meist wurden diese Unternehmungen allerdings bald an Private verpachtet. So können wir aus unserer Quelle nicht entnehmen, daß 1769/1770 zwei der größten Berliner Unternehmen, die Gold- und Silbermanufaktur[266] und das Lagerhaus[267], als Staatseigentum an private Unternehmer verpachtet waren, die dem Staat das im Unternehmen steckende Kapital zu verzinsen hatten.[268]

Zur Zeit der Erhebung bestehende Pachtverträge wurden also nicht registriert, wie unsere Quelle auch die wichtige Frage offenläßt, inwieweit die gepachteten oder in Privateigentum befindlichen Unternehmen mit staatlichem Kapital oder laufender staatlicher Unterstützung arbeiteten. Ihre Stellung zum absolutistischen Staat war davon jedoch wesentlich beeinflußt und eine andere als die der Unternehmer, die ohne direkte staatliche Unterstützung produzierten.

Über die Produktionsverhältnisse der Produzenten erfahren wir aus unserer Quelle nichts. Für die Einschätzung, ob und inwieweit es sich bei den einzelnen Unternehmen um kapitalistische Produktion handelt, ist das Produktionsverhältnis der Arbeitskräfte aber entscheidend. Dabei sind drei Gesichtspunkte zu beachten: Einmal ist festzustellen, inwieweit der Produzent bereits auf dem Wege zum doppelt freien Lohnarbeiter fortgeschritten ist, d.h., ob er bereits kein Eigentum mehr an den Produktionsmitteln (Rohstoffe, Produktionsinstrumente und Werkstatt) hat und damit ökonomisch gezwungen ist, zum eigenen Unterhalt und dem seiner Familie seine Arbeitskraft zu verkaufen. Zweitens ist festzustellen, inwieweit eine außerökonomische, unmittelbar oder mittelbar wirkende feudale Abhängigkeit für das gewerbliche Arbeitsverhältnis von Bedeutung war, und drittens, inwieweit - vor allem bei ländlichen Produzenten - daneben eine feudale Abhängigkeit bestand und welche Bedeutung diese für den unmittelbaren Produzenten hatte. Hierzu können wir feststellen, daß für die Masse der im Rahmen unserer Quelle erfaßten gewerblichen Produzenten nicht mehr eine feudale Bindung in ihrem gewerblichen Produktionsverhältnis entscheidend war, sondern der ökonomische Zwang. Das trifft auch für die ostelbischen Gebiete zu, und zwar selbst für die ländlichen Gewerbeproduzenten.[269] Dabei unterlagen vor allem die nebenberuflich Tätigen, insbesondere die Spinner, im Rahmen ihres landwirtschaftlichen Produktionsverhältnisses - in erster Linie in den ostelbischen Landesteilen - einer stärkeren feudalen Bindung, die aber nur in Ausnahmefällen dazu führte, daß das Gespinst oder gar gewebte Produkte als Naturalzins an den Feudalherrn abgeliefert werden mußten.[270] Die feudale Abhängigkeit spielte in den ostelbischen Gebieten allgemein, und besonders in den von unserer Quelle nicht erfaßten ländlichen gewerblichen Betrieben (wie Glashütten, Hochöfen usw.) lediglich für Hilfsarbeiten eine gewisse Rolle, fiel aber quantitativ kaum ins Gewicht.

Selbstverständlich bestanden in den Produktionsverhältnissen der gewerblichen Produzenten noch mehr oder weniger starke feudale Reste. Besonders wirkten diese, wo zünftig gebundene Produzenten als Kollektive auftraten. Wenn auch infolge der zunehmenden Differenzierung der kleinen Warenproduzenten die mittelalterliche Zielsetzung mehr und mehr unwirksam wurde und selbst in den Zunftstatuten oft nicht mehr beibehalten war[271], trugen die Zünfte - besonders durch ihren Kampf gegen die Manufakturen und zunftfreien Produzenten in Stadt und Land - dazu bei, die Entstehung und Entwicklung kapitalistischer Unternehmen zu behindern und die Zersetzung der kleinen Warenproduktion zu verlangsamen.

Eine Sonderstellung nehmen die in Zwangsanstalten - Arbeits-, Zucht- und Waisenhäusern - befindlichen gewerblichen Betriebe und Manufakturen ein. Gibt uns unsere Quelle auch nicht unmittelbar Auskunft darüber, welchen Anteil die Zwangsanstalten an der Gesamtzahl der Manufakturen, besonders der zentralisierten, hatten, so läßt sich anhand der Quellen und der Literatur für Preußen leicht feststellen, daß im 18. Jahrhundert, insbesondere in der 2. Hälfte, ihr Anteil im Verhältnis zur Gesamtzahl der Manufakturen recht gering war.[272] Dies trifft auch auf die zentralisierten Manufakturen zu.[273] Selbstverständlich unterschieden sich die Produktionsverhältnisse der in diesen Manufakturen beschäftigten Arbeitskräfte von den lediglich auf Grund ökonomischen Zwanges in kapitalistischen Unternehmen tätigen Arbeitern. Bei den Zwangsanstaltsinsassen, die ebenfalls kein Eigentum an irgendwelchen Produktionsmitteln besaßen, bestand der ökonomische Zwang zum Verkauf ihrer Arbeitskraft theoretisch ebenfalls, mußte aber infolge der diesem entgegenwirkenden Tendenzen durch einen außerökonomischen Zwang ersetzt werden. Das Ausweichen auf den Bettel oftmals die einzige Existenzmöglichkeit -, vor allem in Preußen und den übrigen protestantischen Territorien scharf bekämpft[274], wurde von der katholischen Kirche und katholischen karitativen Einrichtungen und Bestrebungen unterstützt.[275] Andererseits kann das Produktionsverhältnis der Zwangsanstaltsinsassen nicht gleichgesetzt werden mit einem feudalen Produktionsverhältnis schlechthin, z.B. des ostelbischen Gutsuntertanen. Hatten doch die Zwangsanstalten im feudalen Preußen ebenso wie im kapitalistischen England oder in den kapitalistischen Niederlanden objektiv die Aufgabe, ihre Insassen der kapitalistischen Produktion nutzbar zu machen, sie in die kapitalistische Arbeitsdisziplin zu zwingen, womit sie ihre Umwandlung in kapitalistische Lohnarbeiter förderten.

Die bisher angeführten Fakten über die kapitalistischen Elemente lassen bereits gewisse Schlüsse über ihre ökonomische Stärke im feudalen Preußen um 1770 zu. Eine Globalaussage für alle kapitalistischen Kräfte in allen Produktionszweigen und vor allem in allen Gebieten Preußens ist allerdings nicht möglich. Ein Versuch in dieser Richtung führt vielmehr zu sehr unterschiedlichen Ergebnissen. Ein Maßstab für die Einschätzung läßt sich aber gewinnen, wenn die Gesamtheit der Produktionszweige in den einzelnen Provinzen verglichen wird.

Schon hinsichtlich der kapitalistischen Elemente müssen wir die beiden Hauptfaktoren, die Unternehmerseite - den kapitalistischen Unternehmer mit seinem Kapital - und den unmittelbaren Produzenten, den Arbeiter, getrennt behandeln.

Zum Entwicklungsstand der Elemente der Lohnarbeiterklasse ist folgendes festzustellen: In den westlichen Gebieten hatte sich - zum guten Teil bereits vor der preußischen Besitzergreifung - auf der Basis einer von feudaler Bindung relativ freien Landbevölkerung ein für den Fernabsatz arbeitendes Gewerbe entwickelt, in dem sich verhältnismäßig frei von zünftigen Hemmnissen Übergangsformen zu kapitalistischen Produktionsverhältnissen ausbildeten. Hinzu kam hier, daß die von Verlag und Manufaktur erfaßten, vornehmlich auf dem Lande tätigen gewerblichen Produzenten sehr häufig nicht allein auf die gewerbliche Produktion angewiesen waren, sondern daneben entweder noch Einnahmen aus der Hollandgängerei und ihrem vom Bauern gepachteten kleinen Parzellenbesitz - wie die Leinenspinner und -weber in Minden-Ravensberg und Tecklenburg-Lingen - oder aber eine Landwirtschaft hatten, wie die eisenverarbeitenden ländlichen Produzenten in der Grafschaft Mark.[276]

Die städtischen gewerblichen Produzenten der mittleren und wahrscheinlich auch der östlichen Landesteile befanden sich durch das Fehlen solchen Nebenerwerbs in einer schlechteren ökonomischen Lage, besonders in Zeiten sinkender Konjunktur, waren aber dadurch auf dem Wege zum Lohnarbeiter weiter fortgeschritten als die meisten Produzenten in den westlichen Provinzen. Diese gewannen dagegen quantitativ einen erheblichen Vorsprung, und zwar sowohl hinsichtlich des Umfanges der kleinen, vor allem ländlichen gewerblichen

Warenproduktion, auf deren Basis sich die kapitalistischen Elemente ausbildeten, als auch in bezug auf die Zahl der Arbeitskräfte. Diese breite Basis der kleinen Warenproduzenten auf dem platten Lande fehlte dagegen in den mittleren Gebieten fast völlig.[277] Auch die Stärke der bourgeoisen Elemente muß für die mittleren Landesteile Preußens gesondert von den westlichen betrachtet werden. In den mittleren Landesteilen sind auch Unterschiede innerhalb des einzelnen Territoriums zu verzeichnen. Infolge Kapitalschwäche und der daraus resultierenden staatlichen Finanzierung oder laufenden staatlichen Unterstützung waren die kapitalistischen Kräfte, besonders in den mittleren Gebieten, stark differenziert. Die ökonomisch stärkste und am weitesten auf dem Wege zum modernen kapitalistischen Unternehmer fortgeschrittene Gruppe waren in der Regel die ohne staatliche Hilfe arbeitenden Manufakturunternehmer und Verleger. Eine zweite Gruppe bildeten die Unternehmer, die sich in schwächerer finanzieller Abhängigkeit vom Staat befanden. Die dritte Gruppe umfaßte diejenigen Unternehmer, die vom Staat Kapital und laufende Zuwendungen erhielten und noch stärker als die zweite Gruppe staatlich kontrolliert wurden.[278]

Eine so weitgehende Differenzierung der kapitalistischen Kräfte bestand in den westlichen Territorien nicht. Dies trifft im wesentlichen auch auf Ostpreußen zu. Während also in den mittleren Landesteilen die Interessen der Unternehmen teilweise stark an den absolutistischen Staat gebunden waren[279], standen in den westlichen die Interessen der bourgeoisen Kräfte denen des Staates relativ einheitlich gegenüber.

Von größerer Bedeutung als die quantitativen Unterschiede zwischen den westlichen und mittleren preußischen Landesteilen scheint der Unterschied in der qualitativen Entwicklung gewesen zu sein. Die Manufakturkapitalisten und Verleger in den westlichen Gebieten waren vermutlich auf dem Wege zur Herausbildung einer Klasse weiter als die entsprechenden Kräfte der mittleren Territorien. In qualitativer Hinsicht scheinen die Elemente der bourgeoisen Klasse also in den westlichen Gebieten, dagegen die Elemente der Lohnarbeiterklasse in den mittleren und östlichen Landesteilen stärker entwickelt gewesen zu sein. Quantitativ dagegen waren beide Gruppen, die der Unternehmer wie der Arbeiter, in den westlichen Gebieten stärker. Während im Westen, bei relativ günstiger agrarischer Struktur, die Elemente beider neuen Klassen sich gemeinsam im Gegensatz zum feudalen Staat entwickelten und die Interessengegensätze zwischen Unternehmern und Arbeitern dagegen noch im Hintergrund standen, scheint wenigstens in den mittleren Gebieten der Antagonismus zwischen Unternehmer und Arbeiter teilweise schon stärker als der zwischen beiden Gruppen und dem feudalen Staat, vor allem aber stärker als der zwischen den Unternehmern und dem Staat gewesen zu sein. Interessant ist in diesem Zusammenhang, daß zum Unterschied von den staatlichen oder finanziell vom Staat abhängigen Berliner Unternehmen in den beiden größten Berliner Manufakturen, die ohne besondere staatliche Unterstützung und Kontrolle arbeiteten, keine Auseinandersetzungen zwischen Arbeitern und Unternehmern bekannt geworden sind.

Die preußische Wirtschaftspolitik bevorzugte die mittleren Landesteile, die Kerngebiete des Staates, zeitweilig auch die östlichen zum Nachteil der westlichen. Damit schuf der Staat einen Interessengegensatz zwischen den bourgeoisen Kräften, vor allem der mittleren, gegenüber denen der westlichen Landesteile. Dieser Interessengegensatz beeinflußte das jeweilige Verhältnis der kapitalistischen Elemente dieser Gebiete zum preußischen Staat. Auf diese Weise wurde der Gegensatz der kapitalistischen Elemente zum Staat in den Westgebieten verstärkt, in den Kerngebieten dagegen abgeschwächt. Damit waren die Voraussetzungen für die Entwicklung einer einheitlichen kapitalistischen Schicht in dem territorial ohnehin zerrissenen Preußen erschwert. Der Entwicklungsstand der kapitalistischen Kräfte in den westlichen Gebieten wird nicht zuletzt unter Berücksichtigung dieses Faktors insgesamt positiver einzuschätzen sein als der in den mittleren und östlichen Landesteilen.

V. SCHLUSSBEMERKUNGEN

Wenn auch die Vollständigkeit und Genauigkeit der Angaben des Knyphausenschen Taschenbuches auf keinen Fall überschätzt werden dürfen, so spiegelt sich in ihnen die gewerbliche Struktur Preußens - mit Ausnahme von Schlesien - in der Vorbereitungszeit der kapitalistischen Produktion doch in sehr instruktiver Weise wider. Das Taschenbuch unterrichtet über Umfang und Standortverteilung der gewerblichen Produktion in den einzelnen Landesteilen, in Stadt und Land. Es vermittelt ein deutlicheres Bild von der Stärke und Beschaffenheit der kapitalistischen Kräfte in Preußen, als es bisher aus einer Quelle zu gewinnen war.

Außerdem bieten Knyphausens Unterlagen die Möglichkeit, die Entwicklung in Preußen mit der in den anderen deutschen Territorien zu vergleichen. Auf diese Weise kann der Anteil Preußens an der Herausbildung des Kapitalismus in Deutschland klarer faßbar werden. Ansätze zu solchem Bemühen zeigen sich in den Veröffentlichungen der letzten Jahre.[280]

So bringt uns das Taschenbuch Knyphausens bei der Erforschung des Übergangs vom Feudalismus zum Kapitalismus in Deutschland einen wesentlichen Schritt voran.

VI. ANMERKUNGEN

1 Die folgenden Ausführungen stellen eine gekürzte und überarbeitete Fassung der wirtschaftswissenschaftlichen Dissertation: Die gewerbliche Produktion Preußens im Jahre 1769 auf Grund des statistischen Taschenbuches des Dodo Heinrich Frhr. von Knyphausen "Listen derer in sämtlichen königlichen Provinzien befindlichen Fabriken und Manufakturen ... pro anno 1769", Berlin 1957, dar.

2 Bibliothek der Sektion Wirtschaftswissenschaften der Humboldt-Universität zu Berlin, Signatur E 15 294.

3 Zum Folgenden siehe Schmoller, Gustav, Preußische Verfassungs-, Verwaltungs- und Finanzgeschichte, Berlin 1921; Hintze, Otto, Gesammelte Abhandlungen, 3. Bd.: Geist und Epochen der preußischen Geschichte, hg. von Hartung, Fritz, Leipzig (1943); derselbe, Acta Borussica, Die Behördenorganisation und die allgemeine Staatsverwaltung Preußens im 18. Jahrhundert, 6. Bd., 1. Hälfte, Berlin 1901.

4 Als Landespolizei-, Militär- und Finanzbehörden hatten diese die verschiedenen Landesteile nach einheitlichen, vom Generaldirektorium gegebenen Richtlinien zu verwalten. Untere Instanz waren für die Landkreise Landräte und jeweils für eine Anzahl Städte ein Steuerrat.

5 Das erste Departement umfaßte Ostpreußen (aus den Verwaltungsgebieten "Preußen" und "Litauen" bestehend, vgl. dazu S. 28), Pommern und die Neumark, das zweite die Kurmark und Magdeburg, das dritte die rheinisch-oranischen Gebiete und das vierte Minden-Ravensberg und Halberstadt. Die Bearbeitung der Marsch-, Proviant- und Einquartierungssachen sowie das Salz-, Post- und Münzwesen war dagegen jeweils geschlossen für alle Landesteile einzelnen Departements zugewiesen. Vgl. Schmoller, Gustav, a.a.O., S. 136 f.

6 1739 wurde - nach dem Tode des betreffenden Ministers - dieser Geschäftsbereich nicht neu besetzt, sondern auf die übrigen Departements aufgeteilt. So bestanden ab 1739 zunächst nur noch vier Departements. Vgl. Haussherr, Hans, Verwaltungseinheit und Ressorttrennung vom Ende des 17. bis zum Beginn des 19. Jahrhunderts, Berlin 1953, S. 14.

7 Das preußische Heer war das viertgrößte in Europa, obwohl Preußen seiner Fläche nach an zehnter, seiner Bevölkerungszahl nach an dreizehnter Stelle stand. Mehring, Franz, Die Lessing-Legende, in: Gesammelte Schriften, Bd. 9, Berlin 1963, S. 106.

8 Folgende Zahlen verdeutlichen diese Tatsache:

Jahr	Gesamtes reines Staatseinkommen in Mill. Taler	Aufwand für Militärzwecke in Mill. Taler	Größe der Armee Mann	Bevölkerung in Millionen
1713	3,4	2,5	38.000	1,6
1740	7	5 - 6	72.000	2,2
1786	23	12 - 13	195.000	5,4

(nach Bechtel, Heinrich, Wirtschaftsgeschichte Deutschlands, München 1952, Bd. 2, S. 167, Aufstellung von Schmoller, Gustav, nach Riedel, A.F.J., und Breysig, K., bearbeitet); ferner Ausgaben für Militär:

Bayern	Österreich		Preußen		
1760	1749	1768	1713	1740	1786
31,5 %	48,5 %	42 %	rd. 74 %	rd. 80 %	52 - 57 %

(nach Bechtel, Heinrich, a.a.O., S. 167 und 171).

9 Siehe dazu Behre, Otto, Geschichte der Statistik in Brandenburg-Preußen bis zur Gründung des Königlichen Statistischen Büros, Berlin 1905; Boeckh, Richard, Die geschichtliche Entwicklung der amtlichen Statistik des preußischen Staates, Berlin 1863, Klinckmüller, Hugo, Die amtliche Statistik Preußens im vorigen Jahrhundert, Jena 1880.

10 So wurde bei der ersten Zählung der Bevölkerung Berlins 1709 noch nicht nach dem Beruf gefragt, während die Historische Tabelle dann schon gewerbestatistische Angaben enthielt. Vgl. Wiedfeldt, Otto, Statistische Studien zur Entwicklungsgeschichte der Berliner Industrie von 1720 bis 1890, Leipzig 1898, S. 18; Behre, Otto, a.a.O., S. 167.

11 Behre, Otto, a.a.O., S. 169.

12 Ebenda, S. 331.

13 Sie führte 1719 und in den folgenden Jahren ihre Arbeiten durch, Behre, Otto, a.a.O., S. 327.

14 Wiedfeldt, Otto, a.a.O., S. 17. Vgl. Behre, Otto, a.a.O., S. 331.

15 Schmoller, Gustav/Krauske, Otto/Loewe, Viktor, Acta Borussica, Behördenorganisation, Bd. 3, Berlin 1901, Nr. 279 und 280.

16 Siehe dazu Hinrichs, Carl, Acta Borussica, Die Wollindustrie in Preußen unter Friedrich Wilhelm I., Berlin 1933, S. 253 ff.

17 Für die vom Wollausfuhrverbot betroffenen Provinzen wurde das Schema noch erweitert. Siehe dazu Hinrichs, Carl, a.a.O., S. 254 f.

18 Seit 1726 wurde auch die Zahl der Lehrlinge erfaßt.

19 Siehe dazu die Deklaration und Instruktion von 1730, gedruckt bei Behre, Otto, a.a.O., S. 173 ff.

20 Behre, Otto, a.a.O., S. 333, nach Richter, J.D., Finanzmaterialien, Berlin 1789, III, S. 150 - 169.

21 Nach der verbesserten Instruktion von 1766 gehörten zu seinem Ressort folgende Angelegenheiten: "1. Die Verbesserung des Commercii en général; 2. die Anrichtung neuer und im Lande noch fehlender Fabriken und Manufakturen; 3. die Verbesserung der bereits etablierten Fabriken und Manufakturen in Berlin, besonders aber 4. die Sammet- und Seiden- auch dergleichen Band- und Strumpffabriken; 5. das Etablissement der zu erwähnten Fabriken ankommenden und erforderlichen Ouvriers, auch anderer geschickter Künstler; 6. die Verbesserung der Wollmanufakturen in denen Provinzien; 7. die Poussierung der Maulbeerbaum-Plantagen und des Seidenbaues; 8. das Etablissement der Ruhler und Schmalkalder Messer- und Scherenschmiede zu Neustadt-Eberswalde; 9. die Berlinsche Schriftgießerei und Letternschneiderei; 10. die Anlegung eines Wollmagazins in denen Provinzien; 11. die Cotton-, Nessel-, Tuch-, Kanevas- und Leinen-

fabriken, auch dergl. Druckereien; 12. die Frankfurter Meß-Relationes, insofern solche nicht das Akzise-, Zoll-, Kämmerei- und Polizeiwesen betreffen." Posner, Ernst, Acta Borussica, Behördenorganisation, Berlin 1932, Bd. 13, Nr. 376.

22 Behre, Otto, a.a.O., S. 336.

23 So z.B. über "alle angefangenen und bereits approbierten Entreprisen", über "die in den Städten der Provinz fehlenden Manufacturiers", über "die Zuschüsse und Fonds zur Begünstigung und Unterstützung der Landesmanufakturen sowie der in den Städten befindlichen Kaufleute und Fabrikanten". Behre, Otto, a.a.O., S. 340.

24 Sie bestand dann aus folgenden Tabellen: 1. Generaltabelle vom Schafstande, was davon an Wolle gefallen, wieviel davon verarbeitet, verkauft und im Bestande verblieben. 2. Jährliche Generaldesignation der Woll-, Baumwoll- und Leinenfabrikanten, wieviel Stühle, Meister und Gesellen sie in Arbeit haben. 3. Jährliche Generalnachweisung derjenigen Wollen- und Leinenwaren, welche aus der gefallenen Wolle und dem Leinengarn fabriziert, auch innerhalb und außerhalb des Landes debitiert werden. Behre, Otto, a.a.O., S. 345.

25 Schmoller, Gustav/Hintze, Otto, Acta Borussica, Behördenorganisation, Bd. 6, 2. Hälfte, Berlin 1901, Nr. 48. Vgl. Behre, Otto, a.a.O., S. 337.

26 Nach den Tabellen für Ostfriesland 1766 - 1770. Deutsches Zentralarchiv, Abteilung Merseburg (im folgenden DZA), Generaldirektorium, Fabrikendepartement, Tit. CVI, Nr. 3, Vol. 1, Blatt 20 ff. Die gleiche Gliederung weist auch die Tabelle von 1768 für das Herzogtum Magdeburg auf. Staatsarchiv Magdeburg, Rep. A. 8, Magdeburger Kammer I, Nr. 230.

27 In der Minden-Ravensberger Tabelle für 1770 und in den Tabellen für Ostfriesland von 1771 ab ist der Zusatz "so keine Metiers haben" nicht mehr vorhanden (DZA, a.a.O.).

28 Behre, Otto, a.a.O., S. 363 f.

29 Zur verwaltungsmäßigen Teilung Ostpreußens siehe S. 28.

30 Vgl. dazu Hintze, Otto, Zwei Denkschriften aus dem Jahre 1800 über die Preußische Seidenindustrie, in: Forschungen zur Brandenburgischen und Preußischen Geschichte, Bd. 8, Leipzig 1895, S. 116 f., sowie Rachel, Hugo, Das Berliner Wirtschaftsleben im Zeitalter des Frühkapitalismus, Berlin 1931, S. 131 und 246.

31 Vgl. auch die Immediatkorrespondenz Knyphausens aus Paris bzw. London mit Friedrich II. DZA, Rep. 96, Nr. 26 A-E und Nr. 33 A-G.

32 Über Knyphausen vgl. v. Alvensleben, Udo, Die Lütetsburger Chronik, Norden/Ostfriesland, 1955; Böhm, E., Reichsfreiherr Dodo Heinrich zu Innhausen und Knyphausen (1729-1789), in: Upstalsboom-Blätter für Ostfriesische Geschichte und Heimatkunde, 3. Jahrgang, Emden, Februar 1914, S. 71 ff.; Pritze, Johannes, Beiträge zur Geschichte der preußischen Regieverwaltung 1766-86, phil. Diss. Berlin 1912; Roterberg, Eberhard, Der Reichsfreiherr Dodo zu Inn- und Knyphausen als Gesandter Friedrichs d. Gr. am englischen Hof (1758-1763), phil. Diss. Greifswald 1923; Schäfer, A., in: Allgemeine Deutsche Biographie, 16. Bd., Leipzig 1882, S. 341 ff.; Schmoller, Gustav, Die Einführung der französischen Regie durch Friedrich d. Gr. 1766, in: Sitzungsberichte der Preußischen Akademie der Wissenschaften, Phil.-hist. Klasse, Berlin 1888, S. 67; Thilo, Martin, Dodo Heinrich Reichsfreiherr zu Inn- und Knyphausen als Gesandter Friedrichs d. Gr. am französischen Hof (1753-1756), phil. Diss. Greifswald 1922; Rachel, Hugo, Acta Borussica, Handels-, Zoll- und Akzisepolitik, 3. Bd., 1. Hälfte, Berlin 1928, Nr. 60 und 418.

33 Sieburg, der 1759 in Berlin eine Baumwollmanufaktur angelegt hatte, gehörte 1769/70 zu den größten Berliner Manufakturisten. Er war der einzige, der die Baumwolle un-

mittelbar aus der Levante bezog, und der erste, der 1781 eine englische Spinnmaschine einführte und bald darauf die erste mit Dampfkraft betriebene mechanische Spinnerei in Berlin anlegte. Rachel, Hugo, Berliner Wirtschaftsleben, a.a.O., S. 99, 138 und 150 f. Vergleiche auch Krüger, Horst, Zur Geschichte der Manufakturen und der Manufakturarbeiter in Preußen, Berlin 1958, S. 47 und 249.

34 Knyphausen unterzeichnete die englisch-preußischen Verträge von 1758, 1759 und 1760, Schäfer, A., a.a.O., S. 341.

35 Aus dem Protokoll über die Vereidigung bei seiner Einstellung, 17.6.1765. DZA, Generaldirektorium, Fabrikendepartement IV, 4.

36 Vgl. DZA, a.a.O., IV, 8, sowie Rep. 92, v. Borcke III, 23, betr. Knyphausens Nachfolger v. Borcke.

37 Rachel, Hugo, Acta Borussica, Handels-, Zoll- und Akzisepolitik, 3. Bd., 1. Hälfte, Nr. 418.

38 Schäfer, A., a.a.O., S. 342.

39 Ebenda.

40 Charpentier, Das alt-preußische Tabakmonopol, in: Preußische Jahrbücher, 61, Berlin 1888, S. 149; Pritze, Johannes, a.a.O.

41 So stellt Richard Waddington (Louis XV et le renversement des alliances, Paris 1896, S. 239 ff.) Knyphausens Fähigkeiten heraus und betont besonders, daß er sich nicht scheute, dem König zu widersprechen. Mirabeau, der Knyphausen 1786 in Berlin kennenlernte, bezeichnete ihn als den "vielleicht einzigen geschickten Diplomaten Preußens". Vgl. Schäfer, A., a.a.O.

42 Hintze, Otto, Die preußische Seidenindustrie im 18. Jahrhundert und ihre Begründung durch Friedrich den Großen, Acta Borussica, Seidenindustrie, Bd. 3, Berlin 1892, S. 285 f.

43 Bei seinem Ausscheiden entzog ihm der König die bis dahin innegehabte Drostei in Ostfriesland. Hintze, Otto, a.a.O., S. 286.

44 v. Alvensleben, Udo, a.a.O., S. 160; Koch, Hinrich, Fridericus Rex und sein Gesandter Dodo Heinrich Knyphausen, in: Heim und Herd, Beilage zum "Ostfriesischen Kurier", Nr. 7, 1956.

45 Vergleiche dagegen ein Schreiben des Königs an v. Knyphausen von Oktober 1765, in dem er ihm hinsichtlich der Vorbereitungen der Verpachtung der Akzise sowie der Tabakspacht Aufträge erteilte und das mit folgenden Worten schließt: "Voici Monsieur, quelques objets de Meditation, que Je vous fournis et qui pourront empecher l'ennuy de vous dominer tandis que vous serez occupé de ces objets. Federic." Acta Borussica, Handels-, Zoll- und Akzise-Politik, Bd. 3, 1, Nr. 60. Vgl. ferner, a.a.O., Nr. 418, und Schmoller, Gustav, der die Ansicht vertritt, daß Knyphausen entlassen worden sei, weil der König nicht mit ihm zufrieden war (Die Einführung der französischen Regie, a.a.O., S. 67).

46 So setzte sich v. Knyphausen z.B. nachdrücklich dafür ein, daß der von ihm veranlaßte direkte Bezug der Seide aus Italien für das Seidenmagazin in Berlin gegen den Willen der anderen Beamten im Interesse der Fabrikanten beibehalten wurde. Acta Borussica, Seidenindustrie, Bd. 2, Nr. 686.

47 Mit Immediatbericht vom 29.5.1769 wurde dem König ein Taschenbuch von dem Zustand der Manufakturen in allen Provinzen - ausgenommen Schlesien - überreicht. Acta Borussica, Seidenindustrie, Bd. 2, Nr. 628. Desgl. v. 10.5.1773, a.a.O., Handels-, Zoll- und Akzise-Politik, Bd. 3, 1, Nr. 298. Vgl. Anmerkung 104.

48 Reimann, Erich Paul, Das Tabaksmonopol Friedrichs d. Gr., München und Leipzig 1913, S. 43.

49 Pfeiffer, Ernst, Die Revuereisen Friedrichs d. Gr. besonders die Schlesischen nach 1763 ..., Historische Studien, Heft 34, Berlin 1904, nennt nur selten einen Reisebegleiter Friedrichs mit Namen.

50 DZA, Generaldirektorium, Fabrikendepartement Tit. CVI, Nr. 3, "Acta und Generaltabellen von sämtl. in dem Fürstentum Ostfriesland befindlichen Fabriken und Manufakturen ...", Vol. 1. Die erhaltenen Tabellen der Xantener Kreisregistratur wurden für 1768 am 29.2., für 1769 am 30.11., für 1770 am 17.12. und für 1771 am 24.12. der Kammer eingereicht. Staatsarchiv Düsseldorf, Xantener Kreisregistratur Nr. 1177.

51 DZA, ebenda.

52 Acta Borussica, Seidenindustrie, Bd. 2, Nr. 628, und Handels-, Zoll- und Akzisepolitik, Bd. 3, 1, Nr. 298. Vgl. Anmerkung 104.

53 Mehrfach sind - offensichtlich Abschreibfehler - in einer Tabelle die Stuhl- und Arbeiterzahlen nicht angeführt, während die andere sie ausweist. Soweit in den Tabellen in einer Position unterschiedliche Zahlen angeführt sind, wurde für die Auswertung jeweils die kleinere benutzt.

54 Vgl. oben S. 17.

55 Für Ostfriesland sind z.B. für 1766 zwei Tabellen zu verschiedenen Terminen mit unterschiedlichen Angaben angefertigt worden. DZA, Generaldirektorium, Fabrikendepartement, CVI, 3, Vol. 1. Vgl. dazu auch Acta Borussica, Handels-, Zoll- und Akzisepolitik Bd. 3, 1, Nr. 298 (1769).

56 DZA, Generaldirektorium, Fabrikendepartement, Tit. CVI, Nr. 3, "Acta und Generaltabellen von sämtl. in dem Fürstentum Ostfriesland befindlichen Fabriken und Manufakturen ...", Vol. 1. Die Tabelle für Minden und Ravensberg war der ostfriesischen Kammer vom Fabrikendepartement (zusammen mit der vom folgenden Jahr) als Muster übersandt und nach Rückreichung in vorstehende Akte aufgenommen worden, so daß sie bisher der Forschung nicht bekannt war. Vgl. Reekers, Stephanie, Quellen zur statistischen Erfassung der industriellen Gewerbe Westfalens, in: Westfälische Forschungen, Bd. 15, 1962, S. 173 und 174.

57 1805 (28.3.) moniert das Fabrikendepartement, daß zwar die Zahlen der Webstühle in den Berliner Ganzseidenmanufakturen für alle Monate angegeben worden seien, aber anstelle des in die Jahrestabelle aufzunehmenden Durchschnittes der höchste Wert angegeben worden sei. DZA, Generaldirektorium, Fabrikendepartement, XCVI, 21.

58 Über die zeitgenössischen Begriffe Fabrik und Manufaktur vgl. S. 19.

59 Auf dem Titelblatt der zweiten Tabelle des Taschenbuches ist dies auch vermerkt. (Vgl. Anhang S. 157).

60 In den einschlägigen Akten des Generaldirektoriums fand sich keine Zusammenstellung aller Glashütten der verschiedenen Landesteile. Für die Neumark vgl. Hoff, Walter, Die Glashütten der Neumark, besonders in friderizianischer Zeit, phil. Diss. Berlin 1940.

61 Hier trifft das gleiche wie für die Glasherstellung zu, nur daß die Zahl der Pulvermühlen erheblich geringer war. Vgl. Meister, Aloys, Die Grafschaft Mark, Festschrift zum Gedächtnis der 300jährigen Vereinigung mit Brandenburg-Preußen, 2. Bd., Dortmund 1910, S. 192; Schmidt, Rudolf, Märkische Pulvermühlen, in: Brandenburg, Zeitschrift für Heimatkunde, Heft 8, Eberswalde 1927, S. 119 f.

62 Hier sind vor allem zu nennen das im Kirchspiel Rehme (Amt Vlotho) liegende einzige Salzwerk der Grafschaft Ravensberg, das 1789 etwa 42 Arbeitskräfte beschäftigte (Weddigen, Peter Florenz, Historisch-geographisch-statistische Beschreibung der Grafschaft Ravensberg in Westfalen, 2. Bd., Leipzig 1790, S. 153) sowie die Saline in Halle, und zwar das mit 2 großen Siedehäusern arbeitende königliche Werk, das in den 70er Jahren 260 Arbeiter hatte, und die nach althergebrachter Art produzierende Pfännerschaft mit 500 bis 600 Arbeitern. Neuß, Erich, Entstehung und Entwicklung der Klasse der besitzlosen Lohnarbeiter in Halle, Berlin 1958, S. 201.

63 Lediglich zwei Alaunbergwerke sind im Taschenbuch angeführt. Vgl. Anhang S. 117 (Freienwalde) und S. 124 (Königswalde), sowie S. 159.

64 Vgl. Acta Borussica, Behördenorganisation, Bd. 13, Nr. 46.

65 Während für den Kupferhammer in Neustadt-Eberswalde und das Messingwerk (Anhang S. 118 bzw. 168 und 173) die Beschäftigtenzahlen fehlen, sind sie im übrigen für die Eisen-, Kupfer- und Messingverarbeitung vorhanden. Vgl. Anhang S. 163, 168 und 173.

66 Über das preußische Tabakmonopol vgl. Reimann, Erich Paul, a.a.O., ferner Terpoorten, Otto, Die wirtschaftliche Entwicklung der niederrheinischen Tabakindustrie seit ihrer Entstehung, wirtschafts- und sozialwissenschaftliche Diss. Köln 1929; Charpentier, a.a.O., S. 145 ff.

67 Das 1765 nach französischem Vorbild eingeführte Tabakmonopol war am Niederrhein, wo sich kein Kaufmann zur Übernahme der Unterpacht fand, erfolglos und wurde bereits am 31.10.1766 in den kleve-märkischen Provinzen, in den übrigen Provinzen erst 1787 wieder aufgehoben. Terpoorten, Otto, a.a.O., S. 44 und 86.

68 So enthält unsere Quelle lediglich Angaben für die Provinzen Kleve und Mörs. Vgl. Anhang S. 182.

69 Für Halle gibt Neuß, Erich, (a.a.O., S. 165) für 1766 12 Buchdrucker mit 72 Gesellen an. Berlin hatte 1782 16 Buchdrucker mit 87 Gehilfen und 36 Lehrlingen (Potthast, August, Geschichte der Buchdruckerkunst in Berlin im Umriß, Berlin 1926, S. 108).

70 Vgl. Anhang S. 175 und 182. Selbst wenn die in den übrigen, besonders den mittleren und östlichen Provinzen vorhandenen, nicht ausgewiesenen Papiermühlen lediglich örtliche Bedeutung hatten, wären sie für die Beurteilung des Entwicklungsstandes der kapitalistischen Elemente in der gewerblichen Produktion von Bedeutung, da schon eine nur mit einer Bütte arbeitende Papiermühle in der Regel 8 - 12 Arbeitskräfte (1 Meister, 3 - 4 Gesellen, 1 - 2 Lehrlinge sowie 3 - 5 ungelernte Arbeitskräfte) benötigte und sicher ebenso wie in den vorhergehenden Jahrhunderten oftmals eine enge Beziehung zwischen Buchdruck und Papierherstellung bestand. Die bisherige Literatur gibt - insbesondere für das 18. Jahrhundert - darüber kaum Auskunft. (Vgl. Schlieder, Wolfgang, Die Geschichte der Papierherstellung in Deutschland, 1. Teil, wirtschaftswissenschaftliche Diss. Berlin 1963, S. 112). Für die Grafschaft Mark führt Johann Rembert Roden in seiner Beschreibung der Fabriken südwärts der Ruhr 1754 15 Papiermühlen an. Meister, Aloys, a.a.O., Bd. 2, S. 187-193.

71 Vgl. dazu oben S. 9 sowie Anmerkung 102, ferner Potthoff, Heinz, Geschichte von Gewerbe und Handel, in: Minden-Ravensberg unter der Herrschaft der Hohenzollern, Festschrift, hg. von Hermann Tümpel, Bielefeld - Leipzig 1909, S. 207 und 232; Meister, Aloys, a.a.O., S. 293.

72 So kamen 1777 in Berlin auf jeden Maurermeister im Durchschnitt 23 - 24 Gesellen und bei den Zimmerleuten 18. Rachel, Hugo, Berliner Wirtschaftsleben, a.a.O., S. 204.

73 So wissen wir, daß Carl Friedrich Zelters Vater, ein Berliner Bauunternehmer, in den 80er Jahren 60 Maurer und 200 Ziegelarbeiter beschäftigte. Victor, Walther, Carl Friedrich Zelter und seine Freundschaft mit Goethe, Berlin 1960, S. 9.

74 So werden in den ostfriesischen Tabellen erstmalig eine 1690 gegründete Ölmühle 1776, eine weitere 1752 gegründete 1778 und alle übrigen Ölmühlen dieser Provinz erst seit 1784 ausgewiesen. 1779 wird erstmalig eine 1745 gegründete Branntweinbrennerei in Leer und weitere, zum Teil seit 1750 produzierende, seit 1781 angeführt. DZA, Generaldirektorium, Fabrikendepartement CVI, Nr. 3, Vol. 2.

75 Schmidt, Walther, Geschichte des Innungswesens der beiden Amtsstädte Neumarkt und Glaucha, rechts- und staatswissenschaftliche Diss. Halle 1926, S. 78.

76 Im ersten Falle sind diese Unternehmen und Zünfte im Taschenbuch an zwei Stellen jeweils mit der vollen Beschäftigtenzahl aufgeführt, so z.B. Bautz & Cons., Königsberg (Preußen) unter Kattun und Barchent, die Rasch- und Zeugmacherzünfte unter beiden Produkten, die Winden- und Schraubenfabrikanten entsprechend. Selbstverständlich wurden diese Angaben für die Auswertung nur jeweils einmal berücksichtigt.

77 So wird die Gewehrmanufaktur unter Potsdam mit 800 und unter Spandau mit 94 Beschäftigten ausgewiesen, und der Berliner Wollfabrikant Wegely erscheint einmal mit seiner Appreturanstalt und an anderer Stelle mit der Wollenzeugproduktion. Weiterhin sind die von einem Unternehmer in Berlin und Potsdam Beschäftigten unter diesen beiden Orten gesondert aufgeführt, so: die Samt- und Seidenunternehmen von Moses Ries und Bernhard Witwe.

78 Vgl. das oben S. 11 f. angeführte Schema, nach dem die Tabellen angefertigt wurden.

79 DZA, Generaldirektorium, Fabrikendepartement, CVI, Nr. 3, Vol. 1, Blatt 43.

80 Averdunk, Heinrich, Die Duisburger Börtschiffahrt, Duisburg, 1905, S. 210 f.

81 Vgl. über beide Rachel, Hugo, Berliner Wirtschaftsleben, a.a.O.; Hinrichs, Carl, Acta Borussica, Wollindustrie, S. 322. Das dritte große Unternehmen, das ohne Zahlenangabe erscheint, ist die Königliche Porzellanmanufaktur in Berlin, deren Zahlen wohl dem König direkt gemeldet wurden.

82 Die Mindener Kammer führte in den dem Taschenbuch zugrunde liegenden Tabellen und in der Tabelle für 1770 (DZA, Generaldirektorium, Fabrikendepartement, Tit. CVI, Nr. 3) die bei der Zusammenstellung noch fehlenden Angaben der Produzentenzahl je eines Amtes das betreffende Amt nicht an. So findet sich im Taschenbuch das Amt Heepen mit 367 ländlichen Produzenten, die in der Liste für 1770 nicht enthalten sind, dagegen fehlt das in dieser angegebene Amt Hausberge mit 118 Produzenten im Taschenbuch.

83 Vgl. Behre, Otto, a.a.O., S. 352 f.; Hintze, Otto, Acta Borussica, Seidenindustrie, S. 309 f. Während in den übrigen Produktionszweigen die Zahl der Produzenten unmittelbar erfragt wurde, ermittelte man für die Textilproduktion lediglich die Zahl der im Betrieb befindlichen Stühle und berechnete dann nach Erfahrungssätzen die Zahl der pro Stuhl Beschäftigten. Über die Art der Ermittlung der Fraktionssätze in den 60er Jahren ist leider nichts Genaueres bekannt. Diese Berechnung erfolgte bis 1768 in Berlin, während mit der Änderung des Tabellenschemas 1769 die Produzentenzahl bereits von den Kammern angegeben wurde. (Vgl. Acta Borussica, Handels-, Zoll- und Akzisepolitik, Bd. 3, 1, Nr. 298.) Die Tabelle für Magdeburg für 1768 (Staatsarchiv Magdeburg, Rep. A 8, Magdeburger Kammer Nr. 230) enthält nur die Stuhlzahlen, während 1769 der Magistrat von Duisburg bereits in seiner Aufstellung für die Klever Kammer die Produzentenzahlen anführt. (Averdunk, Heinrich, a.a.O., S. 210 f.) Inwieweit den Zahlen für die Textilproduktion im Taschenbuch nicht doch unmittelbare Erhebungen anstelle

der Berechnungen durch die damit Betrauten zugrunde liegen, bleibt offen. Eine Nachprüfung der Fraktionssätze ist kaum möglich, da die Arbeiterzahlen auch die in der Färberei und anderen Textilhilfsgewerben Tätigen umfassen.

84 Dem Einwand, daß nicht feststeht, ob diese anhand von Fraktionssätzen berechneten Produzentenzahlen - vor allem der Wollspinner (um die Wollproduktion handelt es sich im wesentlichen) - wirklich den betreffenden Unternehmen zuzurechnen sind, steht entgegen, daß die Spinnerei im allgemeinen von Personengruppen ausgeübt wurde, die nicht in der Lage waren, mit eigenen Mitteln zu arbeiten. Weiterhin hatten die Unternehmer wegen des großen Arbeitskräftemangels ein Interesse, die Spinner möglichst fest an sich zu binden. Daher herrschte hier der Verlag - sehr oft durch Zwischenmeister, die sog. Spinnhalter - vor.

85 So wurden u.a. folgende Sätze pro Stuhl festgelegt:

Ganz- und Halbseidenstoffe	2 1/2	Arbeiter,
Wollen- und Leinenstrümpfe	4	" ,
spanisches Tuch	14	" ,
alle übrigen Wollstoffe (je nach Art u. Qualität)	6 1/3 - 10	" ,
Baumwollstoffe (dto.)	2 1/3 - 6	" ,
Leinenstoffe (dto.)	5 - 6	" ,

In der Knyphausen-Tabelle dagegen sind z.B. folgende Zahlen angegeben:

beim Leinen im allgemeinen	1	Arbeiter,
bei Wollstoffen auf 1.040 Stühle in Berlin	1.130	" ,
bei Baumwollstoffen auf 797 Stühle	858	" ,
1 Unternehmen bei 15 Stühlen	101	" ,

wobei hier möglicherweise die Färberei vorherrschend war.

Ein Vergleich der Wollproduzenten in der Duisburger Tabelle mit dem Taschenbuch zeigt deutlich, wie schon 1769 die Angaben der Produzenten durch Berechnung im Interesse einer "besseren" Berichterstattung erhöht wurden. Die Zahlen für die 7 Duisburger Tuchmanufakturen lauten in der Magistrataufstellung: (jeweils Stühle/Personen) 7/70, 8/80, 4/40, 1/10, 6/60; im Taschenbuch dagegen, dem eine spätere Tabelle zugrunde liegt: 8/104, 8/104, 3/40, 4/60, 2/30, 12/180. Nicht sehr wahrscheinlich nach diesen Angaben (jeweils 1:10) ist, daß eine größere Zahl Arbeiter in den Hilfsgewerben (Färberei usw.) beschäftigt wurden. Die zu hohe Berechnung der Produzentenzahl wird jedoch dadurch in etwa ausgeglichen, daß vier Unternehmen noch weitere Stühle außerhalb des preußischen Gebietes in Betrieb hatten, die in der Tabelle nicht berücksichtigt sind. (Averdunk, Heinrich, a.a.O., S. 210 f., Tabelle Nr. 10 b.)

86 Der Berliner Manufakturunternehmer Isaak Benjamin Wulff stellte sicherlich eine Ausnahme dar, wenn er 1765 unmittelbar vor dem Besuch seiner Kattunmanufaktur durch den Fabrikeninspektor 8 nicht im Gang befindliche Stühle durch seinen Werkmeister so zurichten ließ, als ob gerade an ihnen gearbeitet würde. Krüger, Horst, a.a.O., S. 186.

87 Vgl. dazu S. 43 ff., insbesondere 51 ff.

88 Siehe S. 11 f.

89 Tabelle 1770 für Ostfriesland. DZA, Generaldirektorium, Fabrikendepartement, CVI, Nr. 3, Vol. 1.

90 Tabelle für die Provinz Magdeburg von 1768, Staatsarchiv Magdeburg, Rep. A 8, Magdeburger Kammer Nr. 230.

91 27 Zwirnmacher-, 35 Strumpfstricker-, 6 Segelmacher- und 3 Nadelmachermeister, Manufakturtabelle von Ostfriesland für 1770. DZA, Generaldirektorium, Fabrikendepartment, CVI, Nr. 3, Vol. 1.

92 In der Spalte "Namen der Entreprenneurs und woher sie gekommen?" heißt es: "Es sind 30 Verleger, welche denen Webern Garn liefern und das rohe Leinen zum Vertrieb

wieder an sich nehmen. Solche sind Mennoniten, in Leer geboren." Und in der Spalte, in der nach der Arbeiterzahl gefragt ist: "400 Personen, ohne die Reeder oder Verleger." DZA, a.a.O.

93 Staatsarchiv Magdeburg, Rep. A 8, Magdeburger Kammer Nr. 230.

94 So für Loburg, Möckern und Luckenwalde. Vgl. Bamberger, Luise, Beiträge zur Geschichte der Luckenwalder Textilindustrie, in: Forschungen zur Brandenburgischen und Preußischen Geschichte, 29. Band, Berlin 1917, S. 407, wo in Anlage 6 für 1768 83 Meister, 29 Gesellen und 20 Lehrlinge ausgewiesen werden. Der gleiche Fehler unterlief bei der Übertragung der Magdeburger Tabelle, wo ebenfalls nicht berücksichtigt wurde, daß der Magdeburger Fabrikant Brandt neben den 22 Glättern, Färbern und Bleichern für die in Betrieb befindlichen 10 Stühle zumindest noch Weber beschäftigte, d.h., dieZahl der Arbeiter umfaßte lediglich einen Teil seines Unternehmens - die Endbereitung der Stoffe -, während die Weberei und deren Hilfsarbeiten in der angegebenen Zahl der Arbeiter nicht enthalten sind. Vgl. Manufakturtabelle für Magdeburg von 1768, Staatsarchiv Magdeburg, a.a.O.

95 Anhang S.105 . Vgl. Rachel, Hugo, Berliner Wirtschaftsleben, a.a.O., S. 147.

96 1777 wurden sie dann dem Berliner Kattunfabrikanten Sieburg mit der Verpflichtung übertragen, wenigstens 30 Stühle in Gang zu halten. Rachel, Hugo, ebenda.

97 Staatsarchiv Düsseldorf, Xantener Kreisregistratur Nr. 1177.

98 Ebenda.

99 So wurden u.a. 1772 die seit 1730 in Leer tätigen Strumpfstricker in die Tabellen aufgenommen. Ferner 1775 seit 1730, 1742 bzw. 1760 in Emden arbeitende Tauschläger. DZA, Generaldirektorium, Fabrikendepartement, CVI, Nr. 3, Vol. 1 und 2. Weitere Beispiele Anmerkung 74.

100 So heißt es in der ostfriesischen Tabelle für 1774 über den seit 1750 im Amt Leer vorhandenen Schiffsbau, daß er "vorhin von geringem Belang" war. "Jetzo scheinen sich die Entrepreneurs weiter zu extendiren und nicht bloß alte Schiffe zu bessern oder kleine Fahrzeuge zu verfertigen, sondern sie fangen an, Schiffe von mehreren Wert zu bauen, weshalb dieselben hierselbst annotiret." DZA, Generaldirektorium, Fabrikendepartement, CVI, Nr. 3, Vol. 1. Daher sagen auch die späteren Tabellen mit Unternehmen, die vor 1769 gegründet sind, nicht unbedingt etwas gegen die Vollständigkeit des Taschenbuches. Vgl. z.B. die Generaltabelle von 1788 für die Grafschaft Mark, in der eine Anzahl solcher Unternehmen aufgeführt ist, die im Taschenbuch noch nicht enthalten sind, weil sie zu dieser Zeit offenbar noch bedeutungslos waren. Meister, Aloys, Die Grafschaft Mark, 1. Bd., S. 294 ff.

101 Die in späterer Zeit wichtigste preußische Tabakmanufaktur, die Duisburger Firma Arnold Böninger, ist in unserer Quelle - zumindest namentlich - nicht erwähnt, obwohl sie bereits seit 1763 neben ihrer Handelstätigkeit in geringem Umfang die Tabakverarbeitung aufgenommen hatte (Averdunk, Heinrich/Ring, Walter, Geschichte der Stadt Duisburg, Ratingen 1949, S. 86). Unter den für Duisburg global ausgewiesenen 27 "Interessenten" (Anhang S.143) dürfte das damalige Handelshaus kaum enthalten sein.

102 So kritisiert das Fabrikendepartement 1802 (30.9.) die Tabellen der Kammer in Minden mit dem Hinweis, daß "keine andere als wirkliche Fabrikanstalten aufgeführt werden, das heißt, diejenigen, die sich außer den bekannten Kennzeichen und Bestimmungen vorzüglich dadurch charakterisieren, daß sie nicht bloß handwerksmäßig auf Stellung, oder nur zur Konsumtion ihres Wohnortes, sondern dergestalt arbeiten, daß ihre Fabrikate auch nach anderen in- und ausländischen Gegenden debitiert werden. Solchergestalt gehört also die eine Ziegelei, Töpferei, Eisenwerkstatt, Kalk- oder Branntweinbrennerei

in diese Tabelle, eine andere gleichmäßige Anstalt nicht ..." (DZA, Generaldirektorium, Minden, 85, 3). Ähnlich lautet einige Jahre später eine Anweisung an die ostpreußische Kammer, in der es heißt: "So gehören z.B. Stellmacher, Sattler, Tischler, Schlosser, Branntweinbrennereien und dergleichen Zunft- und unzünftige Gewerbe, sofern sie Warenlager halten und Messen und Märkte beziehen oder ihre Waren durch eine Zwischenhand in den Handel bringen, wie die kleinen für große Fabrikanstalten arbeitenden Stuhl- und andere Gewerksarbeiter unbedenklich in die Fabrikentabelle. Selbst Schuh- und Kleidermacher, wenn sie, wie bereits verschiedene hier in Berlin, ihr Gewerbe in vorbemerkter Art für den Handel betreiben, sind mit allem Recht in die Fabrikentabelle aufzunehmen ...". Und weiter: "In dem nun aber zu bemerkenden oft vorkommenden Fall, daß ein solcher Produzent ... sowohl fabrik- als auch handwerksmäßig arbeitet, gehört er nur dann in die Fabrikentabelle, wenn seine Produktion für den Handel die Produktion für den Ort überwiegt." (DZA, Generaldirektorium, Fabrikendepartement, XC, Nr. 27, Vol. 2, fol. 127 f.).

103 Behre, Otto, a.a.O., S. 344. Vgl. auch Boeckh, Richard, a.a.O., nach dem die Manufakturtabellen um 1772 nach einheitlichem Muster eingerichtet wurden. Siehe auch Reekers, Stephanie, Quellen zur statistischen Erfassung der industriellen Gewerbe Westfalens, a.a.O., S. 173.

104 Lediglich ein Exemplar des für den König bestimmten Taschenbuches vom Jahre 1773 konnte im Kgl. Hausarchiv (DZA, E III, Nr. 60) festgestellt werden. Da in ihm die kleineren Unternehmen und Produzenten zum Teil nur summarisch verzeichnet sind, ist es in dieser Hinsicht weniger aussagekräftig als unsere Quelle und mit dieser nur beschränkt vergleichbar.

105 "Generaltableau von der Nationalfabrikation in allen Gattungen von Waren und deren Absatz in- und außerhalb Lande auch von der Anzahl der Stühle und Arbeiter exklusive Schlesien pro 1792", DZA, Generaldirektorium, Fabrikendepartement, XC, Nr. 27 a, desgl. für 1793, a.a.O., Nr. 27 b. Vgl. Behre, Otto, a.a.O., S. 350 f.

106 DZA, Generaldirektorium, Fabrikendepartement, CVI, Nr. 3.

107 DZA, a.a.O., Vol. 1. Ferner für die 90er Jahre DZA, Generaldirektorium, Minden LXXXV, Nr. 3.

108 DZA, Generaldirektorium, Fabrikendepartement, Tit. CIII, Nr. 3, und a.a.O., Kleve, XCVII, Nr. 4.

109 Lt. Auskunft des Staatlichen Archivlagers Göttingen.

110 Staatsarchiv Magdeburg, Rep. A 8, Magdeburger Kammer, Nr. 230.

111 Fabri, Johann Ernst, Neues geographisches Magazin, 4. Bd., 3. Stück, Halle 1789, S. 452 ff.

112 Vollmer, Gisela, Eine Fabrikenstatistik des Herzogtums Kleve aus dem Ende des 18. Jahrhunderts, in: Düsseldorfer Jahrbuch, 46. Bd., 1954, S. 182 ff.

113 Meister, Aloys, a.a.O., Bd. 2, S. 294 ff. Vgl. auch Reekers, Stephanie, a.a.O., S. 174 f.

114 Staatsarchiv Münster, Kriegs- und Domänenkammer Minden XVII, Nr. 36. Vgl. auch Reekers, Stephanie, a.a.O., S. 175 f.

115 Vollmer, Gisela, a.a.O.

116 So z.B. für Berlin für das Jahr 1766 in: DZA, Generaldirektorium, Fabrikendepartement, XCVI, Nr. 53, und für Duisburg von 1765, 1766 und 1769 in: Averdunk, Heinrich, a.a.O., S. 201 ff. und 210 ff.; die Angaben für 1769 siehe auch in: Schmidt, Klaus,

Das Duisburger Textilgewerbe bis zum Anfang des 19. Jahrhunderts, Duisburger Forschungen, Beiheft 5, Duisburg-Ruhrort 1964, S. 71 f. Ferner befinden sich im Staatsarchiv Düsseldorf (Xantener Kreisregistratur Nr. 1177) die Tabellen für den 2. Kreis der Provinz Kleve "westseits Rheinoberwärts" für die Jahre 1768-1771 (für die Städte Goch, Xanten, Orsoy, Kalkar, Sonsbeck, Üdem, Büderich, Kervenheim und Grieth).

117 Z.B. Verzeichnis sämtlicher in der Kurmark befindlichen Fabriken und Manufakturen für die Jahre 1775 - 1780, in: Fischbach, Friedrich Ludwig Jos., Historische politisch-geographisch-statistisch- und militärische Beyträge, die Königlich-Preußische und benachbarte Staaten betreffend, Theil 1-3, Berlin 1781-84; ferner Nachweisung vom Zustande der Fabriken und Manufakturen in der Stadt Magdeburg, i.J. 1775, in: Heineccius, Johann Ludwig, Ausführliche topographische Beschreibung des Herzogtums Magdeburg und der Grafschaft Mansfeld, Magdeburgischen Antheils, Berlin 1785, S. 67, und für 1770 über Kleve bei Meyer, Wilhelm, Die klevischen Städte unter brandenburgisch-preußischer Herrschaft im 17. und 18. Jahrhundert, in: Festschrift zur Feier des 75jährigen Bestehens des städt. Gymnasiums in Düsseldorf, Düsseldorf 1913, S. 145 ff.

118 Obwohl die wirtschaftspolitischen Bestrebungen aller absolutistischen Staaten ein zunehmendes Interesse an der statistischen Erfassung aller Lebensbereiche mit sich brachten, gibt es doch für andere deutsche Territorien kaum entsprechend umfassende Unterlagen über die gewerbliche Produktion und besonders die Manufakturen. Für Österreich siehe u.a. Otruba, Gustav, Der Manufakturenbestand in Österreich unter der Enns zur Zeit Maria Theresias und Joseph II., in: Jahrbuch für Landeskunde von Niederösterreich NF 36, 1. Bd., 1964, S. 521-542. Für Bayern vgl. Günther, Adolf, Geschichte der älteren bayrischen Statistik. Beiträge zur Statistik des Königreiches Bayern, H. 71, München 1910, und für Jülich und Berg den von Gebhard, W., herausgegebenen Bericht des Hof- und Kammerrats Friedrich Heinrich Jacobi über die Industrie der Herzogtümer Jülich und Berg aus den Jahren 1773 und 1774, in: Zeitschrift des Bergischen Geschichtsvereins, 18. Bd., Bonn 1883, S. 1-148. Reekers, Stephanie, stellt auf Grund der westfälischen Verhältnisse fest, daß es in den preußischen Ländern "eine für damalige Zeiten vorbildliche Statistik gab", während diese in fast allen anderen Gebieten fehlte. (Beiträge zur statistischen Darstellung der gewerblichen Wirtschaft Westfalens um 1800, Teil I: Paderborn und Münster, in: Westfälische Forschungen Bd. 17, 1964, S. 83.)

119 Marx, Karl, Das Kapital, Bd. 1, in: Marx, Karl/Engels, Friedrich, Werke, hg. vom Institut für Marxismus-Leninismus beim ZK der SED, Berlin 1961 ff. (im folgenden MEW), Bd. 23, S. 341.

120 Über die Produktivität der Produzenten und Qualität der von ihnen hergestellten Waren bemerkt Peter Florenz Weddingen für das Kirchspiel Isselhorst im Amt Brakwede (Ravensberg) für 1789: "Hier wird das feinste Garn der Grafschaft gesponnen, welches fast der Seide nahe kommt und zu den feinsten Spitzen verarbeitet werden kann. Man findet hier männliche und weibliche Personen, welche mit beiden Händen zu gleicher Zeit zwei Fäden spinnen." Weddingen, Peter Florenz, a.a.O., Bd. 2, S. 66.

121 Als "kleine Warenproduzenten" werden im folgenden alle in der Gruppe der Unternehmen mit bis zu 10 Beschäftigten zusammengefaßten gewerblichen Produzenten bezeichnet.

122 Vgl. S. 58 f.

123 So z.B. die Barchentweber in Nowawes (Anhang S. 118 und 175). Vgl. dazu Vogler, Günter, Zur Geschichte der Weber und Spinner von Nowawes 1751-1785, Veröffentlichungen des Bezirksheimatmuseums Potsdam, Heft 7, Potsdam 1965, S. 14.

124 Die Hutmacher wurden nicht, wie es in den damaligen Erhebungen über die Textilproduzenten üblich war, als Wollproduzenten ersteren zugeordnet, sondern unter den sonstigen Gewerben berücksichtigt. Ebenso wurden die Gold- und Silberarbeiter (Gold- und Silber-

manufaktur und übrige Produzenten dieser Sparte) hierher eingeordnet (diese Produzenten verarbeiteten sowohl Metall - Gold und Silber - als auch Textilrohstoffe, insbesondere Seide), um die Gruppen Textil- und Metallverarbeitung möglichst rein zu erhalten.

125 Schlesien ist hierbei nicht berücksichtigt, da es in der Quelle nicht enthalten ist.

126 Nach Kretschmer, Konrad, Historische Geographie von Mitteleuropa, München - Berlin 1904, S. 613, wo Zahlen für 1783 gegeben werden, sowie Dieterici, Karl Friedrich Wilhelm, Über die frühere und gegenwärtige Bevölkerung der jetzigen Provinzen Preußen, Pommern, Posen, Sachsen, Westfalen und Rhein, in: Mitteilungen des Statistischen Büros in Berlin, 4. Jahrgang, Berlin 1851, S. 229 f.

127 Hier wie auch in den folgenden Tabellen einschließlich Tecklenburg und Lingen.

128 Differenz von 0,3 resultiert aus Aufrundungen.

129 Vgl. Engels, Friedrich, Brief an Marx vom 15.12.1882, in: MEW, Bd. 35, S. 128 f. So schreibt August Karl Holsche in seiner Historisch-topographisch-statistischen Beschreibung der Grafschaft Tecklenburg (Berlin - Frankfurt 1788, S. 81): "Überdem breitet sich das bürgerliche Gewerbe jetzt mehr und mehr auf das platte Land aus, weil hier mehr Freiheit herrscht als in den Städten."

130 Allerdings gelang dies den Zünften nicht immer. So beschwert sich das Webergewerk in Wriezen über die unzünftigen ländlichen Leinweber: "Man trifft in den Oderbruchdörfern so viele Pfuscher an, daß sie das Aussehen einer freien Republik bekommen." Es gab in den Dörfern

Neutrebbin	neben	6	Zunftmeistern	18	Pfuscher	,
Neubarnim	"	7	"	3	"	,
Neulewin	"	3	"	22	"	,
Neumedewitz	"	2	"	5	"	,
Rüdnitz	"	1	"	6	"	,
Kgl. Reetz	"	1	"	6	"	.

(Schmidt, Rudolf, Wriezen, Bd. 2, Oberbarnimer Heimatbücher, 12. Bd., Freienwalde 1932, S. 70 f.)

131 Jacobi, Ludwig Hermann Wilhelm, Das Berg-, Hütten- und Gewerbeleben des Regierungsbezirks Arnsberg in statistischer Darstellung, Iserlohn 1857, S. 96. Die Leinweberzunft in Eberswalde bestand 1785 aus 15 Stadt- und 35 Landmeistern (Schmidt, Rudolf, Eberswalder Handwerksbuch, Eberswalde 1934, S. 228). In unserer Quelle sind für diesen Ort keine Leinweber ausgewiesen. (Vgl. Anhang S. 118 u. 169 - 173.)

132 So schreibt Wilhelm Clemens über die Iserlohner Nadelindustrie: "Die Arbeiter ..., nebenher vielfach Bauern, wohnen über Stadt und Land verstreut, wobei es zu Entfernungen von 5, gar 10 km vom Wohnsitz des 'Verlagsherrn' kommt." (Clemens, Wilhelm, Grundzüge der Iserlohner Nadelindustrie, phil. Diss. Bonn 1916, S. 19 f.) Auch in den übrigen metallverarbeitenden Produktionszweigen Iserlohns und anderer Städte wird oftmals lediglich ein Teil der am Sitz des Unternehmens ausgewiesenen Produzenten in der betreffenden Stadt, ein anderer dagegen auf dem platten Land gearbeitet haben. Vgl. auch Anmerkungen 130 und 131.

133 So ließen die Berliner Woll- und Baumwollfabrikanten in der Kurmark und in Pommern (Wegely), in Schlesien (Sieburg) sowie im Magdeburgischen (Lange) spinnen, die Leinweber auch im Halberstädtischen. Nach dem Siebenjährigen Krieg waren in der Kurmark allein für das Lagerhaus 370 Spinnerfamilien in 7 Kolonien angesetzt worden. Vgl. dazu Rachel, Hugo, Das Berliner Wirtschaftsleben, a.a.O., insbesondere S. 247; Tröger, Hansjörg, Die Kurmärkischen Spinnerdörfer, phil. Diss. Leipzig 1936, sowie Krüger, Horst, a.a.O., insbesondere S. 137 f. und 532.

134 Noch stärker als in der Kurmark war die Landbevölkerung in Minden-Ravensberg in der Spinnerei beschäftigt, wo trotz der starken einheimischen Weberei Garn exportiert wurde. Potthoff, Heinz, a.a.O., S. 202.

135 Hintze, Otto, Acta Borussica, Seidenindustrie, 3. Bd., a.a.O., S. 102.

136 Ebenda, S. 263 f. und 269 f.

137 Siehe dazu Potthoff, Heinz, die Leinenleggen in der Grafschaft Ravensberg, in: 15. Jahresbericht des Historischen Vereins für die Grafschaft Ravensberg, 1901, S. 1 ff.; derselbe, Geschichte von Gewerbe und Handel, a.a.O., S. 179 ff; Reekers, Quellen ..., a.a.O. Beide betonen dabei die nebenberufliche Tätigkeit stärker.

138 DZA, Generaldirektorium, Fabrikendepartement, CVI, Nr. 3, Vol. 1, Bl. 84 f.

139 S. dazu Meister, Aloys, Handel, Gewerbe, Industrie und Bergwesen bis zu Beginn des 19. Jahrhunderts, in: Die Grafschaft Mark, Bd. 1, a.a.O., S. 399 ff.; Voye, Ernst, Die Industrie im südlichen Teil der Grafschaft Mark, a.a.O., S. 463 ff.; Clemens, Wilhelm, a.a.O., S. 20.

140 Die Gliederung erfolgte nach den Angaben der Tabellen, in Zweifelsfällen über den Charakter der genannten Orte unter Hinzuziehung der Literatur (insbesondere des Deutschen Städtebuches, hg. v. Keyser, Erich, Bd. 1-3, Stuttgart - Berlin 1939 ff.).

141 0,0 = kleiner als 0,05.

142 Während das Schwergewicht der ländlichen Produktion in Minden-Ravensburg auf der Textilproduktion lag - die ländlichen Textilproduzenten stellen 6,5 % der Textilproduzenten aller Provinzen -, stand in der Grafschaft Mark, wo die metallverarbeitenden Produzenten des platten Landes rund 30 % aller derartigen Produzenten sämtlicher Provinzen ausmachten, in der Landproduktion die Metallverarbeitung im Vordergrund.

143 Anhang S. 99 u. 175.

144 Anhang S. 117 und 183. Vgl. auch Rachel, Hugo, Das Berliner Wirtschaftsleben, a.a.O., S. 147.

145 Anhang S. 117 u. 174.

146 Anhang S. 118 sowie 161 u. 175.

147 Anhang S.122 u. 176.

148 Anhang S. 130. Vgl. auch v. Goßler, Wilhelm, 60 Jahre Magdeburger Manufaktur, in: Geschichtsblätter für Stadt und Land Magdeburg, 72/73. Jg. 1937/38, S. 13 ff.

149 Anhang S. 132 sowie 170 u. 175.

150 Außer den in dieser Tabelle ausgewerteten Zahlen sind bei Knyphausen noch zwei Brandenburger Orte bzw. Unternehmen ohne Produzentenzahl angeführt, die daher nicht berücksichtigt werden konnten. Vgl. Anhang S. 117: Schloß Caputh und Hohenfinow. Für 1775 lassen sich in den Akten des Fabrikendepartements insgesamt 7 Manufakturen nachweisen, von denen in unserer Quelle nicht enthalten sind:
1. eine von dem Berliner Bankier und Kaufmann Friedrich Wilhelm Schütze auf seinem 1761 erworbenen Gut Schöneiche 1768 angelegte Wachsmanufaktur (vgl. dazu: Rachel, Hugo, Das Berliner Wirtschaftsleben, a.a.O., S. 211; Krüger, Horst, a.a.O., S. 60);
2. eine 1754 auf dem Rittergut Rostin durch v. Bredow gegründete, 1765 an den Kriegsrat Lüder zusammen mit dem Gut verkaufte Tabakpfeifenmanufaktur, die um 1769/70 bereits einen beträchtlichen Umfang gehabt haben muß, werden doch 1773 36 Arbeiter wegen Absatzmangel entlassen, zeitweilig waren bis zu 100 Arbeitskräften beschäftigt (vgl. Krüger, Horst, a.a.O., S. 59);

3. eine längere Zeit vor 1765 gegründete Leinenmanufaktur des v. Arnim zu Boitzenburg; anfangs ließ letzterer nur grobes Garn zu Wachstapeten durch die Dorfjugend spinnen (Süßmilch, Johann Peter, Die göttliche Ordnung in den Veränderungen des menschlichen Geschlechts, ..., 2. Teil, Berlin 1765, S. 65), vgl. dazu Krüger, Horst, a.a.O., S. 61;
4. eine Krappmühle des Barons v. Vernezobre in Hohenfinow. DZA, Generaldirektorium, Fabrikendepartement XC, Nr. 70.

151 Vgl. für die Grafschaft Mark: Hermann Rothert, Westfälische Geschichte, Bd. 3, Gütersloh 1951, S. 252.

152 Noch 1791 wird ein vergeblicher Versuch unternommen, die Aziseordnung der ostelbischen Provinzen in der Grafschaft Mark einzuführen, Rothert, Hermann, a.a.O., a.a.O., S. 308.

153 In den westlichen Territorien erzwang die Landbevölkerung die Aufhebung bzw. Einschränkung der Kantonpflicht, so z.B. in Tecklenburg und Lingen, wo die dort übliche Hollandgängerei eine starke Auswanderung begünstigte und wo zwangsweise Aushebungen zu Unruhen und - als zu ihrer Niederschlagung Militär eingesetzt wurde - zur Flucht der gesamten Bevölkerung von 39 Dörfern in nichtpreußisches Gebiet geführt hatten. Rother, Hermann, a.a.O., S. 283.

154 Vgl. oben S. 34 sowie Anmerkung 150. Selbst den zünftigen Leinwebern auf dem platten Land wurde erst 1796 gestattet, für Städter zu arbeiten, allerdings durften sie sich auch dann das Garn nicht selbst aus der Stadt holen, es mußte ihnen gebracht werden. Alle anderen zünftigen Landproduzenten waren weiterhin auf das platte Land beschränkt. (v. Rohrscheidt, Kurt, Vom Zunftzwange zur Gewerbefreiheit, Berlin 1898, S. 22 und 55.)

155 So bestand die Bevölkerung der Grafschaft Ravensberg um 1770 zu zwei Dritteln aus Heuerlingen, deren Existenzgrundlage neben dem kleinen, vorwiegend mit dem für die eigene Verarbeitung bestimmten Flachs bebauten kleinen Pachtstück Land und der Hollandgängerei die Spinnerei und Weberei war. (Rothert, Hermann, a.a.O., S. 247.)

156 Kloster Zinna (vgl. Anhang S. 33) 1764-77 für sächsische Spinner und Weber angelegt. (Vgl. Keyser, Erich, Deutsches Städtebuch, Bd. 1, a.a.O., S. 683.)

157 Vgl. dazu Rachel, Hugo, Das Berliner Wirtschaftsleben, a.a.O., S. 146.

158 Schneider, Schmiede, Leinweber, Zimmerleute und Radmacher. Vgl. Skalweit, August, Das Dorfhandwerk vor Aufhebung des Städtezwanges, Frankfurt/Main 1942, S. 72-74.

159 Vgl. Rohrscheidt, Kurt, a.a.O., S. 55.

160 Es waren in Minden-Ravensberg Vlotho, Werther, Halle, Versmold, Borgholzhausen, Oldendorf und Hausberge, in Tecklenburg-Lingen Lengerich, Westerkappeln, Freren und Ibbenbüren sowie in der Grafschaft Mark Hagen. Rothert, Hermann, a.a.O., S. 308.

161 Vgl. Barkhausen, Max, Der Aufstieg der rheinischen Industrie im 18. Jahrhundert und die Entstehung eines industriellen Großbürgertums, in: Rheinische Vierteljahresblätter 19, 1954, S. 142, Fußnote 6.

162 Durch die Ausdehnung der gutsherrlichen Eigenwirtschaft mit ihrer feudalen Warenproduktion stieg die Beteiligung der Gutsherren an den Ware-Geld-Beziehungen zu Lasten der bäuerlichen Produzenten.

163 Vgl. Rachel, Hugo, Acta Borussica, Handels-, Zoll- und Akzisepolitik, Bd. 3, 1, S. 382; Krüger, Horst, a.a.O., S. 58.

164 Vgl. Koser, Rheinhold, Geschichte Friedrichs des Großen, 7. Auflage, Bd. 2, Stuttgart - Berlin 1925, S. 90; Krüger, Horst, a.a.O., S. 116.

165 Die dieser Gliederung zugrunde liegenden Bevölkerungszahlen sind in der Mehrzahl dem Deutschen Städtebuch (hg. v. Keyser, Erich, a.a.O.) entnommen. Leider ist für viele Städte nicht genau festzustellen, ob die Zahlen die Militärbevölkerung enthalten; meist wird dies nicht der Fall sein. Daher wurde, soweit man beide Zahlen ermittelte, für die Eingruppierung lediglich die Zahl der Zivilbevölkerung benutzt. Zur Ergänzung bzw. zum Vergleich wurden weiterhin soweit wie möglich Angaben in der entsprechenden statistischen landes- und ortsgeschichtlichen Literatur herangezogen.

166 Für Litauen sind sogar für sämtliche Städte nur zünftige Produzenten angeführt.

167 Die größten von ihnen (zwischen 3 000 und 7 000 Einwohner) waren Prenzlau, Burg, Marienwerder, Preußisch-Holland, Gumbinnen, Insterburg und Tilsit.

168 Um die großen Unternehmen vollständig zu erfassen, wurden zum Vergleich die auf dem platten Lande befindlichen ebenfalls aufgenommen.

169 Siehe nachstehende Tabelle.

170 Dieser Anteil ist sicher noch höher gewesen, da wir der Berechnung nur die uns bekannte Bevölkerungszahl von 1777 zugrunde legen konnten.

171 Interessant wäre es übrigens, für diese Städte zu untersuchen, inwieweit es den Unternehmen mit Hilfe der örtlichen und regionalen Verwaltungsorgane gelang, Maßnahmen in ihrem Interesse durchzusetzen bzw. gegen ihr Interesse gerichtete Verfügungen zu verhindern bzw. abzuschwächen.

172 Zuzüglich der 3 Unternehmen, die im Taschenbuch ohne Angabe der Arbeiterzahl angeführt sind (s. S. 56 und Anm. 210).

173 Siehe S. 45.

174 Die namentliche Angabe von Zunftmeistern erfolgte im Taschenbuch allerdings nur für die Berliner Produzenten, so für die wollenen Strumpfstricker-Gewerksmeister (Anhang S. 111.

175 So z.B. in der Grafschaft Mark unter Iserlohn, wo in der Schnallenproduktion als Unternehmer die "Bürgerschaft" mit 100 Produzenten eingesetzt ist (Anhang S. 150), und in Minden, wo für das Amt Ravensberg die Leinenproduktion der Untertanen mit 950 Produzenten ausgewiesen wird. (Anhang S. 154 .) Die für Iserlohn ausgewiesene Messingproduktion mit 12 Interessenten und 24 Arbeitskräften (Anhang S. 150) wurde ebenfalls hier eingeordnet. Sie ist wahrscheinlich mit der nach der Literatur (so Jacobi, Ludwig Hermann Wilhelm, a.a.O., S. 91) 1749 gegründeten Messinggewerkschaft identisch.

176 Vgl. S.30.

177 Die unterschiedliche Bedeutung der Zunftbindung vgl. S.48.

178 Der Produzenten in Unternehmen bis zu 10 Beschäftigten und der sonstigen Produzenten (2. und 4. Spalte der tabellarischen Übersicht von S. 45).

179 Einfache Warenproduzenten sind die Handwerker, die, ohne Lohnarbeiter zu beschäftigen, juristisch und ökonomisch selbständig Waren produzieren und verkaufen.

180 Anlage S. Anhang S. 110.

181 Für den 10. Meister fehlen Zahlenangaben. Anlage, S. Anhang S. 111.

182 Anlage S. Anhang S. 103 f.

183 Anhang S. 113 - 115.

184 Vgl. Nicolai, Friedrich, Beschreibung der königlichen Residenzstädte Berlin und Potsdam, Berlin 1786, S. 587 ff.

185 Interessant sind in diesem Zusammenhang die Statuten, die sich die französischen, Pfälzer und Magdeburger Strumpfwirker 1714 in Magdeburg gaben, als sie sich zu einer Zunft zusammenschlossen. In ihnen wurde festgelegt, daß jeder Unternehmer Meister werden sollte, die Stuhlzahl wurde gleichzeitig für jeden Meister auf sechs beschränkt. Kein Meister sollte für Unternehmer arbeiten, die nicht selbst produzierten. Auf der anderen Seite aber waren die Meister berechtigt, bei anderen Meistern arbeiten zu lassen, entweder auf deren Stühlen oder auf ihnen zur Verfügung gestellten. Diese Beschränkung der Stuhlzahl in den Zunftbestimmungen bedeutete nicht schlechthin eine Beschränkung der Entwicklung kapitalistischer Produktionsverhältnisse, sondern war ein Versuch der reicheren Zunftmeister, die Konkurrenz der kaufmännischen Verleger auszuschalten. Schmoller, Gustav, Studien über die wirtschaftliche Politik Friedrichs d. Gr. und Preußens überhaupt von 1680 - 1786, in: Jahrbuch für Gesetzgebung, Verwaltung und Volkswirtschaft, Bd. 11, 1887, S. 813 f.; Scholze, Georg, Die volkswirtschaftliche Bedeutung des Refuge für die Stadt Magdeburg, in: Magdeburger Wirtschaftsleben in der Vergangenheit. 1. Bd., Magdeburg 1925, S. 473 ff. Den Zeugmachern waren in Preußen nach dem Generalprivileg vom 22.8.1735 nur 6 Stühle erlaubt. Ein Publicandum vom 2.7.1795 bestimmt, daß sie darüber hinaus arme Meister beschäftigen dürfen, aber keine Freimeister; v. Rohrscheidt, Kurt, a.a.O., S. 69.

186 Neuß, Erich, a.a.O., S. 177 f.; vgl. Anhang S. 128.

187 Neuß, Erich, ebenda.

188 Schmidt, Walter, a.a.O., S. 56. Vgl. Anhang S. 128.

189 Schmidt, Walter, a.a.O., S. 58.

190 DZA, Generaldirektorium, Fabrikendepartement, CVI, Nr. 3, Vol. 1; vgl. Anhang S. 156.

191 Marx, Karl, a.a.O., S. 323.

192 Anhang S. 156.

193 Tabelle für 1770, DZA, Generaldirektorium, Fabrikendepartement, XVI, Nr. 3, Vol. 1, Blatt 52 f.

194 Vgl. Anhang S. 118 und Anm. 123.

195 So wandten sie sich 1768 um Hilfe an das Generaldirektorium, und Anfang der 80er Jahre wurden Berliner Unternehmer sogar vom Staat verpflichtet, ihren Verlag zu übernehmen. Acta wegen der vom König verlangten Berichte von der Beschaffenheit der Fabriken. 1747-1800. DZA, a.a.O., XC, Nr. 28. Vgl. Rachel, Hugo, Das Berliner Wirtschaftsleben, a.a.O., S. 147 und 148 f.

196 Vgl. Hinrichs, Carl, Das Königliche Lagerhaus in Berlin, in: Forschungen zur Brandenburgischen und Preußischen Geschichte, 44. Bd., 1932, S. 46 ff.

197 Die Lage der Wollproduzenten zu Beginn der 70er Jahre wird sich von der Anfang der 50er Jahre noch nicht wesentlich unterschieden haben. Über diese frühere Zeit erfahren wir aus einem Bericht der Kammer in Stettin betreffend die Wollproduzenten eines Steuerratsbezirks folgendes: "Die mehrsten werden mit Wolle aus den Magazinen verlegt und debitieren ihre verfertigten Waren, wohin sie können. Wenige können sich selbst verlegen, doch sind gleichwohl einige derselben. Einige werden von Kaufleuten

verlegt, die ihnen die Waren abnehmen ... Indessen, da an den mehrsten Orten Wollmagazine sind und die Fabrikanten daraus, wenn die Kaufleute es ihnen zu hart machen, Wolle bekommen und vor sich arbeiten können, so müssen die Kaufleute auch desto billiger mit ihnen verfahren und können sie so nicht mehr wie vorhin drücken." Acta betr. die in Pommern befindlichen Wollfabrikanten, Spinnereien ... de anno 1752. DZA, Generaldirektorium, Pommern, Wollsachen, Nr. 5.

198 Vgl. dazu Acta Borussica, Seidenindustrie, 1. Bd., Nr. 501 und 502 und 3. Bd., S. 172 ff.

199 Ein Teil der ländlichen Textilproduzenten in Minden-Ravensberg sowie in Geldern war zünftig organisiert, in den mittleren Provinzen lediglich die Weberkolonie Nowawes.

200 Die in Unternehmen bis zu 10 Beschäftigten sowie die unter "Sonstige" zusammengefaßten Produzenten.

201 Das Kaufsystem hatte aber in den westlichen Territorien eine andere Bedeutung als in Schlesien, wo vor allem die Gebirgsweber - im Unterschied z.B. zu den Ravensberger Heuerlingen - allein auf den Weberlohn angewiesen waren und starken feudalen Bindungen mit drückenden Abgaben an die Grundherren (im Gebirge) unterlagen und bei Konjunkturschwankungen auf dem Weltmarkt sofort in größte Not gerieten.

202 Vgl. dazu Potthoff, Heinz, Geschichte von Handel und Gewerbe, a.a.O., S. 202; derselbe, Die Leinenleggen, a.a.O., S. 1 ff.; Voye, Ernst, Die Industrie im südlichen Teile der Grafschaft Mark, a.a.O., S. 478; Knapmann, Karl, Das Eisen- und Stahldrahtgewerbe in Altena, Abhandlungen des Staatswiss. Seminars zu Münster, Heft 7, Leipzig 1907; Wiesemann, Wilhelm, Die Entwicklung der Eisenindustrie im Hochgericht Schwelm, rechts- und staatswiss. Diss. Göttingen 1923.

203 So z.B. solche kleineren Fabrikanten, deren Unternehmen in späterer Zeit größere Bedeutung erlangten, wie der Kattunfabrikant Ermeler. Vgl. Anhang S.

204 Siehe S. 45.

205 Siehe S. 52.

206 Der größte Betrieb dieser Gruppe und gleichzeitig aller ausgewiesenen Betriebe ist die Gold- und Silbermanufaktur in Berlin (Anhang S. 102 . Vgl. auch Tabelle S. 58.

207 Siehe ausführliche Tabelle auf S. 54.

208 Siehe Tabellen auf S. 57 - 59.

209 Spalte 2-6 der Aufstellungen auf S. 57 - 59.

210 Während für die Kgl. Porzellanmanufaktur genaue Produzentenzahlen bekannt sind (Bensch, Auguste Dorothea, Die Entwicklung der Berliner Porzellanindustrie unter Friedrich d. Gr., Berlin 1928, S. 65 a), weiß man von den beiden größten Wollmanufakturen Berlins lediglich, daß sie um 1769/70 bereits größer als das Lagerhaus waren. Diese zusätzlichen, nicht dem Taschenbuch entnommenen Daten sind in der Aufstellung durch Klammern gekennzeichnet.

211 Siehe Anhang S. 146 f.

212 Die Firma Floh & v.d. Leyen ist nicht dazuzurechnen, es war ein Konkurrenzunternehmen; später wurde ihr auf Klagen der v.d. Leyen verboten, den Namen v.d. Leyen zu benutzen. Sie hatte das Unternehmen des Johann v.d. Leyen aufgekauft. Kersten, Josef, Entwicklung und Eigenart des industriellen Standorts Krefeld-Uerdingen, wirtschaftswiss. Diss. Göttingen 1935, S. 31.

213 Vgl. Acta Borussica, Seidenindustrie, Bd. 1, Nr. 596 und Bd. 2, Nr. 1145, sowie Bd. 3, S. 269; ferner Thun, Alfons, Die Industrie am Niederrhein und ihre Arbeiter.

Teil I, Leipzig 1879, S. 89; Keussen, Hermann, Geschichte der Stadt und Herrlichkeit Krefeld, Krefeld 1865, S. 475 und 481.

214 Acta Borussica, Seidenindustrie, Bd. 2, Nr. 1144 und Nr. 1145.

215 Für Xanten erfahren wir, daß die Firma v.d. Leyen seit 1754 Xantener beschäftigte. Nach einer Unterbrechung waren seit 1769/70 wieder 16 Arbeitskräfte mit 8 Stühlen für die Krefelder Firma tätig. In dem Tabellenentwurf der Xantener Kreisregistratur (Staatsarchiv Düsseldorf, a.a.O., 24.12.1771) wird dies folgendermaßen kommentiert: "Durch den gesperrten Handel über die Weser haben die v.d. Leyen bekanntermaßen in Absicht des Debits stark verloren und eben deshalb werden nur 8 Stühle von denen vorhandenen 30 jetzt occupiert und die ouvriers haben sich verlaufen."

216 Hintze, Otto, Acta Borussica, Seidenindustrie, a.a.O., S. 270. "Zu den Hilfsarbeiten, namentlich zum Winden und Spulen der Seide, hatte man schon von jeher die billigen Arbeitskräfte der ländlichen Bevölkerung in der Umgebung der Stadt herangezogen, nicht nur auf dem schmalen preußischen, sondern auch auf dem ... kurkölnischen Gebiet; namentlich Weiber und Kinder der kölnischen Bauern trieben diese Arbeit als Nebenbeschäftigung." (Ebenda).

217 Hintze bemerkt zu der Differenz, daß "Spulerinnen und Winderrinnen, die zum Teil Ausländer (d.h. Nichtpreußen - H.H.) waren, nicht voll in Rechnung gebracht worden sind." (Ebenda).

218 Kersten, Josef, a.a.O., S. 30.

219 Anhang S. 102.

220 Anhang S. 119.

221 Anhang S. 119.

222 Anhang S. 119.

223 Anhang S. 119.

224 Anhang S. 164.

225 Anhang S. 163.

226 Anhang S. 118.

227 Ebenda. Der in den Tabellen als Flecken Messingwerk bezeichnete Standort des Betriebes ist weder in den erhaltenen Akten noch in der Literatur als solcher nachzuweisen. Das Messingwerk wird dem Ort Heegermühle zugerechnet. Vgl. Hinze, Kurt, Die Arbeiterfrage zu Beginn des modernen Kapitalismus in Brandenburg-Preußen, 2. Auflage, Berlin 1963, S. 197, und Keyser, Erich, Deutsches Städtebuch, a.a.O., S. 529.

228 Diese unterstand ebenso wie das Messingwerk und der Kupferhammer seit 1768 der Bergwerks- und Hüttenadministration.

229 Weder in den in Frage kommenden Akten (DZA und Brandenburgisches Staatsarchiv) noch in der Literatur war sie festzustellen. Vgl. Lenz, Friedrich/Unholtz, Otto, Die Geschichte des Bankhauses Gebr. Schickler, Festschrift zum 200jähr. Bestehen, Berlin 1912.

230 Anhang S. 116. Sie bestand aus drei Betriebsstätten.

231 Anhang S. 118.

232 Lenz, Friedrich/Unholtz, Otto, a.a.O., erwähnen dieses Werk überhaupt nicht. Vgl. dagegen Muret, Edmund, Geschichte der Französischen Kolonie in Brandenburg-Preußen, Berlin 1885, S. 254.

233 Hier sei ergänzend auf die in unserer Quelle nicht enthaltenen ländlichen Unternehmen in den Händen Adliger im Bergbau und Hüttenwesen sowie auf Anmerkung 150 verwiesen, ferner auf Krüger, Horst, a.a.O., S. 59.

234 Anhang S. 99 und 175. Es handelt sich hier um eine geadelte Hugenottenfamilie.

235 Anhang S. 117 u. 174.

236 Anhang S. 164; vgl. dagegen Anhang S. 121, wo als Unternehmer ein Bürgerlicher (Brunger) angeführt wird.

237 Anhang S. 105 u. 181.

238 Anhang S. 132, 170 u. 175 unter Friedrichshall.

239 Anhang S. 133 und 161.

240 Ein gutes Beispiel für die Bedeutung der französischen Einwanderer gibt uns der erste Vertrag mit einem französischen Manufakturisten, Pierre Valentin. Er forderte u.a. folgende Bedingungen für die Anlegung einer Tuch- und Wollmanufaktur in Magdeburg: Bürgerrecht im gesamten Staat; ein Manufakturhaus, das Raum für 100 Webstühle sowie entsprechende Wohnungen für die Arbeiter mit ihren Familien und für die Färberei bot, mietfrei auf 10 Jahre; eine Walkmühle, mietfrei auf 10 Jahre; 100 Webstühle nebst Pressen, desgleichen; 100 Refugiés als Arbeiter in der Manufaktur auf 5 Jahre. Scholze, Georg, a.a.O., S. 407.

241 Diese Unternehmen wurden in der namentlichen Aufstellung der größten Unternehmen (oben S.58f.)in der Spalte "Herkunft der Unternehmer" mit "A" (d.h. Ausländer) bezeichnet.

242 Da "ein Fabrikant zweitausend Hände beschäftigen kann, wenn ein Handelsmann deren kaum zwanzig beschäftigt ...", versprach sich Friedrich II. mit Hilfe solcher gewerbepolitische Maßnahmen eine Steigerung seiner Einnahmen. Hinze, Kurt, a.a.O., S. 74.

243 Dieselben wurden in der namentlichen Aufstellung der großen Unternehmen (S.) in der Spalte "Herkunft der Unternehmer" mit "J" bezeichnet.

244 In Templin, Strumpfproduktion der Judenschaft mit 11 Produzenten. Vgl. Anlage S.

245 In Züllichau, Tapetenproduktion mit 2 Produzenten. Vgl. Anhang S.126.

246 Für die Gruppe der Unternehmen mit mehr als 100 Beschäftigten wurden ergänzende Angaben aus Akten und Literatur hinzugezogen, um ein möglichst vollständiges Bild wenigstens dieser Gruppe zu erhalten. Diese ergänzenden Angaben sind in der Aufstellung S. 58f. durch Klammern deutlich gemacht. Sicher lassen sich die in dieser Gruppe noch fehlenden Angaben ebenso wie die der kleineren Unternehmen aus örtlichen Akten und entsprechender Literatur noch vervollständigen. Es wurden von den in obigen Zusammenstellungen enthaltenen 34 Unternehmen mit mehr als 100 Beschäftigten 32, von den 25 Unternehmen der folgenden Gruppe (51 bis 100 Beschäftigte) 18 sowie darüber hinaus 50 Unternehmen der nächstfolgenden Gruppe (26 bis 50 Beschäftigte) ausgewertet.

247 "Und hätten wir nicht die Zeugnisse gleichzeitiger Schriftsteller, die einfachen Tatsachen, daß es vom 16. Jh. bis zur Epoche der großen Industrie dem Kapital mißlingt, sich der ganzen disponiblen Arbeitszeit der Manufakturarbeiter zu bemächtigen, daß die Manufakturen kurzlebig sind und mit der Ein- und Auswanderung der Arbeiter ihren Sitz in dem einen Land verlassen und in dem anderen aufschlagen, würden Bibliotheken sprechen." Marx, Karl, a.a.O., S. 390.

248 Ebenda.

249 Vgl. Marx, Karl, Das Kapital, Bd. 3; MEW, Bd. 25, S. 347.

250 Dieser Vorteil, den der ursprüngliche Produzent als Verleger gegenüber dem Kaufmann hatte, wird in einem Bericht des Generaldirektoriums über die Situation der Berliner Manufakturen im Jahre 1766 betont, in dem es heißt, daß die Seidenmanufakturen schlecht vorankämen, weil die Unternehmer den Produktionsprozeß nicht beherrschten und sich deshalb auf ihre Werkmeister verlassen müßten. Die Kaufleute waren daher viel eher bereit und oftmals auch gezwungen, alte zünftige Einrichtungen, z.B. die Schau, bestehenzulassen oder - wie im Fall der Berliner Seidenverleger - solche Einrichtungen durch den Staat einführen zu lassen. Vgl. Rachel, Hugo, Berliner Wirtschaftsleben, a.a.O., S. 154.

251 Vgl. S. 58 f.

252 So die von der Leyen, Krefeld.

253 Schöller, Peter, Die Wirtschaftsräume Westfalens vor Beginn des Industriezeitalters, in: Westfälische Forschungen, Bd. 16, 1963, S. 92, Fußnote 25. In Übereinstimmung damit stellt Rüsse, Karl, Die Entwicklung der Industrie im Altenaer Wirtschaftsraum, wirtschafts- und sozialwiss. Diss. Köln 1934, S. 34, für Altena fest, daß die meisten Unternehmer des 18. und 19. Jahrhunderts ehemals selbständige Handwerker waren.

254 Vgl. Anhang S. 156.

255 Vgl. dazu Connemann, Wilhelm, Aus 200 Jahren Firmengeschichte, Leer 1950, S. 17 f.

256 So wurden die ersten mechanischen Spinnereien nach englischem Muster von Kaufleuten angelegt.

257 Hierbei werden unterschieden: 1. Verlag (V), d.h. eine Produktionsorganisation, bei der der Unternehmer selbst ausschließlich Handelsfunktion ausübt, während sich ein Teil seines Handelskapitals bereits in industrielles verwandelt hat (durch Geld- oder Rohstoffvorschuß und teilweise auch Bereitstellung von Produktionsinstrumenten); 2. zerstreute Manufaktur (M 1), hier sind alle Unternehmen eingeordnet, deren Produktion so organisiert war, daß der entscheidende Teil der Produzenten (quantitativ), verlagsmäßig (Heimindustrie) für den Unternehmer ein Teilprodukt herstellte, während ein (quantitativ) kleinerer Teil der Produzenten die übrigen Teile des Produktionsprozesses in der Werkstatt des Unternehmers ausführte; 3. eine weitere Gruppe umfaßt solche Unternehmen, in denen ein Teil der Produkte in Form der zerstreuten Manufaktur und ein anderer (meist aus wertvolleren Rohstoffen) in allen Teilabschnitten der Produktion vollständig in der zentralisierten Werkstatt des Unternehmens hergestellt wurde (M 2); 4. Die letzte Gruppe umfaßt alle Unternehmen, in denen die Produktion ausschließlich in der Werkstatt des Unternehmers erfolgte (M 3). Diese Einstufung stellt lediglich einen ersten Versuch dar und wird sich mit Hilfe weiterer Quellen und Spezialliteratur noch ergänzen und verbessern lassen (siehe S. 58 f.).

258 So z.B. ein Magdeburger Unternehmen, dessen Arbeitskräfte in 15 zusammenliegenden ehemaligen Kasernengebäuden untergebracht wurden, die dem Unternehmer vom Staat zur Verfügung gestellt worden waren. Jeder Weber produzierte für sich in seiner häuslichen Werkstatt. (Vgl. v. Goßler, Wilhelm, a.a.O., S. 31 ff.; Vester, Ferdinand, Seidenbau und Seidenfabrikation in Magdeburg im 18. Jh., in: Magdeburgs Wirtschaftsleben in der Vergangenheit, 1. Bd., Magdeburg 1925, S. 557 f.)

259 Vgl. S. 19.

260 Während beim Verlag der unmittelbare Produzent seine Produktionsinstrumente meist noch selbst besaß, ist dies in der zentralisierten Manufaktur nicht mehr der Fall. Allerdings beschränkte sich auch da das Eigentum der Unternehmer oftmals auf die großen

Produktionseinrichtungen und Werkzeuge, während das kleine Werkzeug noch den unmittelbaren Produzenten gehörte. In der Gewehrmanufaktur Spandau wurden den Arbeitern die vom Unternehmer beschafften kleinen Werkzeuge nach und nach vom Lohn abgezogen. Vgl. Hassenstein, Wilhelm, Zur Geschichte der Kgl. Gewehrfabrik in Spandau, in: Beiträge zur Geschichte der Technik und Industrie, 4. Bd., Berlin 1912, S. 29.

261 Darüber hinaus spielte selbstverständlich das für den Handel erforderliche Kapital eine Rolle.

262 Vgl. S. 61.

263 Vgl. Anhang S. 105 u. 176.

264 Richter, Vierne & Kompanie, Anlage S. 174 und 105. Es handelte sich um ein größeres Manufakturgebäude, das auf Staatskosten errichtet worden war.

265 Vgl. Anhang S. 100 u. 114 unter Manchesterfabrik.

266 Vgl. Anhang S. 102.

267 Vgl. Anhang S. 114.

268 So war 1764 das Lagerhaus in Berlin dem Tuchfabrikanten Schmitz aus Aachen in Erbpacht übergeben worden. Er hatte das auf 400 000 Tlr. berechnete Kapital jährlich mit 5 1/2 % zu verzinsen und die Gebäude instand zu halten. Rachel, Hugo, Berliner Wirtschaftsleben, a.a.O., S. 141.

269 Vgl. z.B. die in Anmerkung 150 erwähnte Tabakpfeifenmanufaktur in Rostin.

270 So in der Barchent- und Leinenmanufaktur des v. Vernezobre zu Hohenfinow, für die die zum Gut gehörige Hausleute und Eigentümer infolge feudalen, außerökonomischen Zwanges, auch nachdem die Manufaktur an einen Bürgerlichen verpachtet war, spinnen mußten. Als Gegenleistung empfingen sie eine bestimmte Menge Lebensmittel, so daß von einer reinen Arbeitsrente hier auch schon nicht mehr gesprochen werden kann. Vgl. Passow, Siegfried, Ein märkischer Rittersitz, Eberswalde 1907, Bd. 1, S. 120; Krüger, Horst, a.a.O., S. 60.

271 Vgl. S. 50.

272 Auch im 17. Jahrhundert besaßen die Zwangsanstalten keine so große Bedeutung, wie sie ihnen teilweise in der Literatur zugesprochen wird (vgl. Kuczynski, Jürgen, Die Geschichte der Lage der Arbeiter unter dem Kapitalismus, Bd. 18, Berlin 1963, S. 31; Schilfert, Gerhard, Deutschland 1648-1789, 2. erw. Auflage, Berlin 1962, S. 54 und 67). Man muß auch berücksichtigen, daß die Quellenlage bei Zwangsanstalten günstiger ist als bei privaten Manufakturunternehmen. Zur Rolle der Zwangsanstalten vgl. Müller-Armack, Alfred, Genealogie der Wirtschaftsstile, Stuttgart 1941, S. 230 f.; Reekers, Stephanie, Beiträge zur statistischen Darstellung a.a.O., S. 102.

273 Wenn Jürgen Kuczynski feststellt, daß selbst noch im 18. Jahrhundert die zentralisierten Manufakturen in ihrer Mehrheit Zwangsanstalten waren (ebenda), dürfte dies für die 1. Hälfte des 18. Jahrhunderts kaum, keinesfalls aber für die 2. Hälfte des Jahrhunderts zutreffen.

274 Hier sei auf die zahlreichen Verordnungen hingewiesen, die sich mit dem Bettelwesen beschäftigen. Vgl. Hintze, Kurt, Die Arbeiterfrage, a.a.O., S. 14.

275 Vgl. Lütge, Friedrich, Deutsche Sozial- und Wirtschaftsgeschichte, 2. Auflage, Berlin - Göttingen - Heidelberg 1960, S. 333 . Der Anteil der Bettler an der Gesamtbevölkerung wird für die geistlichen Territorien im 18. Jahrhundert auf etwa 25 %

geschätzt, während er in den protestantischen Gebieten geringer war (Lütge, Friedrich, ebenda).

276 Für Minden-Ravensberg vgl. Schöller, Peter, a.a.O., S. 95.

277 Obwohl in der Literatur immer wieder die besonderen Vorrechte hervorgehoben werden, die die Leinweber dank staatlicher Förderung in den mittleren Provinzen auf dem platten Lande gegenüber allen anderen, selbst städtischen Handwerkern hatten, so zeigen noch die Statistiken über die um 1800 auf dem Lande in der Kurmark befindlichen Leinweber trotz aller Widersprüchlichkeit der Angaben, daß im Durchschnitt kaum mehr als ein berufsmäßiger Leinweber pro Dorf anzutreffen war. Mit wenigen, bisher leider noch nicht gründlich untersuchten Ausnahmen (so in der Altmark und im Oderbruch, vgl. Anmerkung 130) arbeitete die Masse aller ländlichen Weber in der Regel im Lohnwerk für die Dorfbevölkerung und nur äußerst selten für den Verkauf am Ort. Erst 1796 wurde den Dorfwebern gestattet, auch für Städter zu arbeiten. Eine breitere Schicht ländlicher Produzenten, die für einen überlokalen Markt arbeitete, hatte sich so bis 1800 nicht entwickeln können. Vgl. dazu Skalweit, August, a.a.O., S. 36 f., 54 und 80; ferner Rohrscheidt, Kurt, a.a.O., S. 55; Bratring, Friedrich Wilhelm August, Statistisch-topographische Beschreibung der gesamten Mark Brandenburg, Berlin 1968, Neuausgabe von Otto Büsch u. Gerd Heinrich, der leider nur in den ersten 2 Kreisen der Altmark die Leinenweberzahlen für die einzelnen Dörfer angibt, die auch besonders günstig sind und die Sonderstellung der Altmark deutlich machen.

278 Vgl. Krüger, Horst, a.a.O., S. 246 ff. Es ist anzunehmen, daß neben der unmittelbaren finanziellen Hilfe auch die Heereslieferungen von Bedeutung waren.

279 Vgl. Krüger, Horst, a.a.O., S. 247.

280 Vgl. Schöller, Peter, Wirtschaftsräume Westfalens, a.a.O., S. 97 f.

ANHANG [+]

[+] Die Schreibweise der Quelle wurde - selbstverständlich mit Ausnahme der Eigennamen aber einschließlich der geographischen Namen - soweit wie möglich der heutigen angeglichen. Begriffserläuterungen siehe S. 202 bis 205.

Listen

derer

in sämtlichen Königlichen Provintzien

befindlichen

Fabriquen und Manufacturen

nach

Ordnung derer Provintzien

Pro

Anno . 1769 .

Knyphausen

Liste der in der Kurmark befindlichen Fabriken und Manufakturen

Name des Orts	Benennung der Fabrik	Quo anno die Fabrik etablieret	Name des Entreprenneurs	In der Fabrik arbeiten Stühle	Ouvriers
Dorf Amalienhof	Barchent		Baron v. Vernezobre	a)	b)
Angermünde	Tuchmacher		Gewerk	5	5
Apenburg					
Arendsee					
Arneburg					
Beelitz	Garnweber		Gewerk	40	40
	Tuchmacher		Gewerk	3	3
Beeskow	Leineweber		Gewerk	27	33
	Tuchmacher		Gewerk	36 c)	112
Beetzendorf					
Berlin	Apretur der wollnen Zeuge auf engl. Art		Wegeli & Söhne		
	Bandfabriken, seidene	1766	Apitsch	2	2
		1754	Brederecke	2	2
		1764	Conradi	6	6
		1767	Dorn	1	1
		1769	Eckard	1	1
		1757	Krügermann	7	7
		1766	Pasch	1	1
		1759	Peters	3	3
		1752	Platzmann & Lautier	46	46
		1764	Stumpff & Favreau	60	60
	dergleichen auf Mühlenstühle	1760	Pfundt	1	1
	Bandfabriken, wollene		Becker	3	3
		1763	Pfundt	1	1
	Beuteltuch	1707	Guy Witwe & Sohn	d)	e)
	Bleiweiß- auch Schrotgießerei	1754	Bühring		f)

a) S. dagegen S. 175 unter Barchentfabriken.
b) Wie Anm. a).
c) S. dagegen S. 183 unter Tuchfabriken.
d) S. dagegen S. 160 unter Beuteltuch.
e) Wie Anm. a).
f) Vgl. S. 160 unter Bleiweiß.

Name des Orts	Benennung der Fabrik	Quo anno die Fabrik etablieret	Name des Entrepreneurs	In der Fabrik arbeiten Stühle	Ouvriers
Berlin	Blonden	1770	Marcaut [a]		b)
	Blumen, italienische	1770	de Rieux		c)
	Broderie in Nesseltuch		Nicolas		
	Broderie in Golde		Colbe		
			Pally		
			Ranspach		
			Bubach		
			Faehrmann		
			Werner		
	Camelott	vide	Manchesterfabrik		
	Kattun-, Zitz- und Baumwollfabriken		Anderle	2	2
			Beyer	1	1
			Berthold	4	4
			Bilspy	5	5
			Caplan	1	1
			Donat, J.C.	6	6
			Donat, Ch.	2	2
			Dutitre	150	150
			Duscheck	1	1
			Eichler	5	5
			Ermeler	6	6
			Figala	4	4
			Fölber	1	1
			Gilckin	2	2
			Gileck	4	4
			Hermann, Joh.	8	8
			Haulick	2	2
			Helmbold	1	1
				2	2
			Janotscheck	2	2
			Kubaseck	5	5
		1749	Kubaseck & Komp.	50	50
			Kuwka	6	6
			Kladiwa	2	2
			Kreytschowsky	5	5
			Letochleb, Joh.	2	2
			Letochleb, Jac.	6	6
			Lichtenecker	1	1
			Manchesterfabrik	8	8

a) Vgl. S. 160 unter Blonden.

b) Wie Anm. a).

c) Vgl. S. 160 unter italienische Blumen.

Name des Orts	Benennung der Fabrik	Quo anno die Fabrik etablieret	Name des Entreprenneurs	In der Fabrik arbeiten Stühle	Ouvriers
Berlin	Kattun-, Zitz- und Baumwollenfabriken		Meyer, J.G.	1	1
			Malech	1	1
			Moses	8	8
			Maczal	6	6
			Miering	1	1
			Opalcka	1	1
		1740	Oemigcke, Witwe	40	52
		1751	Oemigcke, Gebr.	12	12
		1753	Paetsch, Gott.		
			Pittmann	1	1
			Picksa	3	3
			Pularabak [?]	8	8
			Proschaska, Ad.		
			Proschaska, Jo.	12	12
			Paulitscheck	2	2
			Paulitscheck		
			Rosenbergin	3	3
			Rose	4	4
			Schaffarzick	4	4
		1759	Syburg	125	125
			Seidenthal	1	1
		1747	Simons Erben	60	60
			Schröder	1	1
			Turbaseck	3	3
			Tuckseck	2	2
		1746	Urban, Geor.	9	9
			Urban & Komp.	26	26
			Urban, Carl	1	1
			Wadzeck	5	5
			Weisner	3	3
			Wach	6	6
	Kattundruckereien	1748	Becker		6
		1765	Ermeler		3
		1752	Jüterbock		3
	Chenillen, seidene	1764	Conradi	6	6
	Corduan vide		Lederfabriken		
	Carcassendrahtfabriken		Kratzenstein		35 a)
	Drahtzieher, goldene b)				
	Estoffe: vide		Seidenfabriken		

a) S. dagegen S. 162 unter Carsassendraht.

b) Vgl. S. 163 unter Drahtzieher, goldene.

Name des Orts	Benennung der Fabrik	Quo anno die Fabrik etablieret	Name des Entreprenneurs	In der Fabrik arbeiten Stühle	Ouvriers
Berlin	Fayence	1767 a)	Lüdecke		b)
	Gaze c)	1756	Baron		d)
		1764	Mauerhoff		e)
	Gewichteinsatz von Messing	1764	Voigt & Knorr		f)
	Goldpapier	1755	Seeger		g)
	Goldschläger, echte h)				
	Goldschläger, lionische	1768	Poppe		i)
	Gold- und Silbermanufakturen		Ephraim & Söhne		845
	Hutfabriken	1763	Douilhac j) Joh. Jaq.		
		1769	Pascal		14
		1764	Priol, Joh.		
			Gewerk		103
	Hutplumagen	1748	Dornbusch		1
	Juchtenfabriken	vide	Lederfabriken		
	Kanten von Schmelz	1754	Meyer & Freyerin		14
	Lahn und Draht, lionisch	1764	Felix	25 k)	30 l)
	Lackier- oder Verniseurfabriken	1766	Chevallier		m)
	Lederfabriken		Lutze		20
	von	1750	Schneider		
	Corduan, Saffian, brüsseler und ungarisch Leder	1768	Stoffel		5

a) S. dagegen S. 164 unter Fayence.
b) Wie Anm. a).
c) Vgl. S. 164 unter Gaze, seidene, noch Müller
d) Vgl. S.164 unter Gaze, seidene.
e) Wie Anm. d).
f) Vgl. S. 164 unter Gewichtseinsatz von Messing.
g) Vgl. S. 105 und S.175.
h) Vgl. S. 165 unter Gold- und Metallschläger.
i) Vgl. S.165 und S. 168.
j) S. dagegen S. 165.
k) S. dagegen S.163 unter Draht und Lahn, lionisch, sowie S. 168 unter lionischer Lahn.
l) Wie Anm. k).
m) Vgl. S.168 unter Lackier oder Verniseur.

Name des Orts	Benennung der Fabrik	Quo anno die Fabrik etablieret	Name des Entrepreneurs	In der Fabrik arbeiten Stühle	Ouvriers
Berlin	Leinen-fabriken		Ahrend G.A.	3	3
			Ahrend J.G.	2	2
			Bielsky	3	3
			Barfus	15	15
			Brand	3	3
			Barthels	3	3
			Bartsch	17	17
			Bertisch	2	2
			Beckiefer	3	3
			Caode	3	3
			Donath, J. Ch.	2	2
			Donath, Gottf.	4	4
			Donath, Ch.	1	1
			Duscheck	1	1
			Dubertoh [?]	2	2
			Eberlein	8	8
			Engeler	4	4
			Essig	1	1
			Figala	4	4
			Fries	2	2
			Filgrawe	1	1
			Fabian	5	5
			Fehrmann	1	1
			Glathe	3	3
			Grabow	4	4
			Graul, J.D.	1	1
			Geserick	2	2
			Goltze	1	1
			Gunter	1	1
			Gräbert	1	1
			Giller	1	1
			Grimmert	1	1
			Hoffmann, Christ.	6	6
			Haucke	2	2
			Haulick	2	2
			Hellering	3.	3
			Hoehne	4	4
			Hildebrand	1	1
			Juschter	1	1
			Jandtscheck	1	1
			Isaac	6	6
			Krafft, Dav.	5	5
			Kubaseck	5	5
			Kacoka	6	6
			Kladiwa	1	1
			Kühn	5	5
			Klee	1	1
			Knabe	5	5
			Kohlmanslehner	1	1

Name des Orts	Benennung der Fabrik	Quo anno die Fabrik etablieret	Name des Entreprenneurs	In der Fabrik arbeiten Stühle	Ouvriers
Berlin	Leinenfabriken		Klintzmann	1	1
			Knoercke	1	1
			Letochleb, Joh.	2	2
			Lenansky	3	3
			Letochleb, Jac.	6	6
			Müller, Joh. Chr.	10	10
			Meyer, Joh. Gottl.	1	1
			Moses	2	2
			Maczat	6	6
			Michaelis	5	5
			Müller, Chr.	5	5
			Matthias	2	2
			Opalka	1	1
			Otte	2	2
			Picksa	2	2
			Pulkrabeck	3	3
			Rehausen, Gottf.	3	3
			Rehausen, J. Mar.	4	4
			Rückert	12	12
			Richter, G. Fr.	8	8
			Richter	1	1
			Rosenbergin	2	2
			Rachewitz	2	2
			Riemer, And.	6	6
			Riemer, Joh. Chr.	8	8
			Rose	1	1
			Reichard, Joh. Jac.	2	2
			Raffengerst	2	2
			Richter, Joh. Gottfr.	1	1
			Richter, Chr. Gottf.	2	2
			Reichard, Joh. Fr.	2	2
			Schwer	4	4
			Schafferzick	1	1
			Schultze, Joh. Fr.	1	1
			Spaetholtz	4	4
			Schmidt, H.G.	2	2
			Spelling	2	2
			Siest	1	1
			Sievert	2	2
			Tuckseck	1	1
			Tiele	2	2
			Treterich	1	1
			Thieme	3	3
			Tietz	1	1
			Urban, Georg	1	1
			Urban & Komp.	15	15
			Urban, Caspar		
			Volcker		

Name des Orts	Benennung der Fabrik	Quo anno die Fabrik etablieret	Name des Entrepreneurs	In der Fabrik arbeiten Stühle	Ouvriers
Berlin	Leinenfabriken		Weyde		
			Werner		
			Weisner		
			Werckner		
			Weitzel		
			Wiedemann		
			Weickard		
			Weiland		
			Weder Zeyer		
	Manchester, Pelusch und	1769	Richter, Vierne & Komp.	a)	b)
	Brüssler Camlott	1763	Saltzmann		
		1768	Joh. Wadzeck		
	N				
	O				
	Papier, Gold- und buntes	1755	Seeger		3
	Papierne		Colbe		
	Tapeten	1760 c)	Pally		8
		d)	Sonien & Bando		40
	Pfeifenfabriken	1753	Glume		4
		1755	Witwe Rhau		5
	Posen und Federspulen e)				
	Pelusche vide		Manchesterfabrik		
	Porcelaine		auf königliche Kosten Farga		
	Q				
	R				
	Saftfarben		Seeger		3
	Schriftgießereien	1741	Zinck		2
	Seife, marseillanisch	1767	Obrist v. Wangenheim		
	Grüne Seifen-		Haehne		
	fabriken	1696	Itier		
		1685	Mourien		

a) Vgl. S. 174 unter Manchester, Pelusches.
b) Wie Anm. a).
c) S. dagegen S. 182 unter Papiertapeten.
d) Wie Anm. c).
e) Vgl. S. 176 unter Posen und Spulen.

Name des Orts	Benennung der Fabrik	Quo anno die Fabrik etablieret	Name des Entreprenneurs	In der Fabrik arbeiten Stühle	Ouvriers
Berlin	Große Samt- und Seiden-fabriken	1756	Baron	13	13
		1753	Baudouins	180	200
		1750	Bernhard Isaac a)	46	46
		1748	Girard & Michelet	86	86
		1765	Meyer Benjamin Levi	64	64
		1765	Moses Ries	33	33
		1756	Schüler	12	12
		1768	[Vierne]	9	9
		1768	Puy	6	6
	Kleine ganze Seidenfabriken	1769	Deichert	13	13
		1769	Engellmann	4	4
		1750	Ellinger	2	2
		1767	Gutbiers Witwe	2	2
		1769	Kayser	1	1
		1759	Klintz b)	17	17
		1742	Kerner b)	8	8
		1758	Liebel	3	3
			Labage Witwe	3	3
		1766	Locht	1	1
		1764	Mauerhoff	7	7
		1760	Mörseburger	8	8
		1768	Müller	6	6
		1769	Periant	3	3
		1758	Prost	1	1
		1762	Rahn jun.		
		1764	Schmidt	5	5
		1771	Schülerin Geb. Kompanie	6	6
		1768	Staberoh	6	6
		1762	Voss	5 b)	5 b)
			Wiedemeyer		
			Possin	4	4
			Seebach	2	2
			Meyer Abraham	3	3
			Puy jun.	1	1
	Halbseiden-fabriken	1757	Baron, Samuel	13	13
		1750	Bernhard, Chr.	2	2
		1758	Bernhard, Gr. Wilhelm	5	5
			Benedictus Witwe	2	2
			Bossin	4	4
			Duren	1	1
		1757	Ebenauin Witwe		
		1769	Engellmann		
		1758	Eisermann	2	2

a) S. dagegen S. 176 unter Samt- und Seidenfabriken.
b) Vgl. S. 177 unter Samt- und Seidenfabriken.

Name des Orts	Benennung der Fabrik	Quo anno die Fabrik etablieret	Name des Entreprenneurs	In der Fabrik arbeiten Stühle	Ouvriers
Berlin	Halbseiden-fabriken	1754	Ellinger	2	2
		1767	Gutbierin Witwe	1	1
		1709	Gutbir Witwe & Sohn	70	70
		1758	Grosse	1	1
		1757	Gilde	6	6
		1743	Hildebrand, And.	5	5
		1763	Herwagin Witwe	3	3
		1736	Hubert	3	3
		1768	Holtzhey	3	3
		1758	Horrer	6	6
		1759	Klintz	6	6
		1769	Keyser	1	1
		1741	Koerner	3	3
			Kohl	2	2
		1744	Krumbholtz	5	5
		1749	Koehler, Chr. Sigmund	12	12
		1767	Koehler, Gottf.	2	2
			Koehler, David	3	3
		1725	Kubschin Witwe		
			Käbisch	6	6
		1758	Liebel	1	1
		1766	Loehl	1	1
		1760	Moerseburger	8	8
		1763	Mattich	3	3
			Moritz	1	1
		1741	Naucke sen.	6	6
			Naucke jun.		
		1762	Neufert	3	3
		1768	Pachtel	2	2
			Penser	1	1
			Querhammel		
		1762	Rahn jun.	1	1
		1729	Richter	12	12
		1744	Rudolph	4	4
		1765	Ruberg	1	1
		1763	Schachtenhoff	3	3
		1761	Schultze, Joh. Im.	43	43
		1755	Schultze, Matthias	1	1
		1747	Scharschmidt	4	4
			Sturm	1	1
			Sievert	2	2
		1766	Schneider	6	6
			Sabach	2	2
			Schreiber Chr.	3	3
			Schreiber Georg	2	2
		1764	Schultze	5	5
		1762	Voss	10	10
			Wiedemeyer	2	2

Name des Orts	Benennung der Fabrik	Quo anno die Fabrik etablieret	Name des Entreprenneurs	In der Fabrik arbeiten Stühle	Ouvriers
Berlin	Seidenstrumpf-fabriken	1754	Asimont	8	8
		1757	Bodet	5	5
		1765	Couvereux	3	3
		1718	Du Chesne	21	21
		1763	Dusaint	1	1
		1763	Fetting	10	10
		1765	Frickel sen.	1	1
		1763	Frickel jun.	2	2
		1762	Ferrier	4	4
		1766	Fournes	1	1
		1763	Gibert	3	3
		1757	Griot Witwe	2	2
		1759	Guillaument	1	1
			Grenard	1	1
		1756	Hagemeister	6	6
		1756	Kniebieler	5	5
		1768	Keck	1	1
			Kretschmer	2	2
		1764	Levin, Moses Levi		
		1763	La Port	1	1
		1761	Marx	1	1
		1766	Mazeres	2	2
		1766	Nagel	1	1
		1763	Portal	1	1
			Strenge	1	1
		1739 [?]	Villiot Witwe	1	1
	Wollene Strumpf-gewerksmeister		Albrecht	1	1
			Albertin	2	2
			Altenkling	1	1
			Boelicke	4	4
			Beskow	1	1
			Blume	4	4
			Berger	2	2
			Bohme	3	3
			Bennemann	2	2
			Bussarius sen.	1	1
			Born	2	2
			Bussarius jun.	1	1
			Boehringen	3	3
			Castang	2	2
			Dahlemann	4	4
			Drochmer	2	2
			Eckstein	7	7
			Erdmann	2	2
			Friedel	3	3
			Frieckel sen.	2	2
			Gewinn	2	2

Name des Orts	Benennung der Fabrik	Quo anno die Fabrik etablieret	Name des Entrepreneurs	In der Fabrik arbeiten Stühle	Ouvriers
Berlin	Wollene Strumpfgewerksmeister		Goldschmidt		
			Gericke	3	3
			Hoffmannin	1	1
			Hering sen.	4	4
			Huth sen.	2	2
			Hartwig	2	2
			Hoehne	1	1
			Hering jun.	1	1
			Handel	1	1
			Huth jun.	1	1
			Haussmann	1	1
			Hager	1	1
			Hertzog	6	6
			Jaques	2	2
			Kertsin	3	3
			Kretschmerin	2	2
			Kleistin	1	1
			Kabelmann	3	3
			Künstel	3	3
			Kuntzer	1	1
			Kühn	2	2
			Krummel	1	1
			Koch sen.	2	2
			Kusel	2	2
			Kern	3	3
			Koch jun.	2	2
			Kersten	1	1
			Kayser	2	2
			Lubil	1	1
			Lauer	1	1
			Lenz	2	2
			Ludewig	2	2
			Lehmann	3	3
			Lill		
			Lehr	1	1
			Lange	1	1
			Martel	4	4
			Muncke	1	1
			Massute sen.	5	5
			Marat	2	2
			Milius	1	1
			Müller sen.	4	4
			Müller jun.	2	2
			Massute jun.	1	1
			Müller minor	2	2
			Moses	2	2
			Neeser	2	2
			Neumann	1	1

Name des Orts	Benennung der Fabrik	Quo anno die Fabrik etablieret	Name des Entreprenneurs	In der Fabrik arbeiten Stühle	Ouvriers
Berlin	Wollene Strumpfgewerksmeister		Polack	3	3
			Ploetz	1	1
			Reichmannin	1	1
			Reinicke	2	2
			Ritze	3	3
			Rosskopf	1	1
			Richter	2	2
			Reichmann	1	1
			Schilde	3	3
			Seele	1	1
			Schutze	2	2
			Schnall sen.	4	4
			Schmidt sen.	1	1
			Schnall jun.	2	2
			Schultz jun.	1	1
			Soff	1	1
			Schwartze	2	2
			Schmidt	9	9
			Schirmer	1	1
			Stolle	2	2
			Schlag	3	3
			Schmidt, Peter	2	2
			Schloetke		
			Thumack	1	1
			Totte	1	1
			Terron	1	1
			Tedenz	2	2
			Ulrich	1	1
			Umbach	1	1
			Wiegand	1	1
			Wilcke	3	3
			Viliot	1	1
			Wiedemann	2	2
			Wiechmann	2	2
			Wilscher	2	2
			Walter	1	1
			Zeidler	2	2
			Zachau	1	1
			Dammon	1	1
			Dumon	1	1
			Frey	1	1
			Heinrich	1	1
			Laths	1	1
			Müller	1	1
			Maass	1	1
			Michel	1	1
			Nottze	1	1
			Turmer	1	1

Name des Orts	Benennung der Fabrik	Quo anno die Fabrik etablieret	Name des Entreprenneurs	In der Fabrik arbeiten Stühle	Ouvriers
Berlin	Wollene Strumpfgewerksmeister		Thiele	1	1
			Villiot	2	2
			Volckerling	1	1
			Weichmann	2	2
			Weber	1	1
	Wollene Strumpfstrickergewerbsmeister		Duntz		33
			Gelharts Witwe		12
			Grotel		11
			Heilmann		26
			Kussmaul		
			Meisner		13
			Schier Joh.		25
			Schier Joh. C.		12
			Schaub		26
			Wirth		22
	Türkisch Garn-Färbereien	1764	Treskau		8
	Tabakpfeifenfabriken	1753	Glume		4
		1755	Rhau		5
	Tuchfabriken		Baetcke, Ernst	1	1
			Bertram	3	3
			Bielenbergin	4	4
			Bielcke	1	1
			Beck	3	3
			Brunslo	1	1
			Bielenhauer	3	4
			Baetke, Gabriel	3	3
			Colell	2	4
			Dabelow	3	3
			Engel	1	1
			Folgenau	3	3
			Gericke	1	1
			Grundmann	1	1
			Hahne	4	7
			Hahn	1	1
			Heine	1	1
			Hillert	1	1
			Hünichen	3	3
	Tuchfabriken		Jachtmann [?]	1	1
			Koerner	2	2
			Langbecker	1	1
			Lehmann, Mart.	4	4
			Lehmann, Christ.	2	2
			Liem	4	4
			Malcknick	2	2

Name des Orts	Benennung der Fabrik	Quo anno die Fabrik etablieret	Name des Entreprenneurs	In der Fabrik arbeiten Stühle	Ouvriers
Berlin	Tuchfabriken		Mann	1	1
			Mattheei [?]	2	2
			Mender	1	1
			Moses	3	3
			Müller	5	5
			Paul	2	2
			Pohl	3	3
			Radicke	2	2
			Runge	7	7
			Schultze, Hein.	1	1
			Schultze, Chr. Fr.	2	2
			Schmidt	2	2
			Schisler	4	4
			Seidel	2	2
			Sitmann	2	2
			Tietz, Chr. Fr.	1	1
			Gietel	7	7
			Trampe	1	1
			Voss	1	1
			Voy	2	2
			Wilisch, Chr. Fr.	4	4
			Wilisch, Ludwig	7	7
			Wilisch, Ernst	3	3
			Wulff	3	3
			Zelle	1	1
	Papierne Tapeten vid. Pag. [105]				
	Uhrenfabrik	1770	Truitte & Dan.		
	Vitriol-Ölfabriken	1769	Doktor Corella		
	Wachsbleichen		Genchowsky a)		
			Krügerin Witwe		4
			Printz b)		
	Wachspoussirers		Rauscher		1
	Wollene Zeugfabriken		Aldag [?]	2	2
			Brunnert	5	5
			Beyer	3	3
			Bieras	5	5

a) S. dagegen S. 187 unter Wachsbleichen.
b) dto.

Name des Orts	Benennung der Fabrik	Quo anno die Fabrik etablieret	Name des Entrepreneurs	In der Fabrik arbeiten Stühle	Ouvriers	
Berlin	Wollene Zeug-fabriken	1747	Bauer	12	12	
			Brendel sen.	6	6	
			Brendel jun.	2	2	
			Brendel, David Dom.	6	6	
			Beck	10	10	[?]
			Bobey	2	2	
			Boemert	5	5	
		1755	Berg	8	8	
			Benziehn	3	3	
			Becker	3	3	
			Chissiliane	2	2	
			Cossaete	2	2	
			Dittloff	2	2	
			David, Chr.	2	2	
			David, Joh.	3	3	
			Dittmann	5	5	
			Dumme	2	2	
			Dossin	2	2	
			Engelhard	2	2	
			Einert	2	2	
			Frickin	4	4	
			Funckin	8	8	
			Feder, Chr. Fr.	3	3	
			Feder, Chr. Hein.	1	1	
			Grunel, Gottf.	2	2	
			Grunefeld	1	1	
			Gehricke, Joh. Gott.	2	2	
			Grotze	5	5	
			Gehricke, J.J.	2	2	
			Goetze	3	3	
			Grossmann	3	3	
			Grossmannin	3	3	
			Goetsch	4	4	
			Guiremond	6	6	
			Gaertner	2	2	
			Guy	9	9	
			Herold	1	1	
			Hirte, J. Phi.	2	2	
			Hart	6	6	
			Hoffmann, J. Hein.	29	29	
			Hirte, Ch. Gott.	4	4	
			Heinrich	1	1	
			Haussmann	4	4	
			Henscke	1	1	
			Haase	7	7	
			Hiller	2	2	

Name des Orts	Benennung der Fabrik	Quo anno die Fabrik etablieret	Name des Entreprenneurs	In der Fabrik arbeiten	
				Stühle	Ouvriers
Berlin	Wollene Zeug-fabriken		Hoffmann aus Kassel	3	3
		1748	Imhoff	10	10
		1725	Jancke, sen.	61	61
		1730	Jancke, J. Gottf.	25	25
		1730	Jancke, Ch. Gottf.	19	19
			Jaeckel, Fr.	3	3
			Judenschaft allhier	4	4
			Jonas	1	1
			Koehler	4	4
			Kube	4	4
			Kayser	10	10
			Kreydin	4	4
			Koch, H.D.	3	3
		1758	Kachlowsky, C.L.	12	12
			Kachlowsky, Fr.	4	4
			Kahle	2	2
		1734	Kahlertin Witwe	32	32
			Knoll	2	2
			Kritsch	4	4
		1759	Knoetzer	10	10
			Küster	3	3
		1722	Lautier	9	9
			Lichtenecker	5	5
			Lischer, Chr.	7	7
			Lippold, sen.	9	9
			Lippold, jun.	3	3
			Liescher, Dav.	4	4
			Lorentz	3	3
			Lippert	4	4
			Lehmann, Fr.	3	3
			Lehmann, Mar.	2	2
			Lehmann, Matth.	6	6
			Lagerhaus	198	285
			Morgenstern	7	7
			Martinanche	7	7
			Melchert	6	6
			Martin	6	6
			Matthaei	2	2
			Meyel, L.	7	7
			Meyer, H.	5	5
			Moefke	2	2
		1752	Müdiger	36	36
			Manchesterfabrik	30	30
			Nebelthau	5	5
			Nuffer	8	8
			Noack	2	2
			Neumann	4	4

Name des Orts	Benennung der Fabrik	Quo anno die Fabrik etablieret	Name des Entreprenneurs	In der Fabrik arbeiten Stühle	Ouvriers
Berlin	Wollene Zeugfabriken		Oetzel	6	6
			Pittmann	1	1
		1743	Pätsch	60 [?]	60
			Preusse	2	2
			Pohle	2	2
			Peters, Joh.	6	6
			Peters, Mart.	3	3
			Patz	3	3
			Rousset	4	5 [?]
			Rungin	3	3
			Rogisch	1	1
			Recwaltin	4	4
			Straube	3	3
			Schlinger	3	3
			Schmidt, J.G.	4	4
			Schmeltz	3	3
		1758	Schultze, Joh. Fr.	7	7
			Schoene	3	3
			Schütting	2	2
		1754	Seiffert Gebr.	20	20
			Spendelin	6	6
			Schultze, Joh. G.	4	4
			Scharre	3	3
		1764	Siegfriedt Gebr.	27	27
			Strube	2	2
			Sonne	4	4
			Straube	2	2
			Voigt	3	3
			Waeckert	2	2
		1746	Walcker	20	20
			Watter	3	3
			Zeiss sen.	2	2
			Zeiss jun.	4	4
		1748	Lange		
		1701	Wegely		
	Zeug- und Raschfabriken	1746	Balde	19	19
			Bachoffen	6	6
			Braunlich	4	4
			Braunlichin	5	5
		1757	Busemann	11	11
		1759	Bock	10	10
		1735	Deckert	10	10
			Deckert	2	2
			Dingeler	5	5
			Fernow	6	6
			Fischer	3	3
		1741	Grauert	24	24

Name des Orts	Benennung der Fabrik	Quo anno die Fabrik etablieret	Name des Entreprenneurs	In der Fabrik arbeiten Stühle	Ouvriers
Berlin	Zeug- und Raschfabriken		Gensch	6	6
		1743	Haune	22	22
			Hase	9	9
			Haerter sen.	10	10
			Haerter jun.	5	5
			Koehler	10	10
			Koehler jun.	4	4
		1738	Koehler major	10	10
			Loose	3	3
			Müller	3	3
			Müling	4	4
		1759	Neuendorff	14	14
		1748	Petzold	30	30
		1755	Rudel	10	10
			Rudel jun.	12	12
			Schüler	3	3
			Seiwang	10	10
			Schmidt	3	3
			Straube	4	4
		1757	Schäffer	11	11
			Sillerin	1	1
			Trenske	6	6
	Ziegelfell-bleichen	1769	Russarie		3
	Zuckersiederei		Splittgerber & Daum		185
Bernau	Kattunfabrik	1764	Oemigke, Joh. Cas.	12	25
	Leinenweber				
	Wollfabrikanten		Gewerk	6	6
Biesenthal	Wollfabrikanten				
Bismark	Leinweber				
Brandenburg	Barchend	1753	Koeppen & Wagener	25	30
	Bautzener Strumpf	1760	Ritzhaupt & Meisner [a)]	192	205
	Buntes Papier	1749	Wegener		12
	Leinweber		Gewerk	192	200
	Strumpfweber		Gewerk	22	25
	Tuchmacher		Gewerk	110	112
	Zeugmacher		Gewerk	111	120
Brüssow					
Buchholz	Leinweber [b)]		Gewerk	2	2

a) S. dagegen S. 178 unter Wollene Strumpf- und Mützenfabriken.

b) S. dagegen S. 188 unter Wollene Zeugfabriken.

Name des Orts	Benennung der Fabrik	Quo anno die Fabrik etablieret	Name des Entreprenneurs	In der Fabrik arbeiten Stühle	Ouvriers
Kalbe					
Schloß Caputh	Türkisch-Garnfärberei		Schmitt a)		
Köpenick	Seidenfabrik	1766	Simon & Komp.	29	34
	Zeugmacher		Gewerk	5	5
Kremmen					
Fehrbellin					
Frankfurt	Seidenfabrik	1765	Moreau & Beske	38	42
	Fayence	1764	Heinrich		
	Wachsbleiche	1749	Waisenhaus		8
	Wachstuch	1750	Loeser		6
	Leinweber		Gewerk	25	33
	Strumpfwirker		Gewerk	4	12
	Tuchmacher		Gewerk	17	50
Freienwalde	Alaunbergwerk		Potsdamer Waisenhaus		
Friesack					
Fürstenwalde	Hutmacher		Gewerk		6
	Leinweber		Gewerk	18	19
	Strumpfwirker		Gewerk	8	14
	Tuchmacher		Gewerk	25	37
	Zeugmacher		Gewerk	7	30
Gardelegen					
Gransee	Tuchmacher		Gewerk	32	36
	Zeug- und Raschmacher		Gewerk	4	4
Greiffenberg					
Havelberg					
Dorf Hohenfinow	Draht, Stahl, Nägel		von Vernezobre		
Kyritz					
Altlandsberg	Hutmacher		Gewerk		3
	Tuchmacher		Gewerk	8	8
Lebus	Leinweber		Gewerk	20	23
Lenzen	Tuchmacher		Gewerk	8	8
Leitzkau					

a) S. dagegen S. 183 unter Türkisch Garnfärbereien.

Name des Orts	Benennung der Fabrik	Quo anno die Fabrik etablieret	Name des Entreprenneurs	In der Fabrik arbeiten Stühle	Ouvriers
Lindow	Strumpfweber		Gewerk	3	3
	Tuchmacher		Gewerk	6	6
	Zeugmacher		Gewerk	20	20
Liebenwalde	Strumpfweber		Gewerk	3	3
Lychen	Tuch- und Zeugmacher		Gewerk	12	12
Flecken Messingwerk a)	Messingwerk		Splittgerber & Daum		
Meyenburg					
Mittenwalde	Tuchmacher				
Müllrose	Leinweber				
Müncheberg	Etamin	1746	Gewerk	20	23
	Leinweber		Gewerk	5	5
	Strumpfwirker		Gewerk	5	5
Nauen					
Neustadt-Eberswalde	Kupferhammer		Splittgerber & Daum		b)
	Stahl und Eisen	1747	dieselben		
	Tuch- und Zeugmacher		Gewerk	50	54
Neustadt an der Dosse	Spiegelmanufaktur	1696	Schickler		120
Dorf Nowawes	Kattunweber		Gewerk	14	14
	Barchent		Gewerk c)	6	6
Oderberg					
Oranienburg					
Osterburg					
Perleberg	Tuchmacher		Gewerk	34	36
Potsdam	Band, Erfurter		Schroeder & Zander	d)	d)
	Band, Holländisches		Witwe Schutz & Sohn d)		
	Band, Schweizer		Jauseli & Sohn		

a) Vgl. S. 173 unter Neustadt Eberswalde. S. auch Anm. 227, S. 90.
b) Vgl. S. 163 unter Draht von Stahl u. Eisen.
c) S. dagegen S. 175 unter Barchent.
d) Vgl. S. 160 unter Leinene Bandfabriken.

Name des Orts	Benennung der Fabrik	Quo anno die Fabrik etablieret	Name des Entrepreneurs	In der Fabrik arbeiten Stühle	Ouvriers
Potsdam	Baumbast	1764	Ackermann	[a]	[b]
	Blonden	1745	Ephrahim & Söhne		260
	Bleistifte	1769	Kromburg		[c]
	Broderie in Nesseltuch	1746	Isaac Levin Joel		117
	Kattunfabriken	1750	Elias Wolff	24	24
		1746	Fischer	10 [d]	12 [e]
		1763	Hotho		
	Crepon vide Etamin				
	Draht, Gold & Silber [f]	1766	Ephrahim & Söhne		
	Elfenbein	1753	Beetcke [g]		13
	Etamin		Dittmar & Friedrich	[h]	[i]
	Fayence	1737	Rewendt Gebr. [j]		12
	Gewehrfabrik	1722	Splittgerber & Daum		800
	Hanfleinen	1769	Berend Hirsch		
	Hutfabriken	1755	Bock, Peter Franz		19
	Kanten, gestrickte	1768	Letzius, Joh. Wilhelm		6
	Kanten, brabantsche	1745	Ephraim & Söhne		262
	Kanten, Gold & Silber	1745	Ephraim & Söhne		100
	Knöpfe, metallne	1764	Pentzell		[k]
	Korkstöpsel	1767	Brieseneck		9

a) Vgl. S. 160 unter Baumbast.
b) Wie Anm. a).
c) Vgl. S. 160 unter Bleistifte.
d) Vgl. S. 161 unter Baumwoll-, Kattun- und Zitzfabriken.
e) Wie Anm. d).
f) Vgl. S. 163 unter Drahtzieher, goldene.
g) S. dagegen S. 163 unter Elfenbein.
h) Vgl. S. 189 unter Wollene Zeugfabriken.
i) Wie Anm. h).
j) S. dagegen S. 164 unter Fayence.
k) Vgl. S. 168 unter Knöpfe, metallne.

Name des Orts	Benennung der Fabrik	Quo anno die Fabrik etablieret	Name des Entreprenneurs	In der Fabrik arbeiten Stühle	Ouvriers
Potsdam	Leinenfabriken	1746	Fischer	43	43
	Lederfabrik	1769	Vollmann		
	Manchester	1763	Thomas Hotho	5	5
		1768	Lezius	6	6
			Kalbus	4	4
			Piping	3	3
	Nähnadeln	1769	Weiss & Penschel		10
	Peluches	1740	Behrend David Hirsch	7	8
	Pfeifen, Tabak	1755	Laspe		
	Barchent	1746	Fischer		
	Samt- und Seidenfabriken	1758	Bernhard Witwe	a)	b)
		1730	Hirsch, David	c)	d)
			Isaac Hirsch	e)	f)
		1758	Moses Ries	g)	h)
			Ackermann	i)	j)
		1765	Koch	2	2
	Samtborten	1764	Liepmann Israel		
	Seidene Strumpffabrik	1765	Asimont	k)	l)
	Strohhut	1769	Horn		
	Trippleinen		Hirsch, David	m)	n)
	Tapeten von Wachsleinwand	1758	Isaac Levin Joel		o)

a) Vgl. S. 177 unter Samt- und Seidenfabriken.
b) Wie Anm. a).
c) dto.
d) dto.
e) dto.
f) dto.
g) dto.
h) dto.
i) dto.
j) dto.
k) Vgl. S. 178 unter Seidene Strumpffabriken.
l) Wie Anm. m).
m) Vgl. S. 183 unter Trippleinen.
n) Wie Anm. o).
o) Vgl. S. 182 unter Tapeten von Wachstuch und Ölfarbe.

Name des Orts	Benennung der Fabrik	Quo anno die Fabrik etablieret	Name des Entreprenneurs	In der Fabrik arbeiten Stühle	Ouvriers
Potsdam	Wollenfabriken		Peseler und Witwe Stegern a)	b)	c)
	Wollene Strumpfweber u. -stricker		Gewerk	32	46
	Fußteppich	1737	Müller	1	2
	Federschmücker	1768	Geisler		
	Zwirnmacher		Gewerk	10	10
Prenzlau	Tuch, Zeug, Strumpf		Gewerk	34	38
Pritzerbe					
Pritzwalk	Tuchmacher		Gewerk	63	70
Putlitz					
Rathenow	Canefas & Barchent	1763	Treskau	49	102
	Tuchmacher		Gewerk	48	50
Rhinow					
Rheinsberg	Fayence		Brunger d)		
Altruppin	Tuchmacher		Gewerk	151	160
	Strumpfweber		Gewerk	5	5
	Zeugmacher		Gewerk	12	12
Neuruppin					
Saarmund					
Salzwedel					
Seehausen					
Stendal	Kattunfabrik	1754	Kleinau	6	8
	Leinenfabrik	1764	Brunsky		
Strasburg	Tuch u. Zeug		Gewerk	8	8
Spandau	Gewehrfabrik	e)			f)
	Strumpfmacher		Gewerk	3	3
	Tuchmacher		Gewerk	3	3
Seelow	Leinweber		Gewerk	64	70

a) S. dagegen S. 189 unter Wollene Zeugfabriken.
b) Wie Anm. a).
c) dto.
d) S. dagegen S. 164 unter Fayence.
e) Vgl. S. 164 unter Gewehrfabrik.
f) Wie Anm. e).

Name des Orts	Benennung der Fabrik	Quo anno die Fabrik etablieret	Name des Entreprenneurs	In der Fabrik arbeiten Stühle	Ouvriers
Storkow	Leinweber		Gewerk	27	27
	Tuchmacher		Gewerk	17	31
Schwedt	Strumpfmacher		Gewerk	2	2
Strausberg	Boy & Flanell		Gewerk	126	130
Tangermünde					
Teltow					
Templin	Strumpffabrik	1766	Die Judenschaft	8	11
	Tuch- und Zeugmacher a)		Gewerk	28	30
Teupitz					
Trebbin	Tuchfabrik	1749	Faehnrich	1	3
	Bleistifte	1751	de Neve		7
Treuenbrietzen	Tuchfabrik		Gewerk	106	106
	Zeugmacher		Gewerk	7	7
Vierraden					
Werben					
Werder					
Wilsnack	Tuchmacher		Gewerk	23	30
Wittenberge					
Wittstock	Tuchmacher		Gewerk	151	160
Wusterhausen	Tuchmacher		Gewerk	12	12
Wriezen					
Zehdenick	Tuch, Zeug, Strumpf b)		Gewerk	12	12
Ziesar					
Zossen					
Kloster Zinna	Leinenfabrik	1769	Erbe & Konsorten c)		
	Wollenzeug	1764	Heyl		
Dorf Weißenspring	Tabakpfeifen		Kienitz		15

a) Vgl. S. 186 unter Tuchfabriken u. S. 189 unter wollene Zeugfabriken.
b) Vgl. S. 187 unter Tuchfabriken u. S. 189 unter wollene Zeugfabriken.
c) Dagegen S. 173 unter Leinenfabriken.

Liste der in der Neumark befindlichen Fabriken und Manufakturen

Name des Orts	Benennung der Fabrik	Quo anno die Fabrik etablieret	Name des Entreprenneurs	In der Fabrik arbeiten Stühle	In der Fabrik arbeiten Ouvriers
Arenswalde	Hutmacher		Gewerk		2
	Leinweber		Gewerk	3	4
	Tuchmacher		Gewerk	4	20
Bärwalde	Hutmacher		Gewerk		1
	Leinweber		Gewerk	24	22
Berlinchen	Hutmacher		Gewerk		4
	Leinweber		Gewerk	2	2
	Tuchmacher		Gewerk	50	86
Bernstein	Leinweber		Gewerk	1	1
	Tuchmacher		Gewerk	2	2
Bobersberg	Tuchmacher		Gewerk	10 a)	23 b)
	Leinweber		Gewerk	4	4
Cottbus	Castor- und Hutfabrik		Gewerk		7
	Leder und Juchten	1746	Dietrich & Obst		22
	Spanisch-Leder	1759	Feige		1
	Weißgerber		Gewerk		8
	Tuchmacher		Gewerk	100	427
	Wollenzeug		Ellerich	2	8
	Wollstrümpfe		Gewerk	3	25
	Leinweber		Gewerk	90	74
	Grüne Seife	1754	Schmidt		1
	Wachsbleiche	1765	Rein, Christian		3
	Wachspoussier		Gotthard Rein		1
Crossen	Leinen, Damast		Gewerk	19	22
	Lohgerber		Gewerk		6
	Weißgerber		Gewerk		5
	Hutmacher		Gewerk		2
	Tuchmacher		Gewerk	41	216
	Wollstrümpfe		Gewerk	2	12
Küstrin	Leinweber		Gewerk	21	15
	Barchentweber		Gewerk	3	3
	Wollene Strümpfe		Gewerk	4	4
	Hutmacher		Gewerk		3
	Wollzeugfabrik	1752	Schiele	8	60
	dito	1754	Vinckler c)	4	37
	dito	1768	Schuncke	3	20

a) S. dagegen S. 183 unter Tuchfabriken.

b) Wie Anm. a).

c) S. dagegen S. 188 unter Wollene Zeugfabriken.

Name des Orts	Benennung der Fabrik	Quo anno die Fabrik etablieret	Name des Entreprenneurs	In der Fabrik arbeiten Stühle	Ouvriers
Kallies	Leinweber		Gewerk	3	3
	Tuchmacher		Gewerk	55	107
Drossen	Corduanfabrik	1757	Klem		1
	Lohgerber		Gewerk		2
	Weißgerber		Gewerk		2
	Hutmacher		Gewerk		1
	Leinweber		Gewerk	21	20
	Strumpfstricker		Gewerk		1
	Tuchmacher		Gewerk	98	285
	Zeugmacher		Gewerk	1	1
Dramburg	Hutmacher		Gewerk		2
	Leinweber		Gewerk	25	14
	Strumpfwirker		Gewerk	1	1
	Tuchmacher		Gewerk	14 a)	51 b)
Driesen	Hutmacher		Gewerk		2
	Leinweber		Gewerk	3	3
	Strumpfwirker		Gewerk	2	2
	Tuchmacher		Gewerk	66	102
	Zeugmacher		Gewerk	3	3
Friedeberg	Hutmacher		Gewerk		2
	Leinweber		Gewerk	10	9
	Strumpfstricker		Gewerk	2	1
	Tuchmacher		Gewerk	41	102
Falkenburg	Hutmacher		Gewerk		2
	Leinweber		Gewerk	4	5
	Rasch- und Zeugmacher		Gewerk	5	5
	Tuchmacher		Gewerk	52	139
Göritz	Leinweber		Gewerk	8	8
Königsberg	Clar- und Nesseltuch	1763	Kannenberg	3	10
	Leinen & Baumwolle	1755	Schors	2	4
	Leinweber		Gewerk	16	19
	Lederfabrik	1752	Kramer & Konsorten		1
	Hutmacher		Gewerk		7
	Strumpfmacher		Gewerk	3	3
	Tuchmacher		Gewerk	6	23
Königswalde	Alaunbergwerk	1740	Waldau c)		12

a) S. dagegen S. 183 unter Tuchfabriken.
b) Wie Anm. a).
c) S. dagegen S. 159 unter Alaunbergwerke.

Name des Orts	Benennung der Fabrik	Quo anno die Fabrik etablieret	Name des Entreprenneurs	In der Fabrik arbeiten Stühle	Ouvriers
Königswalde	Leinweber		Gewerk	4	3
	Tuchmacher		Gewerk	49	232
Landsberg	Hutmacher		Gewerk		7
	Leinweber		Gewerk	18	10
	Strumpf & Mützen	1770	Schlee	16	42
	Strumpfwirker		Gewerk	4	10
	Wollenzeugfabrik	1744	Stoeber	32	458
	Rasch- und Zeugmacher	1742	Matthes	2	73
	dito	1766	Dörderlein	2	30
	Tuchmacher		Gewerk	29	73
Lagow	Leinweber		Gewerk	1	1
	Tuchmacher		Gewerk	1	1
Lippehne	Hutmacher		Gewerk		1
	Leinweber		Gewerk	24	15
	Tuchmacher		Gewerk	10	13
Mohrin	Leinweber		Gewerk	14	15
Neudamm	Hutmacher		Gewerk		1
	Leinweber		Gewerk	2 [a]	9
	Strumpfwirker		Gewerk	6	11
	Tuchmacher		Gewerk	37	257
Neuwedell	Hutmacher		Gewerk		2
	Leinweber		Gewerk	5	5
	Tuchmacher		Gewerk	29	62
Nörenberg	Leinweber		Gewerk	3	3
	Tuchmacher		Gewerk	4	6
Peitz	Leinweber		Kolonisten [b]	28	22
	Tuchmacher	1770	Kolonisten [c]	4	3
Reppen	Leinweber		Gewerk	9	5
	Tuchmacher		Gewerk	115	353
Rothenburg	Leinweber		Kolonisten [d]	2	2
	Tuchmacher		Gewerk	37	129
Reetz	Hutmacher		Gewerk		1
	Leinweber		Gewerk		5
	Tuchmacher		Gewerk	36	48

a) S. dagegen S. 172 unter Leinenfabriken.
b) S. dagegen S. 172 unter Leinenfabriken.
c) S. dagegen S. 186 unter Tuchfabriken.
d) S. dagegen S. 172 unter Leinenfabriken.

Name des Orts	Benennung der Fabrik	Quo anno die Fabrik etablieret	Name des Entrepreneurs	In der Fabrik arbeiten Stühle	Ouvriers
Sommerfeld	Hutmacher		Gewerk		1
	Leinweber		Gewerk	11	12
	Weißgerber		Gewerk		2
	Strumpfstricker		Gewerk		2
	Tuchmacher		Gewerk	77	212
Sonnenburg	Leinweber		Gewerk	6	7
	Tuchmacher		Gewerk		1
Schönfließ	Leinweber		Gewerk	21	17
	Hutmacher		Gewerk		1
Sternberg	Tuchmacher		Gewerk	2	10
Schievelbein	Hutmacher		Gewerk		3
	Leinweber		Gewerk	1	1
	Golgasfabrik	1765	Schroeder & Liebherr		5
	Rasch- und Zeugmacher		Gewerk	22	84
	Tuchmacher		Gewerk	20	85
Soldin	Hutmacher		Gewerk		2
	Leinweber		Gewerk	48	32
	Strumpfwirker		Gewerk	2	2
	Tuchmacher		Gewerk	49	66
Woldenberg	Hutmacher		Gewerk		2
	Leinweber		Gewerk	8	4
	Tuchmacher		Gewerk	29	78
Zehden	Leinweber		Gewerk	18	13
Zielenzig	Hutmacher		Gewerk		5
	Leinweber		Gewerk	16	15
	Lohgerber		Gewerk		5
	Weißgerber		Gewerk		5
	Strumpfwirker		Gewerk	2	4
	Tuch und Boy		Gewerk	198	401
Züllichau	Hutmacher		Gewerk		3
	Leinen, Damast		Gewerk	18	30
	Tapetenfabrik	1768	Salomon Hirschel		2
	Lohgerber		Gewerk		9
	Weißgerber		Gewerk		6
	Strumpfwirker		Gewerk	5 a)	21
	Tuchmacher		Gewerk	275	804

a) S. dagegen S. 180 unter Wollene Strumpf- und Mützenfabriken.

Liste der in der Provinz Magdeburg befindlichen Fabriken und Manufakturen

Name des Orts	Benennung der Fabrik	Quo anno die Fabrik etablieret	Name des Entreprenneurs	In der Fabrik arbeiten Stühle	Ouvriers
Aken [1)]	Leinweber	1760	Klotz	1	1
	Strumpfweber	1764	Koelcker	1	1
	Tuchmacher	1751	Boelcke	1	2
Alsleben [2)]	Friesmacher	1762	Schöter	2	2
	Tuchmacher	1762	Nauendorf [a)]	1	1
Burg [3)]	Leinweber		Gewerk	36	30
	Hutmacher		Gewerk		4
	Barchentmacher		Gewerk	1	1
	Rasch und Zeug		Gewerk	1	1
	Strumpfweber		Gewerk	4	5
	Tuchmacher		Gewerk	196 [b)]	225
Calbe [4)]	Raschmacher	1758	Haensch	1	1
	Strumpfweber	1765	Janavelle	2	2
	Tuchmacher		Gewerk	123	279
Könnern [5)]	Tuchmacher	1753	Krahmer	2	2
Egeln [6)]	Tuchmacher	1745	Tornau [c)]	1	1
Frohse					
Genthin [7)]	Leinweber		Gewerk	12	12
	Hutmacher		Gewerk		2
Gerbstedt					
Görzke [8)]	Leinweber		Gewerk	9	8
Halle, Neumarkt und Glaucha	Crepon	1714	Meister	4	6
	Cron, Rasch		Gewerk [9)]		
	Band, Seiden auch Gold	1721	Weyman & Weber	13	16
	Fayence	1760	Schultze		1 [10)]
	Golgas	1755	Wucherer		33
	Hutmacher		Gewerk		25
	Handschuh, Leder		Bourdaux		23

1) 1768: Nicht aufgeführt. Quelle für alle Angaben für 1768 s. S. 80, Anm. 90.
2) 1768: Wie Anm. 1).
a) S. dagegen S. 183 unter Tuchfabriken.
3) 1768: (Bl. 24 f.) Nur Tuchmacher angeführt, 192 Stühle, 196 Meister.
4) 1768: (Bl. 21 f.) Nur Tuch- und Friesfabrik mit 112 Stühlen.
5) 1768: Wie Anm. 1).
6) 1768: dto.
7) 1768: dto.
8) 1768: dto.
9) 1768: (Bl. 28 f.) : 4 Stühle, 5 Meister, 2 Gesellen.
10) 1768: (Bl. 32 f.) : 2 Arbeiter.
b) Vgl. dagegen S. 183 unter Tuchfabriken.
c) Vgl. dagegen S. 184 unter Tuchfabriken.

Name des Orts	Benennung der Fabrik	Quo anno die Fabrik etablieret	Name des Entreprenneurs	In der Fabrik arbeiten Stühle	Ouvriers
Halle,	Handschuh, Leder	1680	Plantier		194
Neumarkt	Leinweber [1)]		Gewerk	55	60
und Glaucha	Barchent [2)]		Wilcke	6	7
	Percan	1744	Ochse	5	8
	Seidenfabrik				
	Seidenstrumpf-fabriken	1763	Bernard	21	24
		1765	Bourdaux [a)]	10	12
		1763	Guilhaume	2	3
	Tabakpfeifen	1753	Welsow		2 [3)]
	Strumpfmacher		Gewerk	448	497
	Tuch, Fries		Gewerk	78	138
	Ziegenfellbleiche	1762	du Vignau [b)]		5 [4)]
Haldensleben	Tuch und Zeug		Gewerk [5)]	23	28
Hadmersleben					
Jerichow [6)]	Leinweber		Gewerk	10	8
Leimbach					
Löbejün [7)]	Leinweber		Gewerk	7	7
Loburg [8)]	Hutmacher		Gewerk		1
	Leinweber		Gewerk	16	16
	Strumpfstricker		Gewerk		1
	Tuchmacher		Gewerk	14	14
Luckenwalde [9)]	Hutmacher		Gewerk		1
	Leinweber		Gewerk	48	45
	Strumpfstricker		Gewerk		6
	Rasch und Zeug		Gewerk	1	1
	Tuchmacher		Gewerk	64	86
Mansfeld					
Magdeburg	Band, seidenes	1754	Wieler, Joh. Chr.	22	35
		1764	Wieler, Gerhard	20	25

1) 1768: Nicht aufgeführt.
2) 1768: dto.
a) S. dagegen S. 178 unter Seidene Strumpffabriken.
3) 1768: (Bl. 32 f.) : Dieses Jahr stillgestanden wegen Mangel an Debit.
b) S. dagegen S. 190 unter Ziegenfellbleiche.
4) 1768: (Bl. 29 f.) : 3 Arbeiter.
5) 1768: (Bl. 23 f.) : 21 Tuchmacher, 2 Zeuchmacher, 2 Hutmacher, 1 Strumpfwirker, 22 Stühle.
6) 1768: Wie Anm. 1).
7) dto.
8) 1768: (Bl. 24 f.) : Nur Tuchmacherinnung 15 Stühle, 15 Meister.
9) 1768: (Bl. 25 f.) : Nur Tuchmacherinnung 66 Stühle, 83 Meister.

Name des Orts	Benennung der Fabrik	Quo anno die Fabrik etablieret	Name des Entreprenneurs	In der Fabrik arbeiten Stühle	Ouvriers
Magdeburg	Band, Lein und Baumwolle	1753	Gebr. Schwartz	19	24
	Kattun und Zitz	1767	Hase	8	10
		1762	Telecke	4	6
				4	6
	Fayence	1758	Guischart		24
	Golgas und	1746	Schönigahn a)		30 1)
	Serge	1766	Wehrmann		16 2)
	Handschuh, lederne		Gewerk		22 3)
	Hutfabriken	1732	Pascal		3
	Leinenfabriken	1748	Brandt 4)	10	22 b)
			Gewerk 5)	197	199
	Seidene	1734	Bruguцer c)	15	16
	Strumpffabrik	1728	Granier	6	8
	Bieberharne Strumpffabrik	1739	Bouvier	10	12
	Wollene	1734	Bruguecer d)	60	60
	Strumpffabrik	1753	Schwartz Gebr.	20	20
			Gewerk 6)	502	520
	Wollene Strumpfstricker 7)		Gewerk		37
	Grüne Seifen-	1736	Cuny & Bonte		8
	fabriken	1767	Charles		4 8)
		1766	Sporron		3 9)
	Tuchmacher 10)		Gewerk	83	134

a) S. dagegen S. 165 unter Golgasfabriken.
1) 1768: (Bl. 50 f.) : 10 Stühle, ohne Angabe der Arbeiterzahl.
2) 1768: (Bl. 50 f.) : 16 Stühle, ohne Angabe der Arbeiterzahl.
3) 1768: (Bl. 62 f.) : 6 Meister, 10 Gesellen, 4 Jungen; 1766 durch 3 Réfugiés begründet.
4) 1768: (Bl. 53 f.) : 10 Stühle und 22 Arbeiter als Glätter, Färber und Bleicher.
5) 1768: Nicht aufgeführt.
b) S. dagegen S. 172 unter Leinenfabriken.
c) S. dagegen S. 178 unter Seidene Strumpffabriken.
d) S. dagegen S. 179 unter Wollene Strumpf- und Mützenfabriken.
6) 1768: Wie Anm. 5).
7) 1768: dto.
8) 1768: (Bl. 57 f.): 3 Arbeiter "ausser den Tagelöhnern".
9) 1768: (Bl. 57 f.): 4 Arbeiter, "die aber von dem Geheimnis nichts wissen".
10) 1768: Wie Anm. 5).

Name des Orts	Benennung der Fabrik	Quo anno die Fabrik etablieret	Name des Entreprenneurs	In der Fabrik arbeiten	
				Stühle	Ouvriers
Magdeburg	Halbseiden- und Wollenzeug	1732	Kriegs- und Domänenrat Gosler	149	164
Dorf Königsborn	Seidenfabrik	1768	Kriegs- und Domänenrat Gosler	8	12
Möckern [1]	Hutmacher		Gewerk		1
	Leinweber		Gewerk	16	13
	Tuchmacher		Gewerk	4	4
Oebisfelde					
Salze					
Sandau [2]	Leinweber		Gewerk	11	7
Schönebeck					
Schraplau					
Seehausen					
Staßfurt [3]	Strumpfwirker	1766	Neumann [a]	1	1
Wanzleben					
Wettin [4]	Leinweber		Gewerk	16	14
Wolmirstedt	Leinenfabrik	1748	Beckmann	26	30
Südenberg [b]					

1) 1768: (Bl. 25 f.) : Nur Tuchmacher, 4 Stühle, 5 Meister.
2) 1768: Nicht aufgeführt.
3) 1768: Wie Anm. 2).
a) S. dagegen S. 180 unter Wollene Strumpf- und Mützenfabriken.
4) 1768: Wie Anm. 2).
b) Sudenburg?

Liste der in der Provinz Halberstadt befindlichen Fabriken und Manufakturen

Name des Orts	Benennung der Fabrik	Quo anno die Fabrik etablieret	Name des Entreprenneurs	In der Fabrik arbeiten Stühle	In der Fabrik arbeiten Ouvriers
Aschersleben	Fries und Flanell	1746	Rosentreter		
	dito		Rosenbaum		
Bleicherode	Leinweber		Gewerk	49	52
	Wollenzeug	1721	Trautvetter	43	75
Cochstedt	Leinweber		Gewerk		
Kroppenstedt	Leinweber		Gewerk		
Ellrich	Wollenzeug	1724	Der Magistrat	25	25
Ermsleben	Fries und Flanell	1761	Teudloff		
Gröningen	Leinweber		Gewerk		
Halberstadt	Hutmacher		Gewerk		
	Flanell und Serge		Gewerk		
	Leinweber		Gewerk	92	97
	Strumpfweber		Gewerk	12	18
	Haarbleiche	1750	Behr, Joseph		6
	Handschuhmacher		Gewerk		6
	Ziegenfellbleiche	1765	Steimann a)		3
	Hanfleinen		Behr	6	9
Oschersleben	Leinweber		Gewerk		
Osterwieck	Flanell, Boy	1720	Praetorius & Konsorten	40	45
	Leinenfabrik	1759	Holberg Gebr.	137	140
Sachsa					
Schwanebeck	Leinweber		Gewerk		
Wegeleben	Leinweber		Gewerk		
Wernigerode					
Benneckenstein					
Dardesheim					
Derenburg					
Hornburg					

a) Vgl. S. 190 unter Ziegenfellbleiche.

Liste der in der Provinz Pommern befindlichen Fabriken und Manufakturen

Name des Orts	Benennung der Fabrik	Quo anno die Fabrik etablieret	Name des Entreprenneurs	In der Fabrik arbeiten	
				Stühle	Ouvriers
Anklam	Leinenfabrik	1764	Ramin	5	5
		1762	Weidemann	3	3
Bahn					
Belgard					
Bublitz					
Bütow					
Kammin					
Körlin	Bandfabrik	1765	Fritschler	3	3
	Damast, Wollen	1755	Dubois	2	2
	Posamentier	1769	Heiseler	1	1
Köslin					
Kolberg	Wollenzeug-fabriken	1755	Buchner Komp.	30	34
		1744	Schroeder	6	9
Daber					
Damm					
Demmin					
Fiddichow					
Freienwalde					
Dorf Friedrichshall[a)]	Barchent- und Leinenfabrik	1754	Des Minister v. Massow Exz.	24	26
Gartz					
Gollnow					
Greifenberg	Wollenzeug	1765	Silbcker	6	9
	Kanevas u. Barchent	1765	Miethling		
Greifenhagen					
Gülzow					
Jarmen					
Labes					
Massow					
Naugard	Strumpffabrik	1766	Gützlaff[b)]	2	2
	Wollenzeug	1767	Wilde	2	2

a) Sicher identisch mit Friedrichshuld.

b) S. dagegen S. 179 unter Wollene Strumpf- und Mützenfabriken.

Name des Orts	Benennung der Fabrik	Quo anno die Fabrik etablieret	Name des Entreprenneurs	In der Fabrik arbeiten Stühle	Ouvriers
Neuwarp					
Pasewalk					
Penkun					
Plathe					
Pölitz					
Polzin					
Pyritz	Wollenzeug-fabriken	1749	Kobs	4	6
		1748	Kuss	2	3
		1766	Pancknin	2	7
Ratzebuhr					
Regenwalde					
Rügenwalde					
Rummelsburg					
Swinemünde					
Stargard	Wollenzeug-fabriken	1740	Gent, Joh. Hein.	3	6
		1769	Gent, Carl Gottf.	3 a)	4
		1762	Massow	4	8
		1753	Meister		
Stettin	Band, Seidenes Baumwoll und Leinen	1764	Sachse	4	8
		1755	Maj. v. Kamckin b)	3	10
		1754	Kotenbeutel	1	3
		1763	Stephany	5	10
	Leder und Korduan	1749	Seydler		2
	Wollene Strumpf	1765	Vieulsenf	9	52
			Gewerk	49	54
	Türkisch Papier	1760	Kettler		3
	Wollenzeug	1754	Geister	8	8
		1762	Pufahl	8	104
Stolp	Leinen, Damast	1763	Miethling	2	14
Treptow an der Rega	Band, Woll & Lein	1764	Schrödter	4	4

a) S. dagegen S. 189 unter Wollene Zeugfabriken.

b) S. dagegen S. 161 unter Baumwoll-, Kattun- und Zitzfabriken.

Name des Orts	Benennung der Fabrik	Quo anno die Fabrik etablieret	Name des Entreprenneurs	In der Fabrik arbeiten Stühle	Ouvriers
Treptow an der Tollensee					
Ückermünde					
Wangerin					
Werben					
Wollin	Beuteltuch	1769	Wetterhahn a)	a)	a)
Usedom					
Zachan					

a) S. dagegen S. 160 unter Beuteltuch.

Liste der in der Provinz Preußen befindlichen Fabriken und Manufakturen

Name des Orts	Benennung der Fabrik	Quo anno die Fabrik etablieret	Name des Entreprenneurs	In der Fabrik arbeiten Stühle	Ouvriers
Allenburg	Leinweber		Gewerk	5	5
Barthen	Lein u. Cannevas [a)]	1769	Arend	2	3
	Hutmacher	1758	Friese [b)]		1
Bartenstein	Leinweber		Gewerk	8	9
	Tuchmacher		Gewerk	14	26
Bischofswerder	Tuchmacher		Gewerk	34	97
Kreuzburg	Leinweber		Gewerk	7	7
Domnau	Leinweber		Gewerk	5	5
Drengfurt					
Deutsch-Eylau	Leinweber		Gewerk	1	2
	Tuchmacher		Gewerk	8	48
Fischhausen	Leinweber		Gewerk	4	2
	Wollfabrikant		Gewerk	3	3
Freystadt	Tuchmacher		Gewerk	1	2
Friedland	Tuchmacher		Gewerk	17	17
Garnsee	Tuchmacher		Gewerk	3	7
Gerdauen	Hutmacher		Gewerk		1
	Leinweber		Gewerk	1	1
	Tuchmacher		Gewerk	9	10
Gilgenburg	Leinweber		Gewerk	8	9
	Tuchmacher		Gewerk	24	24
Heiligenbeil	Leinweber		Gewerk	2	1
	Tuchmacher		Gewerk	1	3
Hohenstein	Tuchmacher		Gewerk	16	59
Königsberg	Kattun, Zitz und Barchent	1766	Bautz & Konsorten	15	101
	Gold- und Silbermanufaktur	1740	Lietcke		50
	Gold- und Metallschläger	1752	Rothe		
	Appretur der wollenen Zeuge auf engl. Art	1764	olim Stanny jetzt Schmidt		2

a) S. dagegen S. 161 unter Canevass und S. 170 unter Leinen.

b) S. dagegen S. 165 unter Hutfabriken.

Name des Orts	Benennung der Fabrik	Quo anno die Fabrik etablieret	Name des Entreprenneurs	In der Fabrik arbeiten Stühle	Ouvriers
Königsberg	Instrumente, chirurgische	1765	Hahn		
	Lederfabriken	1762	Obst Gebr.		5
		17 [?]	olim Dell, zum Schustergewerk		
	Leinenfabriken	1761	Agarius, Chr.	10	15
		1764	Bodien	10	17
		1764	Agarius, Gabriel	4	18
		1756	Ballhausen, J.C.	11	26
		1757	Ballhausen, Joh.	28	40
		1757	Dohmann	12	28
		1770	Goehring	2	5
		1760	Hannebaum		
		1750	Kolck	40	49
		1753	Kohse	27	46
		1760	Hertzog	7	12
		1762	Krantz	10	16
		1761	Müller	5	9
		1761	Nickel	11	19
		1770	Reuter	5	8
		1770	Greskow a)	2	5
		1750	[Schonthier]	17	34
		1759	Siefert	4	7
		1761	Staender	7	10
		1758	Zacher	9	14
	Instrumente, musikalische	1747	Mietcke		4
		1753	Meyer		3
	Barchent	1766	Bautz & Konsorten Lublau	15	101
	Druckereien von Flanell, Rasch und Polnisch-Wand	1757	Gablentzin Witwe		
		1733	Hoffmann		
		1744	Hertzer		
	Seidenfabriken	1763	Liebreich b)	19	17
	Halbseidene	1748	Liebreich	6	2
			Koehler c)		
	Seidene Strümpfe	1765	Haedicke	1	1

a) S. dagegen S. 171 unter Leinenfabriken.
b) Vgl. dagegen S. 177 unter Samt- und Seidenfabriken.
c) Vgl. S. 178 unter Halbseidenfabriken.

Name des Orts	Benennung der Fabrik	Quo anno die Fabrik etablieret	Name des Entrepreneurs	In der Fabrik arbeiten Stühle	Ouvriers
Königsberg	Gestrickte Strümpfe, wollene	1757	Godau		26
			Gewerk		177
	Strumpfweber, wollene		Gewerk	56	86
	Hutmacher		Gewerk		52
	Segeltuch	1748	Mass		4
	Stahl- und Eisenhammer	1768	Cruse, Kommerzienrat		8
	Schriftgießerei	1743	Hablitzel		
		1752	Kanter		4
	Schriftschneiderei	1753	Gollner		
	Schwarze Seifsiederei a)	1652	Gemnich Witwe		4
		1692	Freyhub		4
		1723	Espanhiac & Söhne		4
		1725	Schilder		4
	Tapeten, ölfarbene	1765	Böttcher		3
	Tabakfabriken	1755	Heidenreich Gebr.		Cessat
		1765	Herrmann		
	Türkisch Papier b)	1760	Braun		
		1770	Alberti		5
	Wachsbleichen	1733	Seelig		4
		1764	Schneiders Witwe		3
		1765	Kunst		3
	Tuchfabriken	1765	Ambrosius	1	4
			Altgewerk	28	354
			Breitgewerk	26	361
	Wollene Zeugfabriken	1740	Lublau & Tehepius		
		1734	Wurffels	10	219
		1738	Schmidt Witwe	8	144
		1748	Schmidt, Jacob	26	458
		1764	Boeley	4	98
		1756	Dullo		
			Gewerk	41	800
			Gewerk Zeuge	96	1545

a) S. dagegen S. 181 unter Schwarze und grüne Seifenfabriken.
b) Vgl. S. 175 unter Buntes, Gold-, gemaltes und Türkisch Papier.

Name des Orts	Benennung der Fabrik	Quo anno die Fabrik etablieret	Name des Entreprenneurs	In der Fabrik arbeiten	
				Stühle	Ouvriers
Königsberg	Zuckersiederei	1769	Staube		2
Labiau	Leinweber		Gewerk	7	6
	Tuchmacher		Gewerk	1	1
Landsberg	Tuchmacher		Gewerk	8	16
Liebstadt	Hutmacher		Gewerk		2
	Leinweber		Gewerk	3	4
	Strumpfstricker		Gewerk		1
	Tuchmacher		Gewerk	16	35
Liebemühl	Strumpfstricker		Gewerk		1
	Tuchmacher		Gewerk	16	35
Marienwerder	Leinweber		Gewerk	13	8
	Strumpfweber		Morre	1	1
	Tuchmacher		Gewerk	14	110
Mohrungen	Hutmacher		Gewerk		6
	Leinweber		Gewerk	3	3
	Tuchmacher		Gewerk	11	30
Mühlhausen	Hutmacher		Gewerk		3
	Tuchmacher		Gewerk	12	36
Neidenburg	Leinweber		Gewerk	5	3
	Tuchmacher		Gewerk	19	80
	Zeugmacher	1769	Schlicht	1	2
Nordenburg	Leinweber		Gewerk	1	1
Ortelsburg					
Osterode	Leinweber		Gewerk	6	4
	Tuchmacher		Gewerk	22	61
Passenheim	Tuchmacher		Lottich	8	15
Pillau					
Preußisch-Holland	Hutmacher		Gewerk		4
	Leinweber		Gewerk	28	26
	Tuchmacher		Gewerk	41	116
	Zeugmacher		Gewerk	3	3
Preußisch-Eylau	Tuchmacher		Gewerk	26	173
Rastenburg	Hutmacher		Gewerk		4
	Leinweber		Gewerk	2	2
	Tuchmacher		Gewerk	7	13

Name des Orts	Benennung der Fabrik	Quo anno die Fabrik etablieret	Name des Entreprenneurs	In der Fabrik arbeiten Stühle	Ouvriers
Riesenburg	Tuchmacher		Gewerk	22	81
	Zeugmacher		Gewerk	1	2
Rosenberg					
Saalfeld	Hutmacher		Gewerk		1
	Leinweber		Gewerk	2	3
	Tuchmacher		Gewerk	3	15
Schippenbeil	Hutmacher		Gewerk		1
	Strumpfstricker		Gewerk		3
	Tuchmacher		Gewerk	16	18
Soldau	Leinweber		Gewerk	10	10
	Tuchmacher		Gewerk	68	170
Tapiau	Leinweber		Gewerk	5	6
Wehlau	Leinweber		Gewerk	8	6
	Tuchmacher		Gewerk	8	8
Willenberg	Tuchmacher		Gewerk	24	82
Zinten	Leinweber		Gewerk	1	1
	Tuchmacher		Gewerk	45	58

Liste der in der Provinz Litauen befindlichen Fabriken und Manufakturen

Name des Orts	Benennung der Fabrik	Quo anno die Fabrik etablieret	Name des Entreprenneurs	In der Fabrik arbeiten Stühle	Ouvriers
Angerburg	Hutmacher		Gewerk		7
	Leinweber		Gewerk	6	6
	Strumpfweber		Gewerk	1	1
	Strumpfstricker		Gewerk		3
	Tuchmacher		Gewerk	5	5
Arys	Leinweber		Gewerk	2	1
Bialla	Tuchmacher		Gewerk	1	1
Darkehmen	Hutmacher		Gewerk		2
	Leinweber		Gewerk	16	10
	Strumpfweber		Gewerk	1	1
	Strumpfstricker		Gewerk		1
	Tuchmacher		Gewerk	18	30
Goldap	Hutmacher		Gewerk		6
	Leinweber		Gewerk	19	19
	Strumpfweber		Gewerk	13	16
	Strumpfstricker		Gewerk		1
	Tuchmacher		Gewerk	6	8
Gumbinnen	Hutmacher		Gewerk		5
	Leinweber		Gewerk	59	46
	Strumpfweber		Gewerk	20	19
	Strumpfstricker		Gewerk		1
	Tuchmacher		Gewerk	17	28
Johannisburg					
Insterburg	Hutmacher		Gewerk		9
	Leinweber		Gewerk	65	51
	Strumpfweber		Gewerk	5	5
	Tuchmacher		Gewerk	2	3
Lötzen	Hutmacher		Gewerk		1
Lyck	Hutmacher		Gewerk		1
Marggrabowa	Hutmacher		Gewerk		1
	Leinweber		Gewerk	1	1
	Strumpfweber		Gewerk	3	3
Memel	Hutmacher		Gewerk		5
	Leinweber		Gewerk	52	43
Nikolaiken					
Pillkallen	Hutmacher		Gewerk		2
	Rasch- und Zeugmacher		Gewerk	1	1

Name des Orts	Benennung der Fabrik	Quo anno die Fabrik etablieret	Name des Entrepreneurs	In der Fabrik arbeiten Stühle	Ouvriers
Ragnit	Hutmacher		Gewerk		2
	Leinweber		Gewerk	24	19
Rhein	Leinweber		Gewerk	1	1
Schirwindt	Hutmacher		Gewerk		3
	Strumpfweber		Gewerk	1	1
	Tuchmacher		Gewerk	4	4
Sensburg	Hutmacher		Gewerk		2
	Tuchmacher		Gewerk	3	3
Stallupöhnen	Hutmacher		Gewerk		6
	Leinweber		Gewerk	26	26
	Strumpfweber		Gewerk	11	11
	Strumpfstricker		Gewerk		4
	Rasch- und Zeugmacher		Gewerk	1	1
	Tuchmacher		Gewerk	6	6
Tilsit	Hutmacher		Gewerk		18
	Leinweber		Gewerk	126	98
	Strumpfweber		Gewerk	11	11
	Strumpfstricker		Gewerk		4
	Rasch- und Zeugmacher		Gewerk	1	1
	Tuchmacher		Gewerk	6	6

Liste der in der Provinz Kleve befindlichen Fabriken und Manufakturen

Name des Orts	Benennung der Fabrik	Quo anno die Fabrik etablieret	Name des Entreprenneurs	In der Fabrik arbeiten Stühle	Ouvriers
Büderich					
Kalkar	Essigbrauerei	1752	Werning [a] Witwe		3
	Lohgerberei	1764	Guerin	100	15 [b]
	Nagelfabrik	1766	Bureau		
	Salpeter u. Pottasche	1764	Maes, Sekretär		12
	Hutfabriken	1732	Chester		3
		1740	von Dyck		1
		1720	Ophorst		1
		1748	Le Clair		1
Kleve	Leinweber		Gewerk	22	22
	Halbseiden	1753	Rappard Witwe	2	2
	Wollenzeug-fabriken	1750	Hogewey	3	3
		1758	Reckling	3	3
		1735	Welserig [c]	1	1
		1751	Negg	1	1
		1768	Paulus Witwe	5	5
		1730	Narteloh		1
	Schnupftabak	1750	Rappard		12
Kranenburg					
Dinslaken	Hutmacher	1742	Bruggmann [d]		2
	Leinweber		Gewerk	8	8
	Wollene Strümpfe u. Mützen	1762	Osterhaus [e]	1	3
	Tuchfabrik	1700	Rappard [f]		
Duisburg	Hutfabrik	1762	Broubach		2
	Leinen	1769	Simon	2	2
	Essigbrauerei	1770	Reinert		
	Papierdruckerei	1768	Reiche		3
	Fayence	1764	Becker		3
	Lederfabriken	1768	Schmoll		4
		1766	Wasmuth		6

a) Vgl. S. 163 unter Essigbrauereien.
b) Vgl. S. 22.
c) Vgl. S. 188 unter Wollene Zeugfabriken.
d) Vgl. S. 166 unter Hutfabriken.
e) S. dagegen S. 178 unter Wollene Strumpf- und Mützenfabriken.
f) Vgl. S. 184 unter Tuchfabriken.

Name des Orts	Benennung der Fabrik.	Quo anno die Fabrik etablieret	Name des Entreprenneurs	In der Fabrik arbeiten Stühle	Ouvriers
Duisburg	Brabantische Spitzen-, Garn-, Lack- und Feder-appretur	1770	Collenbusch Gebr.	8 a)	40
	Baumwollenfabrik	1756	Merrem, Kommer-zienrat	12	24
	Grüne Seife	1762	Doktor Schöneberg		14
	Stärkefabriken	1764	Sievert		2
	Band, wollenes	1759	Momm Gebr.	5	50
	Tuchfabriken	1747	Hardt Witwe	8	104
		1747	Tuckermann	8	104
		1761	Tuckermann, Matt.	3	40
		1761	Tuckermann, Carl	2	30
		1749	Buchholtz, Joh.	4	60
		1749	Buchholtz, Peter	1	15
		1768	Buchholtz, Matth.	2	30
		1765	Scheidt	12	180
		1763	Eilertz b)	1	15
		1763	Voermann	1	15 c)
	Tabak		27 Interessenten		
Emmerich	Zeugmacher	1760	Rys	1	1
		1757	Koenigshoven	1	2
		1762	Koppers	2	4
Gennep	Bettdecken, wollene	1743	Gewerk d)	3	8
Goch	Deckenfabrik		Gewerk e)	3	3
	Hutmacher		Passmann & Piar		2
	Strumpfmacher f)		Fischer	1	1
			Friedhoff Gebr.	1	1
			Lenzen	1	1
			Fischer	1	1
	Zeugmacher		Le Witt	1	1

a) Vgl. S. 168 unter Feine Brabanter Kanten und Spitzen.
b) Vgl. S. 184 unter Tuchfabriken.
c) Wie Anm. b).
d) S. dagegen S. 162 unter Decken, wollene.
e) Wie Anm. d).
f) S. dagegen S. 179 unter Wollene Strumpf- und Mützenfabriken.

Name des Orts	Benennung der Fabrik	Quo anno die Fabrik etablieret	Name des Entreprenneurs	In der Fabrik arbeiten	
				Stühle	Ouvriers
Goch	Tuchmacher [a]		Erben Bruns	1	1
			von Heucklem	1	1
			von Moock	1	1
			Montenay	1	1
			von Furden	1	1
			von Heuckelom	1	1
Grieth					
Griethausen					
Holten	Leinweber		Gewerk	11	11
	Missellan	1755	Gewerk	6	12
	Tuchfabrik		Tuckermann & Hard [b]	2 [c]	25
Huissen					
Isselburg	Glockengießerei	1768	Vogt		
	Leinweber		Gewerk	15	15
Keryenheim					
Orsoy	Essigbrauerei	1765	Knipscher	1	4
	Hutfabrik	1763	Bennova		2
	Tuchfabrik	1729	Lüps Witwe	13	64
Rees	Hutmacher		Passmann [d]		1
	Missellanfabriken	1700	Velden Witwe	1	1
		1769	Gauffrier [e]	2	2
	Strumpfstricker	1740	Gewerk		
	Tabakfabrik		3 Interessenten		
Ruhrort					
Schermbeck	Leinweber		Gewerk	3	3
	Tuchmacher	1733	Gewerk	7	49
Zevenaar					
Sonsbeck	Tuch und Misselan	1734	Metzgen & Hinsen	3	65
Üdem					
Wesel	Essigbrauerei	1741	Cattepoel Witwe		6
		1730	Hustadt [f]		1
		1739	Hastrop [f]		1

a) Vgl. S. 184 unter Tuchfabriken.
b) Wie Anm. a).
c) dto.
d) S. dagegen S. 167 unter Hutfabriken.
e) S. dagegen S. 174 unter Misselanfabriken.
f) Vgl. S. 164 unter Garnweber.

Name des Orts	Benennung der Fabrik	Quo anno die Fabrik etablieret	Name des Entreprenneurs	In der Fabrik arbeiten Stühle	Ouvriers
Wesel	Essigbrauerei [a)]	1728	Porte		1
		1748	Kalle		1
		1755	Schievelkump		1
	Hutfabriken	1723	Le Terre		
		1753	Saltet		3
		1761	Tenhompel		3
	Lederfabriken	1740	Luicken		
		1750	Kugelmann		4
		1759	Hartmann [b)]		1
	Bombasin und Dimet	1740	Luicken	2	16
	Sayfabrik	1741	Strickling	1	3
	Sergefabrik	1763	Schuirmann	2	8
	Wollene	1742	Huck	2	2
	Strumpf	1756	Messerschmidt	2	2
	Tuch	1740	Lüps Witwe	4	15
	Tabak		14 Entreprenneurs		
Xanten	Serge und Misselan	1746 [c)]	Schwart [c)]	1	3
	Tabakpfeifen	1748	Victor & Hülscken		15
	Tuch	1754	Engels [d)]	1	6
bei Hamborn im Amte Beeck	Papiermühle		Forster [e)]		40

a) Vgl. S. 164 unter Garnweber.
b) Vgl. S. 169 unter Corduan-, Saffian- usw. Lederfabriken.
c) S. dagegen S. 174 unter Misselanfabriken und S. 182 unter Serge.
d) S. dagegen S. 187 unter Tuchfabriken.
e) S. dagegen S. 175 unter Papiermühlen.

Liste der im Fürstentum Mörs befindlichen Fabriken und Manufakturen

Name des Orts	Benennung der Fabrik	Quo anno die Fabrik etablieret	Name des Entreprenneurs	In der Fabrik arbeiten	
				Stühle	Ouvriers
Krefeld	Seidenband		von der Leyen & Komp.	156	312
	Essigbrauerei	1740	Scheuten Erben pp. a)		9
	Klaviermacher	1762	Hoecker Gebr.		3
	Damast, Leinen	1736	Schnellefeld	2	4
	Hagelgießerei	1735	Scheuten		3
	Flanell	1756	Blinckflieth	2	6
	Lederfabrik		Verschiedene		16
	Leinen	1761	Friedrich	1	2
			Gewerk	15 b)	30 b)
	Stecknadeln	1736	v.d. Herberge c)		8
	Samt und Seide		v.d. Leyen & Komp.	170	510 d)
			v.d. Leyen & Lingen	254	726 d)
	Strümpfe, seidene		Gebrüder Heidweiler & Komp.	7	7
	Seifensiederei	1740	Scheuten Erben		10
	Stärkefabrik	1740	ab. [?] Scheuten		3
	Siegellack	1754	Winckelmann		1
	Sayetfabrik	1759	Blinckflieth & Komp.		20
			Haumann & Komp.		9
	Strumpf, wollene		Haumann & Komp.	14	18
	Posamentiers		Floh & Komp.	31	31
	Tabak		Scheuten & Komp.	9 e)	29
	Tuchmacher		Sohman & Komp.	6	12
	Wollfabriken		v.d. Leyen Erben	20	20
		1735	Ewald		5
	Seidenzwirnmühlen		v.d. Leyen Erben	26 f)	24
	Leinenzwirnstühle		Floh und v.d. Leyen	8 g)	5
			Müller		4

a) Vgl. S. 163 unter Essigbrauereien.
b) S. dagegen S. 170 unter Leinenfabriken.
c) S. dagegen S. 174 unter Nähnadeln.
d) S. dagegen S. 177 unter Samt- und Seidenfabriken.
e) S. dagegen S. 182 unter Tabakfabriken.
f) S. dagegen S. 191 unter Zwirnmühlen, seidene.
g) S. dagegen S. 190 unter Leinenzwirnmacher.

Name des Orts	Benennung der Fabrik	Quo anno die Fabrik etablieret	Name des Entrepreneurs	In der Fabrik arbeiten Stühle	Ouvriers
Mörs	Seidenfabrik		v.d. Leyen	28	28
	Strumpfweber		Kummer [a]	1	[a]
	Tuchfabriken		Hoesch	1	2
	Zeugfabriken		Witwe Maul	1	1
			Witwe v.d. Werth	1	1

a) S. dagegen S. 179 unter Wollene Strumpf- und Mützenfabriken.

Liste der im Herzogtum Geldern befindlichen Fabriken und Manufakturen

Name des Orts	Benennung der Fabrik	Quo anno die Fabrik etablieret	Name des Entreprenneurs	In der Fabrik arbeiten	
				Stühle	Ouvriers
Aldekirch	Band, seidenes	1752	Hoffmans & Komp.[a]	8	8
	Tuchfabrik	1757	Claadlers[b]	1	1
Geldern	Flanell	1755	Büts	1	4
	Hutfabrik	1764	Bina[c]		9
	Strumpffabrik	1766	Konig[d]	6	9
		1766	Reicheling[e]	1	2
	Tuchfabrik	1739	Metzges	4	25
Grefrath	Sammetband[a]	1756	Verschiedene	57	57
Horst	Tuchfabrik	1752	Buissen & Komp.	3	15
Lobberich	Leinweber	1750	Gewerk	7	7
	Band, seidenes	1760	Gewerk[f]	8	8
	Tuchfabrik	1769	Metzges	1	2
	Zeugmacher	1759	Gewerk	4	4
Neuekirche	Tuchfabrik	1755	Steintges & Komp.	3	17
Straelen	Strumpffabrik	1739	Delbeck & Baene[g]	1	6
	Tuchfabrik	1769	Stoecke	1	5
Venraij	Tuchfabrik	1750	Schertz[h]	1	11[h]
Viersen	Leinweber		Gewerk	325	325
Wachtendonk	Band, seindenes	1749	Gewerk[i]	57	57
	Leinweber		Gewerk	47	47
	Wollenzeug	1754	Lackman Gebr.	2	4
Kevelaer	Hutmacher		Gewerk	4[j]	6

a) Vgl. S. 159 unter Seidene Bandfabriken.
b) Vgl. S. 183 unter Tuchfabriken.
c) Vgl. S. 166 unter Hutfabriken.
d) Vgl. S. 179 unter Wollene Strumpf- und Mützenfabriken.
e) Wie Anm. d).
f) Vgl. S. 159 unter Seidene Bandfabriken.
g) Vgl. S. 180 unter Wollene Strumpf- und Mützenfabriken.
h) Vgl. S. 186 unter Tuchfabriken.
i) Vgl. S. 159 unter Seidene Bandfabriken.
j) Vgl. S. 167 unter Hutfabriken.

Liste der in der Grafschaft Mark befindlichen Fabriken und Manufakturen

Name des Orts	Benennung der Fabrik	Quo anno die Fabrik etablieret	Name des Entreprenneurs	In der Fabrik arbeiten Stühle	Ouvriers
Altena	Draht, Stahl & Eisen		Bürgerschaft [a)]		
	Lederfabrik	1743	Gewerk		7
	Schnallen	1729	9 Entreprenneurs		
	Strümpfe	1722	Gewerk	13	13
Bochum	Kaffeemühlen	1766	Krampmann [b)]		8
Breckerfeld	Kattun & Siamoise	1742	Goldenberg Gebr.	40	40
Blankenstein					
Kamen					
Castrop					
Hagen	Hutmacher	1747	Toufre [?]		2
	Eisenfabrik	1730	Elbers & Fischer		40
	Messerfabrik		Elbers & Fischer		49 [c)]
	Porzellan [d)]	1765	Lecke & Reinold		14 [e)]
	Sensen		Hundeicker & Komp.		18
	Strumpfweber		Gewerk	7	10
	Tuchfabrik		Moll & Konsorten [f)]	14	38
Gericht Hagen	Bredte Hammer [g)]	1766	Elbers	1	5
	Messerfabrik		Elbers, Rupe [h)] & Komp.		20
	Klingenfabrik		Gewerk [i)]		4
	Papierfabrik	1693	Vorster & Engels Erben	2	31
	Rohhammer		Erben Engels	1	5
	Stabhammer		Funcke Doktor	1	4
	Stahlreckhammer	1720	Hasenclever & Komp.	9	23
	Rohstahlhammer		Fr. Harkotto & Komp.	8	26
	Roheisenhammer		Fr. Post & Stratmann	3	14
	Sensenfabrik		Verschiedene	38	205
	Tuchscherenfabrik	1738 [j)]	Funcke Doktor		4

a) Vgl. S. 163 unter Draht von Eisen und Stahl.
b) S. dagegen S. 161 unter Kaffeemühlen.
c) S. dagegen S. 173 unter Messerfabriken. Vgl. auch oben und S. 163 unter Eisenfabrik.
d) S. dagegen S. 164 unter Fayence.
e) Wie Anm. d).
f) S. dagegen S. 184 unter Tuchfabriken.
g) Fehlt in 2. Liste.
h) Vgl. S. 173 unter Messerfabriken.
i) Vgl. S. 168 unter Klingen.
j) S. dagegen S. 183 unter Tuchscheren.

Name des Orts	Benennung der Fabrik	Quo anno die Fabrik etablieret	Name des Entrepreneurs	In der Fabrik arbeiten Stühle	Ouvriers
Hamm					
Hattingen	Hutmacher		Schefhats [a)] & Elling		2
	Misselan		Gewerk	38	38
	Strumpfmacher		Gewerk	5	5
	Tuchmacher		Gewerk	28	28
Herdecke	Leder	1765	Gebr. Stam & Komp.		10
	Messer	1740	Krag, Canonier, & Glaser		6
	Strümpfe	1762	Musch [b)]	2	2
	Tuch Lr [?]		Wilmsen & Konsorten	31	69
	Leder		Stegman & Schwartz		5
Hörde					
Iserlohn	Hut	1740	Kreutz & Schlechtenthal		2
	Band, seidenes	1737	Wieler & Hoffmann	28	35
	Brumeisen, Waagebalken		Gewerk [c)]		40
	Haken u. Ösen		Bürgerschaft		150
	Feilen	1748	Lohmann [d)]		3
	Kratzendraht	1750	7 Bürger [e)]		200
	Messingfabrik	1750	12 Interessenten		24
	Nähnadeln	1751	v.d. Becke und Pütter		40
	Schnallenfabrik	1725	Bürgerschaft		100
	Strumpffabrik	1734	Gewerk	3	3
	Tabakdosen	1753	Hamer & Keppelmann [f)]		12
	Tuchfabrik		Pauli [g)]	2	2
Amt Iserlohn	Drahtfabrik		Kloever, v.d. Beck & Komp.		62
	Osemundfabrik		Fronspert	4	12
	Papier		Erben Brune	1	3

a) Vgl. S. 166 unter Hutfabriken.
b) Vgl. S. 179 unter Wollene Strumpf- und Mützenfabriken.
c) Vgl. S. 161 unter Brumeisen
und S. 187 unter Waagenbalken.
d) Vgl. S. 164 unter Feilenfabriken.
e) Vgl. S. 163 unter Draht von Eisen und Stahl.
f) Vgl. S. 183 unter Tabakdosen.
g) Vgl. S. 185 unter Tuchfabriken.

Name des Orts	Benennung der Fabrik	Quo anno die Fabrik etablieret	Name des Entreprenneurs	In der Fabrik arbeiten Stühle	Ouvriers
Jurisdiktion Hemer	Drahtfabrik		Direktor Basse		20
	Fingerhut	1707	Gebr. v.d. Becke a)		19
			dito a)		4
	Papier	1747	Langenbach & Komp.	5	23
	Winden und Schrauben	1709	Voltlefeld [?] b)		2
Lüdenscheid	Drahtfabrik		Bürgerschaft		100
	Schnallen		Hacklander & Konsorten		30
	Strümpfe	1746	Fischer & Konsorten c)	10	15
Lünen	Strümpfe & Mützen	1760	Hensel	4	4
	Tuchfabriken	1765	Gebr. Wilms	2	2
		1766	Ludger & Lutterodt	3	3
Meinerzhagen					
Neuenrade	Strumpfmacher	1744	Gewerk	22	22
Plettenberg	Osemundfabrik		Witwe Homberg		13
	Sensenfabrik		Wolff & Konsorten	6	9
	Reckhammer, Stahl	1764	Dulheuer		4
	Wollenzeug		Gewerk	19	51
	Strümpfe	1744	Gewerk	4	4
	Tuchfabrik		Gewerk	19	24
Schwelm	Band, Leinen		Sternberg Witwe	44	44
	Band, wollenes		Meneloh	3	3
			Lohmann	2	2
	Leinen		Sternberg Erben	163	163
	Pelusch		Wylich & Mund d)	17	17
	Siamoise		Sternberg Erben	90	90
	Tuchfabrik		Mund	1	1
Im Hochgerichte Schwelm	Feilenfabrik		Verschiedene		14
	Sensen		Bertram & Komp.		38
	Stahl		Steilenbeck	32	113
	Schrauben und Winden		Verschiedene		34

a) Vgl. S. 164 unter Fingerhut.

b) Vgl. S. 181 unter Schrauben und S. 187 unter Winden.

c) Vgl. S. 179 unter Wollene Strumpf- und Mützenfabriken.

d) Vgl. S. 174 unter Manchester, Pelusches und Camelott.

Name des Orts	Benennung der Fabrik	Quo anno die Fabrik etablieret	Name des Entreprenneurs	In der Fabrik arbeiten Stühle	Ouvriers
Im Hochgerichte Schwelm	Schloßfabrik		Verschiedene		40
	Sägen		dito		36
	Axen und Schippen		dito		109
	Pfannen a)		dito		30
Schwerte					
Soest	Hutmacher		Haverland Gebr.		2
	Strumpfmacher	1767	Thron & Stolle b)	5	6
	Wollenzeug	1766	Gewerk	10	14
Unna					
Wattenscheid					
Wetter					

a) Vgl. S. 175 unter Pfeifen.

b) Vgl. S. 180 unter Wollene Strumpf- und Mützenfabriken.

Liste der im Fürstentum Minden und der Grafschaft Ravensberg befindlichen Fabriken und Manufakturen

Name des Orts	Benennung der Fabrik	Quo anno die Fabrik etablieret	Name des Entreprenneurs	In der Fabrik arbeiten Stühle	Ouvriers
Bielefeld	Damast, Leinen		Donnermann	2	3
	Hutmacher		Gewerk		4
	Leinweber		Gewerk	57 1)	93 1)
	Strumpfstricker	1715	Avergo jun.		25 2)
	Zeugmacher		Gelhaus & Konsorten	9 3)	16 3)
Borgholzhausen					
Amt Brackwede	Leinweber		Gewerk	70 4)	70 4)
	Kupferhammer	1765	Notteborn		4
Bünde	Damast, Leinen		Mühlberg & Konsorten	6	6
	Leinweber		Hacke & Konsorten a)	6	6
Enger	Leinweber		Steinkühler & Stuck b)	2	2
Halle					
Hausberge 5)	Leinweber		Hitzmann & Konsorten	8	8
Herford	Hutmacher		Foltmann & Konsorten		3
	Leinweber		Freuning & Konsorten c)	19 6)	19 6)
	Flanell	1769	Messe & Konsorten d)	3 7)	3 7)
	Camelott	1769	[Han] & Lindow e)	2 8)	2 8)
	Strumpfweber	1769	Leisering & Konsorten f)	6 9)	6 9)

1) 1770 (Bl. 73) : 55 Stühle, 91 Arbeiter, 36 Meister. Quelle für 1770 s. Anm. 107, S. 82.
2) 1770 (Bl. 74) : 56 Arbeiter.
3) 1770 (Bl. 74) :11 Stühle, 22 Arbeiter.
4) 1770 (Bl. 74) : 58 Stühle, 49 Arbeiter.
a) Vgl. S. 170 unter Leinenfabriken.
b) Wie Anm. a).
5) 1770 (Bl. 74 f.): Amt Hausberge: Leinweber, Angesessene im Amt, 118 Stühle, 118 Arbeiter, "arbeiten bloß zur Haushaltung".
c) Vgl. S. 171 unter Leinenfabriken.
6) 1770 (Bl. 74) : 23 Stühle, 23 Arbeiter.
d) Vgl. S. 188 unter Wollene Zeugfabriken.
7) 1770 (Bl. 75) : 4 Stühle, 6 Arbeiter (hier: Höcker & Konstorten).
e) Vgl. S. 174 unter Manchester.
8) 1770 (Bl. 75 f.): ohne Angabe der Stühle und Arbeiter, Fabrikanten sind weggezogen.
f) Vgl. S. 179 unter Wollene Strumpf- und Mützenfabriken.
9) 1770 (Bl. 75) : 4 Stühle, 4 Arbeiter.

Name des Orts	Benennung der Fabrik	Quo anno die Fabrik etablieret	Name des Entreprenneurs	In der Fabrik arbeiten Stühle	Ouvriers
Herford	Tuch und Flanell	1769	Lindau & Konsorten a)	5 [1]	5 [1]
	Zeugmacher		Thebec & Konsorten [2]	3	3
Amt Heepen [3]	Leinweber		Gewerk b)	367	367
Haus Himmelreich im Amte Petershagen	Damast, Leinen	1764	Amtmann Möller	7	8
Lübbecke	Hutmacher		Hölscher u. Eick		2
	Leinweber		Milberg & Konsorten [4]	7	7
Oldendorf	Leinweber		Bergmeier & Konsorten c)	4	4
Petershagen	Leinweber		Wichard & Konsorten	13	13
Amt Ravensberg	Leinweber		Untertanen [5]	950	950
Amt Schilde	Leinweber		Untertanen [6]	490	490
Versmold	Woll und Baumwollen	1768	Doktor Delius	5	5
Vlotho [7]	Leinweber		Cramer & Konsorten	4	4
	Papiermühlen	1765	Mühlenfeld		5
Werther					
Amt Werther	Leinweber		Untertanen [8]	19	15
Minden [9]	Hutfabrik		Dedier		4
	Damast, Leinen	1763	Möller Gebr. [10]	12	12

a) Vgl. S. 184 unter Tuchfabriken.
1) 1770 (Bl. 75) : 3 Stühle, 3 Arbeiter.
2) 1770 (Bl. 74) : 4 Stühle, 4 Arbeiter.
3) 1770 (Bl. 75) : ohne nähere Angabe über Art und Umfang der Produktion. 1771 (Bl. 83 f.) dagegen: 375 Stühle, 410 Arbeiter.
b) Vgl. S. 171 unter Leinenfabriken.
4) 1770 (Bl. 75) : 6 Stühle, 6 Arbeiter.
c) Vgl. S. 172 unter Leinenfabriken.
5) 1770 (Bl. 75) : 1247 Stühle, 1231 Arbeiter.
6) 1770 (Bl. 75) : 589 Stühle, 356 Arbeiter.
7) 1770 (Bl. 76) : Wollenzeugfabrik, Reuter, 2 Stühle, 3 Arbeiter, "vor 4 Monat" etablieret. Amt Vlotho, Leinweber, Amtsuntertanen, 9 Stühle, 9 Arbeiter.
8) 1770 (Bl. 76) : 21 Stühle, 40 Arbeiter.
9) 1770 (Bl. 73) : Tabakfabrik, Bach, 24 Arbeiter.
10) 1770 (Bl. 73) : 6 Stühle, 4 Arbeiter, Entreprenneur Möller, Fabrikant Wenting.

Name des Orts	Benennung der Fabrik	Quo anno die Fabrik etablieret	Name des Entrepreneurs	In der Fabrik arbeiten Stühle	Ouvriers
Minden	Leinweber		Rüter [1]	20	20
	Lederfabrik	1756	Hempel [2]		8
	Stärke u. Puder	1764	Möller		5
	Seife, schwarze	1756	Mundermann		6
	Strumpffabrik		Pyrow	6	6
	Wachsbleiche	1764	Clausen		3
	Zeugmacher		Bieberamelong [a]	2 [3]	2 [3]
	Zuckersiederei	1764	Harten & Möller		9
Kappeln	Leinweber		Harms & Konsorten [b]	18	18
Ibbenbüren	Lederfabrik	1765	Schröder		7
	Leinwand		Ahrend	6	6
Lingen	Hutmacher [c]		Gewerk		5
	Leinweber		Gewerk		17 [d]
	Tuchmacher		"	5	5
	Zeugmacher		"	1	1
Lengerich	Hutmacher		"		5
	Leinweber		"	4	4
Freren					
Tecklenburg	Leinweber		Jansen & Komp.	12	12

1) 1770 (Bl.73) : 21 Stühle, 21 Arbeiter, Rüter & Konsorten.
2) 1770 (Bl. 1) : ohne Zahlenangabe.
a) Vgl. S.189 unter Wollene Zeugfabriken.
3) 1770 (Bl. 73) : Bieber 3 Stühle, 3 Arbeiter,
Amelung 1 Stuhl, 1 Arbeiter.
b) Vgl. S.173 unter Leinenfabriken.
c) In 2. Liste nicht aufgeführt.
d) S. dagegen S. 173 unter Leinenfabriken.

Liste von denen in Ostfriesland befindlichen Fabriken und Manufakturen

Name des Orts	Benennung der Fabrik	Quo anno die Fabrik etablieret	Name des Entreprenneurs	In der Fabrik arbeiten Stühle	Ouvriers
Aurich	Lederfabrik [1]		Meyer Salomon jun.		5
Emden	Nadelmacher		Gewerk		10
	Gerberei [2]		Marcus, Zeisig & Komp.		8
	Dimth, köperter Barchent [3]		v.d. Velde [4]	3	21
	Segelmacher		Gewerk [5]		24
	Schiffsbauer	1750	Wichers & Komp.		
	dito	1751	Simons Gebr.	2	45
	dito	1763	Prins		
	Seifenfabrik	1686	Frix		3
	Strumpfstricker		Gewerk [6]		80
	Zwirnmacher		Gewerk [7]		200
Leer	Leinweber		Gewerk [8]	400	400
	Seifsiederei [9]		Santjer & Komp.		3
Norden	Lederfabrik [10]		Hünerwald		3
Dornum					
Esens					
Gödens					
Greetsiel					
Jemgum					
Weener					
Wittmund					

1) 1770: 1770 angelegt. Quelle für 1770 s. Anm. 50, S. 76.
2) 1770: Marcus, Lohgärberei, und Zeisig et Kompanie, Weißgerberei, beide "in diesem Jahr" angelegt, insg. 8 Arbeiter.
3) 1770: 1769 angelegt.
4) 1770: 3 Stühle, 3 Weber und etwa 18 Spinner.
5) 1770: 6 Meister (in Spalte Unternehmer), 24 Leute (in Spalte Arbeiter).
6) 1770: 33 Meister (in Spalte Unternehmer), 70 bis 80 Leute (in Spalte Arbeiter).
7) 1770: 27 Meister (in Spalte Unternehmer), 190 bis 200 Gesellen und Jungen (in Spalte Arbeiter).
8) 1770: 30 Verleger (in Spalte Unternehmer), 400 Personen "ohne die Reeder oder Verleger" (in Spalte Arbeiter).
9) 1770: Gründungsjahr 1765.
10) 1770: 1770 angelegt.

General Designation

aller

in sämtlichen Königlichen Provintzien,

exclusive Schlesien

befindlichen

Manufacturen

nach

Alphabethischer Ordnung

Pro Anno 1769.

Benennung der Fabrik	Name des Entrepreneur	des Orts	der Provinz	Quo anno die Fabrik etablieret	In der Fabrik arbeiten Stühle	Ouvriers
A						
Alaun-Bergwerk	Königliche Kosten	Freienwalde	Kurmark			
	v. Waldow	Königsberg	Neumark	1740		12
Appretur der wollenen Zeug auf englische Art	Schmidt	Königsberg	Preußen	1767		2
	Wegeli & Söhne	Berlin	Kurmark	1754		
Axen und Schippen [a)]	Verschiedene	HG. Schwelm	Mark			109
B						
Seidene Band-fabriken	Hofmann & Clomper	Aldekirch	Geldern	1752	8	8
	Apitsch	Berlin	Kurmark	1766	2	2
	Bredercke	do.	do.	1754	2	2
	Conradi	do.	do.	1764	6	6
	Dorn	do.	do.	1767	1	1
	Eckard	do.	do.	1769	1	1
	Krügerman	do.	do.	1757	7	7
	Pasche	do.	do.	1766	1	1
	Peters	do.	do.	1759	3	3
	Platzmann & Lautier	do.	do.	1752	46	46
	Stumpff & Favreau	do.	do.	1764	60	60
	Heiseler	Körlin	Pommern	1769	1	1
	v.d. Leyen & Komp.	Krefeld	Mörs		156	312
	Floh & Komp.	do.	do.		31	31
	Verschiedene	Geldern [b)]	Geldern	1756	57	57
	Weyman & Weber	Halle	Magdeburg	1721	13	16
	Wieler & Halfman [c)]	Iserlohn	Mark	1737	28	35
	Verschiedene [d)]	Lobberich	Geldern	1760	8	8
	Wieler, Gerh.	Magdeburg	Magdeburg	1764	20	25
	Wieler, J.Chr.	do.	do.	1754	22	35
	Sachse	Stettin	Pommern	1764	4	8
	Verschiedene [e)]	Wachtendonk	Geldern	1749	57	57

a) Gleiche Angabe S. 181 unter Schippen, eiserne.
b) Vgl. S. 148 unter Grefrath.
c) Vgl. S. 150 unter Iserlohn.
d) Vgl. S. 148 unter Lobberich.
e) Vgl. S. 148 unter Wachtendonk.

Benennung der Fabrik	Name des Entreprenneur	des Orts	der Provinz	Quo anno die Fabrik etablieret	In der Fabrik arbeiten Stühle	Ouvriers
Leinene Band-fabriken	Gebr. Schwartz	Magdeburg	Magdeburg	1753	19	24
	Schröder & Zander	Potsdam	Kurmark		1	1
	Witwe Schultz	"	"			
	Jauseli & Sohn	"	"			
	Sternberg Witwe	Schwelm	Mark		44	44
Wollene Band-fabriken	Becker	Berlin	Kurmark	1763	3	3
	Pfundt	"	"		1	1
	Fritschler	Körlin	Pommern	1765	3	3
	Momm Gebr.	Duisburg	Kleve	1759	5	50
	Meneloh	Schwelm	Mark		3	3
	Lohmann	"	"		a)	a)
	Schrödter	Treptow a./d. Rega	Pommern	1767	4	4
Band auf Mühlenstühle	Pfundt	Berlin	Kurmark	1760	1	1
Samtene Band, Borten	Liebman, Israel	Potsdam	Kurmark	1764		
Baumbast	Ackermann	Potsdam	Kurmark	1764	2	2
Baumwollene	vide Pag.	[161] Kattunfabriken				
Italienische Blumen	De Rieux	Berlin	Kurmark	1770		40
Blonden	Marceaut	Berlin	Kurmark	1770		135
	Ephraim & Söhne	Potsdam	"	1745		260
Bleistifte	Kromberg	Potsdam	Kurmark	1769		2
	Deneve	Trebbin	"	1757		7
Bleiweiß	Bühring	Berlin	Kurmark	1754		4
Beuteltuch	Guy Witwe & Sohn	Berlin	Kurmark	1707	4	5
	Wetterhan	Wollin	Pommern	1769	4	5
Bombasin	Luicken	Wesel	Kleve	1740	2	16
Boy und Flanell	vide Pag.	[187] Wollene Zeugfabriken				

a) Vgl. S. 151 unter Schwelm.

Benennung der Fabrik	Name des Entreprenneur	des Orts	der Provinz	Quo anno die Fabrik etablieret	In der Fabrik arbeiten Stühle	Ouvriers
Broderie in Nesseltuch	Nicola	Berlin	Kurmark			
	Isaac Levin Joel	Potsdam	"	1746		117
Broderie in Gold und Silber	vide Stickerei Pag [182.]					
Bredte Hammer	vide Stahl- und Eisenhammer Pag[163.]					
Brumeisen	Bürgerschaft a)	Iserlohn	Mark			40
C						
Kaffeemühlenfabrik	Kampmann	Bochum	Mark	1766		8
Camelot	Vid. Manchesterfabriken Pag. [174]					
Cannefass	Arend	Barthen	Preußen	1769	1 b)	1 b)
	Mietling	Greifenberg	Pommern		c)	c)
	Treskau	Rathenow	Kurmark			
Baumwoll-, Kattun- und Zitzfabriken	Kattun-Fabriken [Berlin] vide Pag. [100] wo selbige namentlich designiret, mit				643	655
	Oemigke	Bernau	Kurmark	1764	12	25
	Goldenberg Gebr.	Breckerfeld	Mark	1742	40	40
	Merrem	Duisburg	Kleve	1756	12 d)	24 d)
	Schors	Königsberg	Neumark	1755	2	4
	Bautz & Konsorten	Königsberg	Preußen	1766	15	101
	Hase	Magdeburg	Magdeburg	1767	8	10
	Telecke	"	"	1762	4	6
	Gewerk	Nowawes	Kurmark		14	14
	Elias Wulf	Potsdam	"	1750	24	24
	Fischer	"	"	1746	10	12
	Hotho	"	"	1763	8	8
	Kleinau	Stendal	"	1754	6	8
	Maj.v.Kamkin	Stettin	Pommern	1755	3	10
	Kotenbeutel	"	"	1754	1	3
	Stephany	"	"	1763	5 e)	10 e)
	Doktor Delius	Versmold	Minden	1768	5	5

a) Vgl. S. 150 unter Iserlohn.
b) Vgl. S. 135 unter Barthen sowie S. 170 unter Leinen.
c) Vgl. S. 121 unter Rathenow u. S. 175 unter Barchent.
d) Vgl. S. 124 unter Königsberg sowie S. 171 unter Leinenfabriken.
e) Vgl. S. 154 unter Versmold sowie S. 189 unter Wollene Zeugfabriken.

Benennung der Fabrik	Name des Entreprenneur	Name des Orts	Name der Provinz	Quo anno die Fabrik etablieret	In der Fabrik arbeiten Stühle	In der Fabrik arbeiten Ouvriers
Kattun-druckereien	Becker	Berlin	Kurmark	1748		6
	Ermeler	"	"	1765		3
	Juterbock	"	"	1752		3
	Lichtenscheid	Duisburg	Kleve	1749		4
Clar und Nesseltuch	vide Nesseltuch Pag.[174.]					
Seidene Chenillen	Conradi	Berlin	Kurmark	1764	6	6
Callamanque	vide Wollen Zeug pag.[187.]					
Chalon	vide Wollen Zeug pag.[187.]					
Crepon	vide Wollen Zeug pag.[187.]					
Chirurgische Instrumente	vide Instrumente Pag.[167.]					
Corduan	vide Lederfabriken Pag.[168.]					
Carcassen-draht	Kratzenstein	Berlin	Kurmark			40 a)
D						
Damast, Leinen	Mühlberg & Komp.	Bünde	Minden		6	6
	Gewerk	Crossen	Neumark		19	22
	Schnellefeld	Krefeld	Mörs	1736	2	4
	Donnermann	Bielefeld	Minden		2	3
	Möller b)	Himmelreich	"	1764	7	8
	Miethling	Stolp	Pommern	1763	2	14
	Gewerk	Züllichau	Neumark		18	30
	Möller Gebr.	Minden	Minden	1763	12	12
Damast, seidenen	vide Seidenfabriken Pag.[176.]					
Damast, Wollen	Dubois	Körlin	Pommern	1755	2	2
Woll-druckerei	Witwe Gablenzin	Königsberg	Preußen	1757		
	Hertzer	"	"	1744		
	Hoffmann	"	"	1733		
Kattun-druckerei	vide Kattundruckereien Pag.[162.]					
Decken, wollene	Verschiedene c)	Gennep	Kleve	1743	3	8
	d)	Goch	"		3	3

a) Vgl. S. 101 unter Berlin.
b) Vgl. S. 154 unter Haus Himmelreich.
c) Vgl. S. 143 unter Gennep.
d) Vgl. S. 143 unter Goch.

Benennung der Fabrik	Name des Entrepreneur	des Orts	der Provinz	Quo anno die Fabrik etablieret	In der Fabrik arbeiten Stühle	Ouvriers
Dimth	v.d. Velde	Emden	Ostfriesland		3	21
Drahtzieher, goldene	Gewerk	Berlin	Kurmark			
	Ephraim & Söhne	Potsdam	"	1766		14
Draht von Eisen u. Stahl	Bürgerschaft	Altena	Mark			130
	Baron von Vernezobre	Hohenfinow	Kurmark			12
	Direktor Basse	Hemer	Mark			20
	Bürgerschaft[a]	Iserlohn	Mark			200
	Klöver & v.d. Beck	" [b]	"			62
	Bürgerschaft	Lüdenscheid	"			100
	Splittgerber & Daum	Neustadt-Eberswalde	Kurmark			60
Draht u. Lahn, lionisch	Felix	Berlin	Kurmark	1764		13
E						
Eisen	Elbers & Fischer	Hagen	Mark	1730		40
	Erben Engels	"	"		1	5
	Doktor Funcke	"	"		1	4
Brete, Reck-, Roh-, Stab- und Stahlhammer	Hasenclever & Komp.	"	"	1720	9	23
	Fr. Post & Stratmann	"	"		3	14
	Harkotto & Komp.	"	"		8	26
	Splittgerber & Daum	Neustadt	Kurmark	1747		
	Dulheuer	Plettenberg	Mark	1764		4
Elfenbein	Betsch	Potsdam	Kurmark	1753		13
Estoffe, seidene	vide Seidene Fabriken Pag. [176.]					
Essigbrauereien	Werning Witwe	Kalkar	Kleve	1752		3
	Scheuten Erben	Krefeld	Mörs	1740		9
	Reinert	Duisburg	Kleve	1770		
	Knipscher	Orsoy	"	1765		4
	Cattepoel Witwe	Wesel	"	1741		6
Ettamin	vide Wollene Zeugfabriken pag. [187.]					

a) Vgl. S. 150 unter Iserlohn.
b) Vgl. S. 150, Amt Iserlohn.

Benennung der Fabrik	Name des Entreprenneur	des Orts	der Provinz	Quo anno die Fabrik etablieret	In der Fabrik arbeiten Stühle	Ouvriers
F						
Fayence oder unecht Porzellan	Lüdecke	Berlin	Kurmark	1757		16
	Becker	Duisburg	Kleve	1764		3
	Heinrich	Frankfurt	Kurmark	1764		
	Schultz	Halle	Magdeburg	1760		1
	Lecke & Reinold	Hagen	Mark	1765		12 a)
	Guischard	Magdeburg	Magdeburg	1758		24
	Rewend Gebr.	Potsdam	Kurmark	1737		12
	Graf Kameke	Rheinsberg	"			
Feder-schmücker	Geisler	Potsdam	Kurmark	1768		
Feilen-fabriken	Lehmann	Iserlohn	Mark	1748		3
	Verschiedene	HG. Schwelm	"			14
Fingerhut	Gebr. v.d. Beck	Hemer	Mark	1737 b)		23 b)
Flanell, Frieß	vide Wollenzeugfabriken Pag[187.]					
G						
Garnweber	Gewerk	Beelitz	Kurmark		40	40
	Hustadt	Wesel	Kleve	1733	1	1
	Hastrop	"	"	1739		1
	Porte	"	"	1728		1
	Kalle	"	"	1748		1
	Schievelkump	"	"	1755		1
Gaze, seidene	Baron	Berlin	Kurmark	1756	13	13
	Mauerhoff	"	"	1764	7	7
	Müller	"	"	1768	6	6
Gewehr-fabrik	Splittgerber & Daum	Potsdam	Kurmark	1722		800
	Dieselben	Spandau	"	1722		94
Gewicht-einsatz von Messing	Voigt & Knorr	Berlin	Kurmark	1764		6
Gold- und Silber-Manufaktur	Ephraim & Söhne	Berlin	Kurmark			845
	Lietcke	Königsberg	Preußen	1740		50

a) Vgl. S. 149 unter Hagen.
b) Vgl. S. 151 unter Jurisdiktion Hemer.

Benennung der Fabrik	Name des Entrepreneur	des Orts	der Provinz	Quo anno die Fabrik etablieret	In der Fabrik arbeiten Stühle	Ouvriers
Gold- und Metallschläger	Otto	Berlin	Kurmark			
	Rothe	Königsberg	Preußen	1752		
Lionische Goldschläger	Poppe	Berlin	Kurmark	1768		6
Goldpapier	vide Papier Pag. [175.]					
Golgasfabriken	Wucherer	Halle	Magdeburg	1755		33
	Schönigan	Magdeburg	"	1746		30
	Wehrmann	"	"	1766		16
	Schröder & Liebherr	Schievelbein	Neumark	1765		5
Glockengießerei	Voigt	Isselburg	Kleve	1768		
Gerbereien	vide Pag[169] Loh- und Weißgerber					
H						
Haarbleiche	Behr, Joseph	Halberstadt	Halberstadt	1750		6
Hanfleinen	Behrend Hirsch	Potsdam	Kurmark	1769	15	15
Handschuh, lederne	Gewerk	Halberstadt	Halberstadt			6
	Bourdeaux	Halle	Magdeburg	1764		23
	Plantier	"	"	1680		194
	Gewerk	Magdeburg	Magdeburg			22
Hagel- und Schrotgießerei	Bühring	Berlin	Kurmark	1754		4
	Scheuten	Krefeld	Mörs	1735		3
Haken und Ösen	Bürgerschaft	Iserlohn	Mark			150[a)]
Hutfabriken	Gewerk	Arnswalde	Neumark			2
		Angerburg	Litauen			7
		Bärwalde	Neumark			1
	Douillac	Berlin	Kurmark	1763		
	Pascal	"	"	1769		14
	Priol	"	"	1764		
		Berlin	"			105
		Berlinchen	Neumark			4
	Gewerk	Bielefeld	Minden			4
		Burg	Magdeburg			4
		Barthen [b)]	Preußen			1

a) Vgl. S. 174 unter Ösen.

b) Vgl. S. 135 unter Barthen.

Benennung der Fabrik	Name des Entrepreneur	des Orts	der Provinz	Quo anno die Fabrik etablieret	In der Fabrik arbeiten Stühle	Ouvriers
Hutfabriken	Gewerk	Cottbus	Neumark			7
		Crossen	"			2
		Küstrin	"			3
	Chester	Kleve	Kleve	1732		3
	von Dyck	"	"	1740		1
	Ophorst	"	"	1720		1
	leClair	"	"	1748		1
	Gewerk	Drossen	Neumark			1
		Dramburg	"			2
	Gewerk	Driesen	"			2
		Darkehmen	Litauen			2
	Brugmann	Dinslaken	Kleve	1742		2
	Broubach	Duisburg	"	1752		2
	Gewerk	Fürstenwalde	Kurmark			6
		Friedeberg	Neumark			2
		Falkenburg	"			2
		Genthin	Magdeburg			2
		Gerdauen	Preußen			1
		Goldap	Litauen			6
		Gumbinnen	"			5
	Passman & Piar	Goch	Kleve			2
	Binna	Geldern	Geldern	1764		9
	Foltman & Komp.	Herford	Minden			3
	Toufre	Hagen	Mark	1747		2
	Schefhals & Elling	Hattingen	"			2
	Gewerk	Halle	Magdeburg			25
		Halberstadt	Halberstadt			
		Insterburg	Preußen			9
	Kreutz & Schlechtenthal	Iserlohn	Mark	1740		2
	Gewerke	Königsberg	Neumark			7
		Königsberg	Preußen			52
		Altlandsberg	Kurmark			3
		Landsberg	Neumark			7
		Lippehne	"			1
		Loburg	Magdeburg			1
		Luckenwalde	"			1
		Liebstadt	Preußen			2
		Lötzen	Litauen			1
		Lyck	"			1
	Hölscher & Eick	Lübbecke	Minden			2
	Pascal	Magdeburg	Magdeburg	1732		3
	Gewerke	Möckern	"			1
		Mohrungen	Preußen			6

Benennung der Fabrik	Name des Entreprenneur	des Orts	der Provinz	Quo anno die Fabrik etablieret	In der Fabrik arbeiten Stühle	Ouvriers
Hutfabriken	Gewerke	Mühlhausen	Preußen			3
		Marggrabowa	Litauen			1
		Memel	"			5
		Neudamm	Neumark			1
		Neuwedell	"			2
	Bennova	Orsoy	Kleve	1763		2
	Bock	Potsdam	Kurmark	1755		19
	[Gewerke]	Preußisch-Holland	Preußen			4
		Pillkallen	Litauen			2
		Reetz	Neumark			1
		Rastenburg	Preußen			4
		Ragnit	Litauen			2
	Pascal[a)]	Rees	Kleve			1
	Haverland Gebr.	Soest	Mark			2
	Gewerk	Sommerfeld	Neumark			1
		Schönfließ	"			1
		Schievelbein	"			3
		Soldin	"			2
		Saalfeld	Preußen			1
		Schippenbeil	"			1
		Schirwindt	Litauen			3
		Sensburg	"			2
		Stallupöhnen	"			6
		Tilsit	"			18
		Woldenberg	Neumark			2
	Le Terre	Wesel	Kleve	1723		
	Saltet	"	"	1753		3
	Tenhompel	"	"	1761		3
	Gewerk	Zielenzig	Neumark			5
		Züllichau	"			3
		Kevelaer	Geldern			6
		Minden	Minden			4
Hut-plumagen	Dornbusch	Berlin	Kurmark	1748		1
I						
Instrumente, chirurgische	Hahn	Königsberg	Preußen	1765		2
Instrumente, musikalische	Hoecker Gebr.	Krefeld	Mörs	1762		3
	Mietcke	Königsberg	Preußen	1747		4
	Meyer	"	"	1753		3
Juchten	vide Lederfabriken Pag.[168.]					

a) Vgl. S. 144 unter Rees.

Benennung der Fabrik	Name des Entreprenneur	des Orts	der Provinz	Quo anno die Fabrik etablieret	In der Fabrik arbeiten Stühle	Ouvriers
K						
Feine	Collenbusch					
Brabanter	Gebr.	Duisburg	Kleve	1770		40
Kanten und	Ephraim	Potsdam	Kurmark	1745		262
Spitzen	Letzius	"	"	1768		6
Schmelz-	Meyer &					
kanten	Freyerin	Berlin	Kurmark	1754		1
Goldene						
Kanten	Ephraim	Potsdam	Kurmark	1745		100
Klingen	Verschiedene [a]	Gericht Hagen	Mark			4
Knöpfe,	Pentzell	Potsdam	Kurmark	1764		6
metallene	De Neve	Trebbin	"	1751		
Korkstöpsel	Brusenick	Potsdam	Kurmark	1767		9
Kupfer-	Notteborn	A. Brackwede	Minden	1765		4
hammer	Splittgerber					
	& Daum	Neust. Ebers-				
		walde	Kurmark			
	Schön	Gollnow	Pommern			4
L						
Lionischer						
Lahn & Draht	Felix	Berlin	Kurmark	1764	25	30
Lionische						
Goldschläger	Poppe	Berlin	Kurmark	1768		6
Laquir oder						
Verniseur	Chevallier	Berlin	Kurmark	1766		2
Corduan-,	Gewerk	Altena	Mark	1743		7
Saffian-,	Meyer Salomon	Aurich	Ostfriesland			5
Juchten-,	Lutze	Berlin	Kurmark			20
brüsseler	Schneider	Berlin	Kurmark	1750		
und ungari-	Stoffel	"	"	1768		5
sche Leder-	Verschiedene	Krefeld	Mörs			16
fabriken	Dietrich u.					
	Obst	Cottbus	Neumark	1746		22
	Feige	"	"	1759		1
	Klem	Crossen [b]	"	1757		1
	Schmoll	Duisburg	Kleve	1768		4
	Gebr. Stam					
	& Komp.	Herdecke	Mark	1769		10

a) Vgl. S. 149 unter Gericht Hagen.

b) Dagegen S. 124 unter Drossen.

Benennung der Fabrik	Name des Entreprenneur	Name des Orts	Name der Provinz	Quo anno die Fabrik etablieret	In der Fabrik arbeiten Stühle	In der Fabrik arbeiten Ouvriers
Corduan-, Saffian-, Juchten-, brüsseler und ungarische Lederfabriken	Stegmann & Schwartz	Herdecke	Mark			5
	Krahmer & Komp.	Königsberg	Neumark	1752		1
	Obst Gebr.	"	Preußen	1726		5
	Gewerk	"	"	1716		26
	Wasmuth	Duisburg	Kleve	1766		6
	Hunerwalt	Norden	Ostfriesland			3
	Vollmann	Potsdam	Kurmark	1769		
	Seydler	Stettin	Pommern	1749		2
	Luicken	Wesel	Kleve	1740		
	Kugelmann	"	"	1750		4
	Hardtmann	"	"	1759		1
	Hempel	Minden	Minden	1756		8
	Schröder	Ibbenbüren	"	1765		7
Lohgerbereien	Gewerk	Crossen	Neumark			6
		Drossen	"			2
		Zielenzig	"			5
		Züllichau	"			9
	Guerin	Kalkar	Kleve	1764		15
Weißgerbereien	Gewerk	Cottbus	Neumark			8
		Crossen	"			5
		Drossen	"			2
		Sommerfeld	"			2
		Zielenzig	"			5
		Züllichau	"			6
	Marcus Zeising & Komp.	Emden	Ostfriesland			8
Leinenfabriken	Klotz	Aken	Magdeburg	1760	1	1
	Gewerk	Arnswalde	Neumark		5	4
	Ramin	Anklam	Pommern	1764	5	5
	Weidemann	"	"	1762	3	3
	Gewerk	Allenburg	Preußen		5	5
		Angerburg	Litauen		6	6
		Arys	"		2	1
		Beeskow	Kurmark		27	33
		Bernau				
	Leinenfabriken zu Berlin, vide Pag.[103] woselbst designieret mit				347	347
	Gewerke	Bismark	Kurmark			
		Brandenburg	"		192	200
		Bärwalde	Neumark		24	22
		Berlinchen	"		2	2
		Bernstein	"		1	1
		Bobersberg	"		4	4
		Burg	Magdeburg		36	30

Benennung der Fabrik	Name des Entrepreneur	des Orts	der Provinz	Quo anno die Fabrik etablieret	In der Fabrik arbeiten Stühle	Ouvriers
Leinen-fabriken	Gewerke	Bleicherode	Halberstadt		49	52
		Barthen	Preußen	1769	2	3
		Bartenstein	"		8	9
		Bielefeld	Minden		57	93
		Brackwede	"		70	70
		A. Bünde a)	"		6	6
		Cottbus	Neumark		90	74
		Küstrin	"		21	15
		Kallies	"		3	3
		Cochstedt	Halberstadt			
		Kroppenstedt	"			
		Kreuzburg	Preußen		7	7
		Kleve	Kleve		22 b)	22 b)
		Krefeld	Mörs		16	32
		Drossen	Neumark		21	20
		Dramburg	"		25	14
		Driesen	"		3	3
		Domnau	Preußen		5	5
		Deutsch-Eylau	"		1	2
		Darkehmen	Litauen		16	10
		Dinslaken	Kleve		8	8
		Duisburg	"	1769	2	2
		Enger c)	Minden		2	2
		Frankfurt	Kurmark		25	33
		Fürstenwalde	"		18	19
		Friedeberg	Neumark		10	9
		Falkenburg	"		4	5
		Fischhausen	Preußen		4	2
	M. v. Massow Exz.	Friderichs-hall d)	Pommern	1754	24	26
	Gewerke	Göritz	Neumark		8	8
		Genthin	Magdeburg		12	12
		Görzke	"		9	8
		Gröningen	Halberstadt			
		Gerdauen	Preußen		1	1
		Gilgenburg	"		8	9
		Goldap	Litauen		19	19
		Gumbinnen	"		59	46
		Halle	Magdeburg		55	60
		Halberstadt	Halberstadt		92	97
	Behr	Halberstadt	Halberstadt	1764	6	9

a) Vgl. dagegen S. 153 unter Bünde.
b) Vgl. dagegen S. 146 unter Krefeld.
c) Vgl. dagegen S. 153 unter Enger.
d) Vgl. S. 132 unter Friedrichshall sowie S. 175 unter Barchent.

Benennung der Fabrik	Name des Entreprenneur	Name des Orts	Name der Provinz	Quo anno die Fabrik etablieret	In der Fabrik arbeiten Stühle	In der Fabrik arbeiten Ouvriers
Leinen-fabriken	[Gewerke]	Heiligenbeil	Preußen		a)	a)
		Holten	Kleve		b)	b)
	Untertanen c)	Amt Heepen	Minden		367	367
	Hitzman & Komp.	Hausberge	"		8	8
	Freuning & Komp.	Herford	"		19	19
	Gewerke	Jerichow	Magdeburg		10	8
		Insterburg	Litauen		65	51
		Isselburg	Kleve		15	15
		Königswalde	Neumark		4	3
	Schors	Königsberg	"	1755	2	4
	Agarius. Chr.	Königsberg	Preußen	1761	10	15
	Bodien	"	"	1764	10	17
	Agarius, Gabr.	"	"	1764	4	18
	Ballhausen, J. C.	"	"	1756	11	26
	Ballhausen, J.	"	"	1756	28	40
	Dohmann	"	"	1757	12	28
	Göhring	"	"	1770	2	5
	Hannebaum	"	"	1760		
	Kolck	"	"	1750	40	49 [?]
	Kohse	"	"	1753	27	46
	Hertzog	"	"	1760	7	12
	Krantz	"	"	1762	10	16
	Müller	"	"	1761	5	9
	Nickel	"	"	1761	11	19
	Reuter	"	"	1770	5	8
	Tresckow	"	"	1770	2	5
	Schonthier	"	"	1750	17	34
	Siewarth	"	"	1759	4	7
	Staender	"	"	1761	7	10
	Zacher	"	"	1758	9	14
	Milberg	Lübbecke	Minden		7	7
	Gewerke	Lobberich	Geldern		7	7
		Labiau	Preußen		7	6
		Liebstadt	"		3	4
		Löbegün	Magdeburg		7	7
		Loburg	"		16	16
		Luckenwalde	"		48	45
		Landsberg	Neumark		18	10
		Lagow	"		1	1
		Lippehne	"		24	15
		Königsberg	"		16	19

a) Vgl. S. 135 unter Heiligenbeil.
b) Vgl. S. 144 unter Holten.
c) Vgl. S. 154 unter Amt Heepen.

Benennung der Fabrik	Name des Entrepreneur	des Orts	der Provinz	Quo anno die Fabrik etablieret	In der Fabrik arbeiten Stühle	Ouvriers
Leinen-fabriken	Gewerke	Lebus	Kurmark		20	23
		Müllrose	"		10	12
		Müncheberg	"		5	5
		Mohrin	Neumark		14	15
	Brandt	Magdeburg	Magdeburg	1748	10	12 a)
	Meyer	"	"	1764		
	Gewerke	Möckern	"		16	13
		Marienwerder	Preußen		13	8
		Mohrungen	"		3	3
		Marggrabowa	Litauen		1	1
		Memel	"		52	43
		Neudamm	Neumark		9 b)	9
		Neuwedell	"		5	5
		Nörenberg	"		3	3
		Neidenburg	Preußen		5	3
		Nordenburg	"		1	1
	Holberg Gebr.	Osterwieck	Halberstadt	1759	137	140
	Gewerk	Osterode	Preußen		6	4
	Bergmeister & Komp.	Oldendorf	Minden		4	4
	Wichard u. Konsorten	Petershagen	"		13	13
	Fischer	Potsdam	Kurmark	1746	43	43
	Gewerke	Peitz c)	Neumark		28	22
		Preußisch-Holland	Preußen		28	26
		Reppen	Neumark		9	5
		Rothenburg d)	"		2	2
		Reetz	"		6	5
		Rastenburg	Preußen		2	2
		Ragnit	Litauen		24	19
		Rhein	"		1	1
	Untertanen	Amt Ravensberg	Minden		950	950
	Gewerk	Leer	Ostfriesland		400	400
	Untertanen	Schilde	Minden		490	490
	Sternberg Erben	Schwelm	Mark		163	163
	Gewerke	Schermbeck	Kleve		3	3
		Stallupöhnen	Litauen		26	26
		Saalfeld	Preußen		2	3
		Soldau	"		10	10
		Schwanebeck	Halberstadt			
		Sandau	Magdeburg		11	7
		Sommerfeld	Neumark		11	12

a) Vgl. dagegen S. 129 .
b) Vgl. dagegen S. 125 unter Neudamm.
c) Vgl. dagegen S. 125 unter Peitz.
d) Vgl. dagegen S. 125 unter Rothenburg.

Benennung der Fabrik	Name des Entrepreneur	des Orts	der Provinz	Quo anno die Fabrik etablieret	In der Fabrik arbeiten Stühle	Ouvriers
Leinen-fabriken	Gewerke	Sonnenburg	Neumark		6	7
		Schönfließ	"		21	17
		Schievelbein	"		1	1
		Soldin	"		48	32
		Seelow	Kurmark		64	70
		Storkow	"		17 a)	31 a)
	Brunsky	Stendal	"	1764		
	Gewerke	Tapiau	Preußen		5	6
		Tilsit	Litauen		126	98
		Viersen	Geldern		325	325
	Cramer & Konsorten	Vlotho	Minden		4	4
	Untertanen	Amt Werther	"		19	15
	Gewerke	Wachtendonk	Geldern		47	47
		Wehlau	Preußen		8	6
		Wegeleben	Halberstadt			
		Wettin	Magdeburg		16	14
	Beckmann	Wolmirstedt	"	1748	26	30
	Gewerk	Woldenberg	Neumark		8	4
		Zehden	"		18	13
		Zielenzig	"		16	15
		Züllichau b)	"		18	30
		Zinna c)	Kurmark			
		Zinten	Preußen		1	1
	Rüter	Minden	Minden		20	20
	Harms & Komp.	Kappeln	"		18	18
	Arend	Ibbenbüren	"		6	6
	Jänsen & Komp.	Tecklenburg	"		12	12
	Gewerk	Lingen	"			7 d)
		Lengerich	"		4	4
Leinen, Damast	vide Pag.[162] sub Lit. D					
M						
Messing-werk	Splittgerber & Daum	Neustadt-Eberswalde	Kurmark			
	12 Interessen-ten	Iserlohn	Mark	1750		24
Messer-fabriken	Elbers & Fischer	Hagen	Mark			9 e)
	Elbers, Ruppe & Komp.	Gr. Hagen	"			20

a) Vgl. dagegen S. 122 unter Storkow.
b) Vgl. S. 126 unter Züllichau sowie S. 162 unter Damast.
c) Vgl. dagegen S. 122 unter Kloster Zinna.
d) Vgl. dagegen S. 155 unter Lingen.
e) Vgl. dagegen S. 149 unter Hagen.

Benennung der Fabrik	Name des Entrepreneur	Name des Orts	Name der Provinz	Quo anno die Fabrik etablieret	In der Fabrik arbeiten Stühle	In der Fabrik arbeiten Ouvriers
Messer-fabriken	Krag, Canonier, & Glaser	Herdecke	Mark			6
Manchester, Pelusches und Camelott	Richter, Vierne	Berlin	Kurmark	1769	36	36
	Saltzmann	"	"	1768		
	Wadzeck	"	"	1768		
	Ochse	Halle	Magdeburg	1744	5	8
	Han & Lindau	Herford	Minden	1769	2	2
	Hotho	Potsdam	Kurmark	1763	5	5
	Lezius	"	"	1768	6	6
	Kalbus	"	"		4	4
	Piping	"	"		3	3
	Berend, David Hirsch	"	"	1740	7	8
	Wilich & Mund	Schwelm	Mark		17	17
Misselan-fabriken	Gewerk	Hattingen	Mark		38	38
	"	Holten	Kleve	1755	6	12
	Witwe Velden	Rees	"	1700	1	1
	Gouffrier	"	"	1769	2	2
	Metzgen & Hinsen	Sonsbeck	"	1734	3	65
	Schwartz	Xanten	"	1716	1	3
Mützen, wollene	vide Pag.[178] wollene Strumpffabriken.					
N						
Nagelfabrik	Bureau	Kalkar	Kleve	1766		
	B.v. Vernezobre	Hohenfinow	Kurmark			
Nähnadeln	v.d.Herberge [a]	Krefeld	Mörs	1736		8
	verschiedene [b]	Emden	Ostfriesland			10
	v.d. Becke & Putter	Iserlohn	Mark	1751		40
	Weiss & Penschal	Potsdam	Kurmark	1769		10
Nesseltuch u. Clar	Kannenberg	Königsberg	Neumark	1763	3	10
O						
Ösen und Haken	Bürgerschaft [c]	Iserlohn	Mark			150

a) Vgl. S. 146 Stecknadeln.
b) Vgl. S. 156 unter Emden.
c) Vgl. S. 165 unter Haken.

Benennung der Fabrik	Name des Entreprenneur	Name des Orts	Name der Provinz	Quo anno die Fabrik etablieret	In der Fabrik arbeiten Stühle	In der Fabrik arbeiten Ouvriers
Osemund-fabriken	Fronspert	Iserlohn	Mark		4	12
	Witwe Homberg	Plettenberg	"			13
P						
Buntes, Gold-, gemaltes und Türkisch-Papier	Saeger	Berlin	Kurmark	1755		3
	Wegener	Brandenburg	"	1749		12
	Reiche	Duisburg	Kleve	1768		3
	Braun	Königsberg	Preußen	1760		3
	Alberti	"	"	1770		5
	Kettler	Stettin	Pommern	1760		3
Papier-mühlen	Förster	Hamborn	Kleve			40
	Vorster & Engels Erben	Gr. Hagen	Mark	1693	2	31
	Langenbach & Komp.	Gr. Hemer	"	1744	5	23
	Erben Braune	Amt Iserlohn	"		1	3
	Mühlenfeld	Vlotho	Minden	1765		5
Papierne Tapeten	vide Lit. T. Pag. [182]					
Barchent-fabriken	B.v. Vernezobre	Amalienhof	Kurmark		21	90
	Köppen & Wagener	Brandenburg	"	1753	25	30
	Gewerk	Küstrin	Neumark		3	3
	"	Burg	Magdeburg		1	1
	Minister Massow Exz. a)	Friedrichshall	Pommern	1754	24	26
	Wilcke	Halle	Magdeburg		6	7
	Miethling	Greifenberg	Pommern	1765 b)		
	Bautz & Komp.	Königsberg	Preußen	1766	15	101
	Lublau	"	"	1747		
	Kolonisten	Nowawes	Kurmark		6	6
	Fischer	Potsdam	"	1746		
	Tresckau	" c)	"	1763	49	102
Geköperter Barchent	vide Dimth Lit. D. Pag. [163.]					
Pelusche	vide Manchester Pag. [174.]					
Percan	vide Manchester Pag. [174.]					
Pfeifen	verschiedene d)	HG. Schwelm	Mark			30

a) Vgl. S. 170 unter Leinen u. S. 132 unter Friedrichshall.
b) Vgl. S. 132 unter Greifenberg.
c) Vgl. dagegen S. 121 unter Rathenow u. S. 161 unter Cannefass.
d) Vgl. S. 152 unter Pfannen.

Benennung der Fabrik	Name des Entreprenneur	des Orts	der Provinz	Quo anno die Fabrik etablieret	In der Fabrik arbeiten Stühle	Ouvriers
Tabak-pfeifen	Glume	Berlin	Kurmark	1753		4
	Witwe Rhau	"	"	1755		5
	Welsow	Halle	Magdeburg	1753		2
	Laspe	Potsdam	Kurmark	1755		
	Kienitz	Weißenspring	"			15
	Victor & Hülscken	Xanten	Kleve	1748		15
Posen und Spulen	Willich	Berlin	Kurmark	1767		
	Collenbusch. Gebr.	Duisburg	Kleve	1770	8	40
Echt Porzellan	Königliche Kosten	Berlin	Kurmark			
	Targa	"	"			
Unecht Porzellan	vide Fayence Pag.[164.]					
Posamentierer	vide Bandfabrik Pag.[159.]					
Pottasche	Sekretär Maes[a)]	Kalkar	Kleve	1764		12
Q						
R						
Raschmacher	vide Zeug- und Raschmacher Pag. [190.]					
S						
Saftfarben	Seeger	Berlin	Kurmark			3
Saffian	vide Lederfabrik Pag.[168.]					
Salpeter	Sekretär Maes[b)]	Kalkar	Kleve	1764		12
Samt- und Seidenfabriken	Baron	Berlin	Kurmark	1756	13	13
	Baudouins	"	"	1753	180	200
	Bernhard Witwe	"	"	1750	46	46
	Girard & Michel[et]	"	"	1748	86	86
	M.B. Levi	"	"	1765	64	64
	Moses Ries	"	"	1765	33	33
	Schüler	"	"	1756	12	12
	Vierne	"	"	1768	9	9
	Puy	"	"	1768	6	6
	Deichert	"	"	1769	13	13
	Engellmann	"	"	1769	4	4

a) Vgl. S. 142 unter Kalkar sowie unten unter Salpeter.
b) Vgl. S. 142 unter Kalkar sowie oben unter Pottasche.

Benennung der Fabrik	N a m e des Entrepreneur	des Orts	der Provinz	Quo anno die Fabrik etablieret	In der Fabrik arbeiten Stühle	Ouvriers
Samt- und Seiden-fabriken	Ellinger	Berlin	Kurmark	1750	2	2
	Gutbiers Witwe	"	"	1767	2	2
	Kayser	"	"	1769	1	1
	Klintz	"	"	1759	17	17
	Kerner Witwe	"	"	1742	8	8
	Liebelt	"	"	1758	3	3
	Labaye Witwe a)	"	"		3	3
	Locht	"	"	1766	1	1
	Mauerhoff	"	"	1764	7	7
	Mörseburger	"	"	1760	8	8
	Müller	"	"	1768	6	6
	Periant	"	"	1769	3	3
	Prost	"	"	1758	1	1
	Rahn, jun.	"	"	1762		
	Schmidt	"	"	1764	5	5
	Schülerin	"	"	1771	6	6
	Staberoh	"	"	1768	6	6
	Voss	"	"	1762	5	5
	Wiedemeyer	"	"		3	3
	Possin	"	"		4	4
	Seebach	"	"		2	2
	Meyer Abraham	"	"		3	3
	Puy, jun.	"	"		1	1
	Simon & Komp.	Köpenick	Kurmark	1766	29	34
	v.d. Leyen & Komp.	Krefeld	Mörs		170	510
	v.d. Leyen & Lingen	"	"		254	762 b)
	Moreau & Beske	Frankfurt	Kurmark	1765	38	42
	Kriegs- und Domänenrat Goslar	Königsborn	Magdeburg	1768	8	12
	Joseph Simon c)	Königsberg	Preußen	1763	19	17
	v.d. Leyen	Mörs	Mörs		28	28
	Bernhart Witwe	Potsdam	Kurmark	1758	33	33
	Hirsch David	"	"	1730	84	84
	Moses Ries	"	"	1758	46	46
	Isaac Hirsch	"	"		13	13
	Ackermann	"	"		1	1
	Koch	"	"		1	1

a) Vgl. S. 106 unter Kleine ganze Seidenfabriken.

b) Vgl. dagegen S. 146 unter Samt und Seiden.

c) Vgl. dagegen S. 136 unter Seidenfabriken.

Benennung der Fabrik	Name: des Entrepreneur	Name: des Orts	Name: der Provinz	Quo anno die Fabrik etablieret	In der Fabrik arbeiten: Stühle	In der Fabrik arbeiten: Ouvriers
Halbseiden-fabriken	Halbseidenfabriken zu Berlin vide Pag.[106] wo selbige designieret mit				297	297
	Rapperd Witwe	Kleve	Kleve	1753	2 a)	2 a)
	Liebreich	Königsberg	Preußen	1748		
	Köhler	"	"		6	21
	Kriegs- und Domänenrat Goslar	Magdeburg	Magdeburg	1732	149	164
Seidene Strumpf-fabriken	Seidenstrumpffabriken zu Berlin vide Pag.[108] wo selbige spezifizieret mit				85	85
	Gebr. Heid-weiler	Krefeld	Mörs		7	7
	Bernhard	Halle	Magdeburg	1763	21	24
	Bourdeaux	"	"	1765	10	12
	Guilhaume	"	"	1763	2	3
	Haedicke	Königsberg	Preußen	1765	1	1
	Bruguier	Magdeburg	Magdeburg	1734	15	16
	Granier	"	"	1728	6	8
	Asimont	Potsdam	Kurmark	1765	1	1
Biberharne Strümpfe	Bouvier	Magdeburg	Magdeburg	1739	10	12
	Wollene Strumpf- und Mützenfabriken zu Berlin vide Pag.[108] wo selbige spezifizieret mit				230	230
Wollene Strumpf- und Mützen-fabriken	Koelcker	Aken	Magdeburg	1764	1	1
	Gewerk	Angerburg	Litauen		1	1
		Altena	Mark	1722	13	13
		Brandenburg	Kurmark		22	25
	Grützhaupt	"	"	1760	192	205
	Gewerk	Burg	Magdeburg		4	5
		Cottbus	Neumark		3	25
		Crossen	"		2	12
	Janavelle	Calbe	Magdeburg	1765	2	2
	Haumann & Komp.	Krefeld	Mörs		14	18
	Gewerke	Dramburg	Neumark		1	1
		Driesen	"		2	2
		Darkehmen	Litauen		1	1
		Dinslaken b)	Kleve	1762	1	3
		Frankfurt	Kurmark		4	12
		Fürstenwalde	"		8	14
		Goldap	Litauen		13	16
		Gumbinnen	"		20	19

a) Vgl. S. 136 unter Halbseidenfabriken.
b) Vgl. S. 142 unter Dinslaken.

Benennung der Fabrik	Name des Entreprenneur	Name des Orts	Name der Provinz	Quo anno die Fabrik etablieret	In der Fabrik arbeiten Stühle	In der Fabrik arbeiten Ouvriers
Wollene Strumpf- und Mützen-fabriken	Gewerke	Goch [a]	Kleve		4	4
		Geldern [b]	Geldern	1766	6	9
		" [b]	"	1766	1	2
		Hagen	Mark		7	10
		Hattingen	"		5	5
		Herdecke [c]	"	1762	2	2
		Herford [d]	Minden	1769	5 [d]	5 [d]
		Halle	Magdeburg		448	497
		Halberstadt	Halberstadt		12	18
		Insterburg	Litauen		65 [e]	51 [e]
		Iserlohn	Mark	1734	3	3
		Königsberg	Neumark		3	3
		Königsberg	Preußen		56	86
		Lindow	Kurmark		3	3
		Liebenwalde	"		3	3
		Landsberg	Neumark		4	10
	Schlee	"	"	1770	16	42
	Fischer & Komp.	Lüdenscheid	Mark	1746	10	15
	Hensel	Lünen	"	1760	4	4
	Gewerk	Müncheberg	Kurmark		5	5
	Bruguier	Magdeburg	Magdeburg	1734	60	60
	Schwartz Gebr.	"	"	1753	20	20
	Gewerke	Marienwerder [f]	Preußen		1	1
		Marggrabowa	Litauen		3	3
		Mörs [g]	Mörs		1	1
		Neuenrade	Mark	1744	22	22
		Neudamm	Neumark		6	11
		Naugard [h]	Pommern	1766	2	2
		Potsdam	Kurmark		32	46
		Plettenberg	Mark	1744	4	4
		Ruppin [i]	Kurmark		5	5
		Schwedt	"		2	2
		Spandau	"		3	3
		Soldin	Neumark		2	2
		Stettin	Pommern		49	54
	Vieulsenf	"	"	1765	9	52
	Gewerke	Schirwindt	Litauen		1	1

a) Vgl. S. 143 unter Goch.
b) Vgl. S. 148 unter Geldern.
c) Vgl. S. 150 unter Herdecke.
d) Vgl. dagegen S. 153 unter Herford.
e) Vgl. dagegen S. 140 unter Insterburg Leinweber und Strumpfweber u. S. 175 unter Leinen.
f) Vgl. S. 138 unter Marienwerder.
g) Vgl. S. 147 unter Mörs.
h) Vgl. S. 132 unter Naugard.
i) Vgl. S. 121 unter Altruppin.

Benennung der Fabrik	Name des Entrepreneur	des Orts	der Provinz	Quo anno die Fabrik etablieret	In der Fabrik arbeiten Stühle	Ouvriers
Wollene Strumpf- und Mützenfabriken	Gewerke	Stallupöhnen	Litauen		11	11
		Straelen [a]	Geldern	1739	1	6
	Thron & Stoltze[b]	Soest	Mark	1767	5	6
	Judenschaft	Templin	Kurmark	1766	8	11
	Gewerke	Tilsit	Litauen		11	11
		Staßfurth[c]	Magdeburg	1766	1	1
	Huck	Wesel	Kleve	1742	2	2
	Messerschmidt	"	"	1756	2	2
	Gewerke	Zielenzig	Neumark		2 d)	4
		Züllichau	"		3	21
	Pyrow	Minden	Minden		6	6
Wollene Strumpf-stricker	Gewerk	Berlin vide Pag.				174
		Angerburg	Litauen			3
	Avergo jun.	Bielefeld	Minden	1715		25
		Drossen	Neumark			1
		Darkehmen	Litauen			1
		Emden	Ostfriesland			80
	Gewerke	Friedeberg	Neumark			1
		Goldap	Litauen			1
		Gumbinnen	"			1
		Königsberg	Preußen			177
	Godau	"	"	1757		26
	Gewerke	Loburg	Magdeburg			1
		Luckenwalde	"			6
		Liebstadt	Preußen			1
		Liebemühl	"			1
		Magdeburg	Magdeburg			37
		Rees	Kleve	1740		28
		Sommerfeld	Neumark			2
		Stallupöhnen	Litauen			4
		Schippendahl	Preußen			3
		Tilsit	Litauen			4
Schnallen-fabrik	9 Entrepreneurs	Altena	Mark	1729		
	Bürgerschaft	Iserlohn	"	1725		100
	Hacklander & Komp.	Lüdenscheid	"			30
Schrift-gießerei	Zinck	Berlin	Kurmark	1741		2
	Hablitzel	Königsberg	Preußen	1743		
	Kanter	"	"	1752		4

a) Vgl. S. 148 unter Straelen.
b) Vgl. S. 152 unter Soest.
c) Vgl. S. 130 unter Staßfurt.
d) Vgl. dagegen S. 126 unter Züllichau.

Benennung der Fabrik	Name des Entrepreneur	Name des Orts	Name der Provinz	Quo anno die Fabrik etablieret	In der Fabrik arbeiten Stühle	In der Fabrik arbeiten Ouvriers
Schrift-schneider	Gollner	Königsberg	Preußen	1753		
Schiff-bauerei	Wichers & Komp. Simons Gebr. Prins	Emden	Ostfriesland			45
Schippen, eiserne	Verschiedene a)	HG. Schwelm	Mark			109
Schlösser, eiserne	Verschiedene	HG. Schwelm	Mark			40
Schrauben und Winden	Wahlefeld	Jur. Hemer	Mark	1709		2
	Verschiedene	HG. Schwelm	"			34
Sägen, eiserne	Verschiedene	HG. Schwelm	Mark			36
Say und Sayette	Blinckflieth & Komp.	Krefeld	Mörs	1759		20
	Haumann & Komp.	"	"			9
	Strickling	Wesel	Kleve	1741	1	3
Schwarze und grüne Seifen-fabriken	Haehne	Berlin	Kurmark			
	Stier	"	"	1696		
	Mourier	"	"	1685		
	Schmidt	Cottbus	Neumark	1754		1
	Scheuten Erben	Krefeld	Mörs	1740		10
	Doktor Schöneperg	Duisburg	Kleve	1762		14
	Frix	Emden	Ostfriesland	1686		3
	Gemnich Witwe	Königsberg	Preußen	1652		4
	Freyhub	"	"	1692		4
	Espuniac & Sohn	"	"	1723		4
	Schilder	"	"	1725		4
	Santzer & Komp.	Leer	Ostfriesland	1765		3
	Cuny & Bonte	Magdeburg	Magdeburg	1736		8
	Charles	"	"	1767		4
	Sporron	"	"	1766		3
	Munderman	Minden	Minden	1756		6
Seife, Marseillansche	v. Wangenheim	Berlin	Kurmark	1767		

a) Vgl. S. 159 unter Axen und Schippen.

Benennung der Fabrik	Name des Entrepreneur	Name des Orts	Name der Provinz	Quo anno die Fabrik etablieret	In der Fabrik arbeiten Stühle	In der Fabrik arbeiten Ouvriers
Segeltuch	Gewerk	Emden	Ostfriesland			24
	Maas	Königsberg	Preußen	1748		4
Sensen-fabriken	Hundeicker & Komp.	Hagen	Mark			18
	Verschiedene	HG. Schwelm	"		38	205
	Wolff & Konsorten	Plettenberg	"		6	9
	Bertram & Komp.	HG. Schwelm	"			38
Serge	Schuirmann	Wesel	Kleve	1763	2	8
	Schwartz a)	Xanten	"	1746	1	3
Siegellack	Winckelmann	Krefeld	Mörs	1754		1
Simoise	vide Wollenzeug-Fabriken Pag. [187]					
Stahlfabrik	vide Eisen Pag. [163]					
Stärke	Scheuten	Krefeld	Mörs	1740		3
	Sievert	Duisburg	Kleve	1764		2
	Möller	Minden	Minden	1764		5
Stickerei in Gold	Bubach	Berlin	Kurmark			
	Colbe	"	"			
	Faehrman	"	"			
	Pally	"	"			
	Ranspach	"	"			
	Werner	"	"			
Strohhüte	Horn	Potsdam	Kurmark	1769		
Siegel-manufakturen	Schickler	Neustadt a/d. Dosse	Kurmark	1696		120
T						
Papier-tapeten	Colbe	Berlin	Kurmark			
	Pally	"	"	1764		8
	Sonin & Bando	"	"	1766		40
Tapeten von Wachstuch und Ölfarbe	Loeser	Frankfurt	Kurmark	1750		6
	J. L. Joel	Potsdam	"	1758		17
	Böttcher	Königsberg	Preußen	1765		3
	Sal. Hirschel	Züllichau	Neumark	1768		2
Tabak-fabriken	Rappard	Kleve	Kleve	1750		12
	Scheuten & Komp.	Krefeld	Mörs			29
	27 Interessenten	Duisburg	Kleve			
	3 Interessenten	Rees	"			
	14 Interessenten	Wesel	"			

a) Vgl. S. 145 unter Wesel sowie S. 174 unter Misselan.

Benennung der Fabrik	Name des Entreprenneur	Name des Orts	Name der Provinz	Quo anno die Fabrik etablieret	In der Fabrik arbeiten Stühle	In der Fabrik arbeiten Ouvriers
Tabakpfeifen	vide Pfeifen Pag. [176.]					
Tabak-dosen	Hammer & Köppelman	Iserlohn	Mark	1753		12
Fuß[teppich]	Müller	Potsdam	Kurmark	1737	1	2
[Trippleinen]	Hirsch, David	Potsdam	Kurmark		5	5
Taft	vide Seidenfabriken Pag.					
Türkisch Garn-färberei	Treskau	Berlin	Kurmark	1764		8
	Schmits	Caputh	"			
Tuchscheren	Doktor Funcke	Gr. Hagen	Mark	1768		4
Tuch-fabriken	Gewerke	Angermünde	Kurmark		5	5
		Arnswalde	Neumark		4	20
		Aken	Magdeburg		1	2
		Alsleben a)	"	1762	1	1
		Angerburg	Litauen		5	5
		Aldekirch b)	Geldern	1757	1	1
		Beelitz	Kurmark		3	3
		Beeskow	"		56 c)	112
		Berlin vide Pag. [111]			125	132
		Brandenburg	"		110	112
		Berlinchen	Neumark		50	86
		Bernstein	"		2	2
		Bobersberg	"		4 d)	4 d)
		Burg	Magdeburg		176 e)	225
		Bartenstein	Preußen		14	26
		Bischofswerder	"		34	97
		Bialla	Litauen		1	1
		Cottbus	Neumark		100	427
		Crossen	"		41	216
		Kallies	"		55	107
		Calbe	Magdeburg		123	279
		Könnern	"		2	2
	Sahman & Komp.	Krefeld	Mörs		6	12
	Gewerke	Drossen	Neumark		98	285
		Dramburg	"		66 f)	102 f)

a) Vgl. dagegen S. 127 unter Alsleben.
b) Vgl. dagegen S. 148 unter Aldekirch.
c) Vgl. dagegen S. 99 unter Beeskow.
d) Vgl. dagegen S. 123 unter Bobersberg.
e) Vgl. dagegen S. 127 unter Burg.
f) Vgl. dagegen S. 124 unter Dramburg.

Benennung der Fabrik	Name des Entrepreneur	Name des Orts	Name der Provinz	Quo anno die Fabrik etablieret	In der Fabrik arbeiten Stühle	In der Fabrik arbeiten Ouvriers
Tuch-fabriken	Gewerke	Deutsch-Eylau	Preußen		8	48
		Darkehmen	Litauen		18	30
	Witwe Meister [a]	Dinslaken	Kleve	1700		
	Hardt Witwe	Duisburg	"	1747	8	104
	Tuckermann	"	"	1747	8	104
	Tuckerman	"	"	1761	3	40
	Tuckerman	"	"	1761	2	30
	Buchholtz, Joh.	"	"	1749	4	60
	Buchholtz, Peter	"	"	1749	1	15
	Buchholtz, Matth.	"	"	1768	2	30
	Scheid	"	"	1765	12	180
	Eilerts	"	"	1763	1	15
	Voermann	"	"	1763	1	30 [b]
	Gewerke	Egeln	Magdeburg	1745	12 [c]	180 [c]
		Frankfurt	Kurmark		17	50
		Fürstenwalde	"		25	37
		Friedeberg	Neumark		41	102
		Falkenburg	"		52	139
		Freistadt	Preußen		1	2
		Friedland	"		17	17
		Gransee	Kurmark		32	36
		Gerdauen	Preußen		9	10
		Gilgenburg	"		24	24
		Goldap	Litauen		6	8
		Gumbinnen	"		17	28
		Goch [d]	Kleve		6	6
		Genthin	Magdeburg			2
		Garnsee	Preußen		3	7
	Metzges	Geldern	Geldern	1739	4	25
	Gewerk	Halle	Magdeburg		78	138
		Haldensleben	"		23	28
		Heiligenbeil	Preußen		1	3
		Hohenstein	"		16	59
	Tuckermann & Hardt	Holten	Kleve		7	25
	Buissen & Komp.	Horst	Geldern	1752	3	15
	Moll & Komp.	Hagen	Mark		14	38
	Gewerk	Hattingen	"		28	28
	Wilmsen & Konsorten	Herdecke	"		31	69
	Lindau [e]	Herford	Minden		5	5

a) Vgl. S. 142 unter Dinslaken.
b) Vgl. dagegen S. 143 unter Duisburg.
c) Vgl. dagegen S. 127 unter Egeln.
d) Vgl. dagegen S. 144 unter Goch.
e) Vgl. S. 154 unter Herford.

Benennung der Fabrik	Name des Entreprenneur	Name des Orts	Name der Provinz	Quo anno die Fabrik etablieret	In der Fabrik arbeiten Stühle	In der Fabrik arbeiten Ouvriers
Tuch-	Paul a)	Iserlohn	Mark		2	2
fabriken	Gewerke	Königsberg	Neumark		6	23
		Königswalde	"		49	232
		Insterburg	Litauen		2	3
		Königsberg	Preußen		28	354
		"	"		26	361
	Ambrosius	"	"	1765	1	4
	Gewerke	Altlandsberg	Kurmark		8	8
		Lenzen	"		8	8
		Lindow	"		6	6
		Lychen	"		12	12
		Landsberg	Neumark		29	73
		Lagow	"		1	1
		Lippehne	"		10	13
		Loburg	Magdeburg		14	14
		Luckenwalde	"		64	86
		Labiau	Preußen		1	1
		Landsberg	"		8	16
		Liebstadt	"		16	35
		Liebenmühl	"		16	35
	Metzges	Lobberich	Geldern	1769	1	2
	Wilms Gebr.	Lünen	Mark	1765	2	2
	Ludger & Lutterodt	"	"	1766	3	3
		Mittenwalde	Kurmark		4	4
		Magdeburg	Magdeburg		83	134
		Möckern			4	4
		Marienwerder	Preußen		14	110
		Mohrungen	"		11	30
		Mörs b)	Mörs		1	2
	Steintges & Komp.	Neukirche	Geldern	1755	3	17
	Gewerke	Neustadt-Eberswalde	Kurmark		50	54
		Neudamm	Neumark		37	257
		Neuwedel	Neumark		29	62
		Nörenberg	"		4	6
		Neidenburg	Preußen		19	80
		Osterode	"		22	61
		Mühlhausen	"		12	36
	Lüps Witwe	Orsoy	Kleve	1729	13	64
	Gewerke	Perleberg	Kurmark		34	36
		Prenzlau c)	"		34	38

a) Vgl. S. 150 unter Iserlohn.
b) Vgl. S. 147 unter Mörs.
c) Vgl. S. 121 unter Prenzlau.

Benennung der Fabrik	Name des Entreprenneur	des Orts	der Provinz	Quo anno die Fabrik etablieret	In der Fabrik arbeiten Stühle	Ouvriers
Tuch-fabriken	Gewerke	Pritzwalk	Kurmark		63	70
		Peitz a)	Neumark		4	3
		Passenheim b)	Preußen		8	15
		Preusisch-Holland	"		41	116
		Preusisch-Eylau	"		26	173
		Plettenberg	Mark		19	24
		Rathenow	Kurmark		48	50
		Ruppin	Kurmark		151	160
		Reppen	Neumark		115	353
		Rothenburg	Neumark		37	129
		Reetz	"		36	48
		Rastenburg	Preußen		7	13
		Riesenburg	"		22	81
		Strasburg	Kurmark		8	8
		Spandau	"		3	3
		Storkow	"		17	31
		Sommerfeld	Neumark		77	212
		Sonnenburg	"			1
		Schönfließ	"			1
		Sternberg	"		2	10
		Schievelbein	"		20	85
		Soldin	"		49	66
		Saalfeld	Preußen		3	15
		Schippenbeil	"		16	18
		Soldau	Preußen		68	170
		Schirwindt	Litauen		4	4
		Sensburg	"		3	3
		Stallupöhnen	"		6	6
		Schermbeck	Kleve		7	49
	Motzgen & Hinsen c)	Sonsbeck	"	1734	3	65
	Stoecke	Straelen	Geldern	1769	1	5
	Mund	Schwelm	Mark		1	1
	Faehnrich	Trebbin	Kurmark	1749	1	3
	Gewerke	Templin	"		28	30
		Treuenbrietzen	"		106	106
		Tilsit	Litauen		6	6
	Gewerke	Venraij d)	Geldern	1750	1	4 d)
		Wilsnack	Kurmark		23	30
		Wittstock	"		151	160
		Woldenberg	Neumark		29	78

a) Vgl. S. 125 unter Peitz.

b) Vgl. S. 138 unter Passenheim.

c) Vgl. S. 144 unter Sonsbeck sowie S. 174 unter Misselan.

d) Vgl. dagegen S. 148 unter Venraij.

Benennung der Fabrik	Name des Entrepreneur	Name des Orts	Name der Provinz	Quo anno die Fabrik etablieret	In der Fabrik arbeiten Stühle	In der Fabrik arbeiten Ouvriers
Tuch-fabriken	Gewerke	Wehlau	Preußen		8	8
		Willenberg	"		24	82
	Lüps Witwe	Wesel	Kleve	1740	4	15
	[Gewerke]	Xanten a)	"	1754	1	6
		Zehdenick	Kurmark		12	12
		Zielenzig	Neumark		198	401
		Züllichau	"		275	804
		Zinten	Preußen		45	58
		Lingen	Minden		5	5
U						
Uhren-fabrik	Truitte & Dan.	Berlin	Kurmark	1770		
V						
Vitriolöl	Doktor Corella	Berlin	Kurmark	1769		
W						
Waagen-balken	Gewerk b)	Iserlohn	Mark			40
Wachs-bleichen	Jenschofsky	Berlin	Kurmark			
	Witwe Krügern	"	"	1752		4
	Pritz	"	"			
	Rein & Sohn	Cottbus	Neumark	1765		3
	Seelig	Königsberg	Preußen	1733		4
	Schneiders Witwe	"	"	1764		3
	Kunst	"	"	1765		3
	Waisenhaus	Frankfurt	Kurmark	1749		8
	Clausen	Minden	Minden	1764		3
Wachs-poussierer	Rauscher	Berlin	Kurmark			1
	Rein Gotth.	Cottbus	Neumark			1
Winden und Schrauben	Valefeld c)	Jur. Hemer	Mark	1709		2
	Verschiedene d)	HG. Schwelm	"	1709		34
Wollene Zeugfabriken	Wollenzeugfabriken zu Berlin vide Pag. [112]	, wo selbige designieret pro			1040	1130
	Rosentreter	Aschersleben	Halberstadt	1746		
	Rosenbaum	"	"			

a) Vgl. S. 145 unter Xanten.

b) Vgl. S. 150 unter Iserlohn sowie S. 161 unter Brumeisen.

c) Vgl. S. 151 unter Jurisdiktion Hemer sowie S. 181 unter Schrauben.

d) Vgl. S. 151 unter Hochgericht Schwelm sowie S. 181 unter Schrauben.

Benennung der Fabrik	Name des Entrepreneur	Name des Orts	Name der Provinz	Quo anno die Fabrik etablieret	In der Fabrik arbeiten Stühle	In der Fabrik arbeiten Ouvriers
Wollene	Trautvetter	Bleicherode	Halberstadt	1721	43	75
Zeugfabriken	Gewerk	Bernau	Kurmark		6	6
		Biesenthal	"			
		Brandenburg	"		111	120
		Buchholz [a]	"		2	2
		Köpenick	"		5	5
	Ellerich	Cottbus	Neumark		2	8
	Schiele	Küstrin	"	1752	8	60
	Winckler	"	"	1754	4	37
	Schuncke	"	"	1768	3	20
	Buchner	Kolberg	Pommern	1755	30	34
	Schröder	"	"	1744	6	9
	Hoywey	Kleve	Kleve	1750	3	3
	Reckling	"	"	1758	3	3
	Welseng	"	"	1735	1	1
	Negg	"	"	1751	1	1
	Paulus Witwe	"	"	1768	5	5
	Narteloh	"	"	1730		1
	Blinckflieth	Krefeld	Mörs	1756	2	6
	v.d. Leyen Erb.	"	"		20	20
	Ewald	"	"	1735		5
	Magistrat	Ellrich	Halberstadt	1724	25	25
	Teudloff	Ermsleben	"	1761		
	Gewerke	Fürstenwalde	Kurmark		7	30
		Gransee	"		4	4
	Lübcke	Greifenberg	Pommern	1765	6	9
	Büts	Geldern	Geldern	1755	1	4
	Messe & Komp.	Herford	Minden	1769	3	3
	Gewerk	Halberstadt	Halberstadt			
	Lublau & Tehpius	Königsberg	Preußen	1740		
	Wurffels	"	"	1734	10	219
	Schmidt Witwe	"	"	1738	8	144
	Schmidt, Jacob	"	"	1748	26	458
	Boeley	"	"	1764	4	98
	Dullo	"	"	1756		
	Gewerk	"	"		41	800
	Gewerk	Fischhausen	Preußen		3	3
		Lindow	Kurmark		20	20
		Lychen [b]	"		12	12
	Stöber	Landsberg	Neumark	1744	32	458
	Gewerk	Müncheberg	Kurmark	1764	20	23

a) Vgl. dagegen S. 116 unter Buchholz.

b) Vgl. S. 185 unter Tuchfabriken.

Benennung der Fabrik	Name des Entrepreneur	Name des Orts	Name der Provinz	Quo anno die Fabrik etablieret	In der Fabrik arbeiten Stühle	In der Fabrik arbeiten Ouvriers
Wollene Zeugfabriken	Kriegs- und Domänenrat Goslar	Magdeburg	Magdeburg	1732	149	164
	Witwe Maul	Mörs	Mörs		1	1
	Witwe v.d. Werth	"	"		1	1
	Gewerk	Neustadt-Eberswalde	Kurmark		50	54
	Wilde	Naugard	Pommern	1767	2	2
	Schlicht	Neidenburg	Preußen	1769	1	2
	Praetorius & Komp.	Osterwieck	Halberstadt	1720	40	45
	Peseler, Steger	Potsdam	Kurmark		9	9
	Ditmar & Friederich	"	"		4	4
	Kobs	Pyritz	Pommern	1749	4	6
	Kuse	"	"	1748	2	3
	Pancknin	"	"	1766	2	7
	Gewerk	Preußisch-Holland	Preußen		3	
		Plettenberg	Mark		19	51
	Gewerk	Riesenburg	Preußen		1	2
		Strausberg	Kurmark		126	130
		Soest	Mark	1766	10	14
	Sternberg Erben	Schwelm	"		90	90
	Gent, J.H.	Stargard	Pommern	1740	3	6
	Gent, C.G.	"	"	1769	2 a)	4
	Massow	"	"	1762	4	8
	Meiser	"	"	1753		
	Geister	Stettin	"	1754	8	8
	Pufahl	"	"	1762	8	104
	Gewerk	Templin	Kurmark		28	30
		Treuenbrietzen	"		106	106
	Doktor Delius	Versmold	Minden	1768	5	5
	Lackmann Gebr.	Wachtendonk	Geldern	1754	2	4
	Gewerk	Zehdenick	Kurmark		12	12
	Heyl	Zinna	"	1764		
	Biber Abilong	Minden	Minden		2	2
	[Gewerk]	Lingen	"		1	1

a) Vgl. dagegen S. 133 unter Stargard.

Benennung der Fabrik	Name des Entrepreneur	des Orts	der Provinz	Quo anno die Fabrik etablieret	In der Fabrik arbeiten Stühle	Ouvriers
Z						
Ziegenfell-bleiche	Russarie	Berlin	Kurmark	1769		3
	Du Vigneau	Halle	Magdeburg	1762		5
	Steimann & Armond	Halberstadt	Halberstadt	1765		3
Zeug- und Rasch-fabriken	Gewerk	Berlin vide Pag. [115]			295	295
	"	Burg	Magdeburg		a)	a)
	Gelhaus & Komp.	Bielefeld	Minden		b)	b)
	Gewerk	Drossen	Neumark		c)	c)
		Driesen	"		d)	d)
	Rys	Emmerich	Kleve	1760	1	1
	Königshoven	"	"	1757	1	2
	Koppers	"	"	1762	2	4
	Gewerk	Falkenburg	Neumark		5	5
	de Witt	Goch	Kleve		1	1
	Thebec & Komp.	Herford	Minden		3	3
	Meister	Halle	Magdeburg	1714	4	6
	[Gewerke]	Halle	"			
		Königsberg	Preußen		96	1545
		Luckenwalde	Magdeburg		1	1
		Lobberich	Geldern	1759	4	4
	Matthes	Landsberg	Neumark	1742	2	73
	Döderlein	"	"	1766	2	30
	Gewerke	Prenzlau	Kurmark		34	38
	Pillkallen	Pillkallen	Litauen		1	1
		Ruppin	Kurmark		12	12
		Strasburg e)	"		8	8
		Schievelbein	Neumark		22	84
		Stallupöhnen	Litauen		6	6
		Tilsit	"		1	1
Leinen-zwirn-macher	Floh & v.d. Leyen	Krefeld	Mörs		3f)	5
	Müller	"	"			4
	Gewerk	Emden	Ostfriesland			200
	Gewerk	Potsdam	Kurmark		10	10

a) Vgl. S. 127 unter Burg.
b) Vgl. S. 153 unter Bielefeld.
c) Vgl. S. 124 unter Drossen.
d) Vgl. S. 124 unter Driesen.
e) Vgl. S. 186 unter Tuchfabriken und S. 121 unter Strasburg.
f) Vgl. S. 146 unter Krefeld.

Benennung der Fabrik	Name des Entreprenneur	Name des Orts	Name der Provinz	Quo anno die Fabrik etablieret	In der Fabrik arbeiten Stühle	In der Fabrik arbeiten Ouvriers
Zwirnmühlen, seidene	Fonrobert	Berlin	Kurmark		3	5
	v.d. Leyen Erben	Krefeld	Mörs		16 [a]	24
	Königliche Kosten	Potsdam	Kurmark			
Zuckersiedereien	Splittgerber & Daum	Berlin	Kurmark			185
	Staube	Königsberg	Preußen	1769		2
	Harten & Möller	Minden	Minden	1764		9

a) Vgl. dagegen S. 146 unter Krefeld.

Preußen um 1770

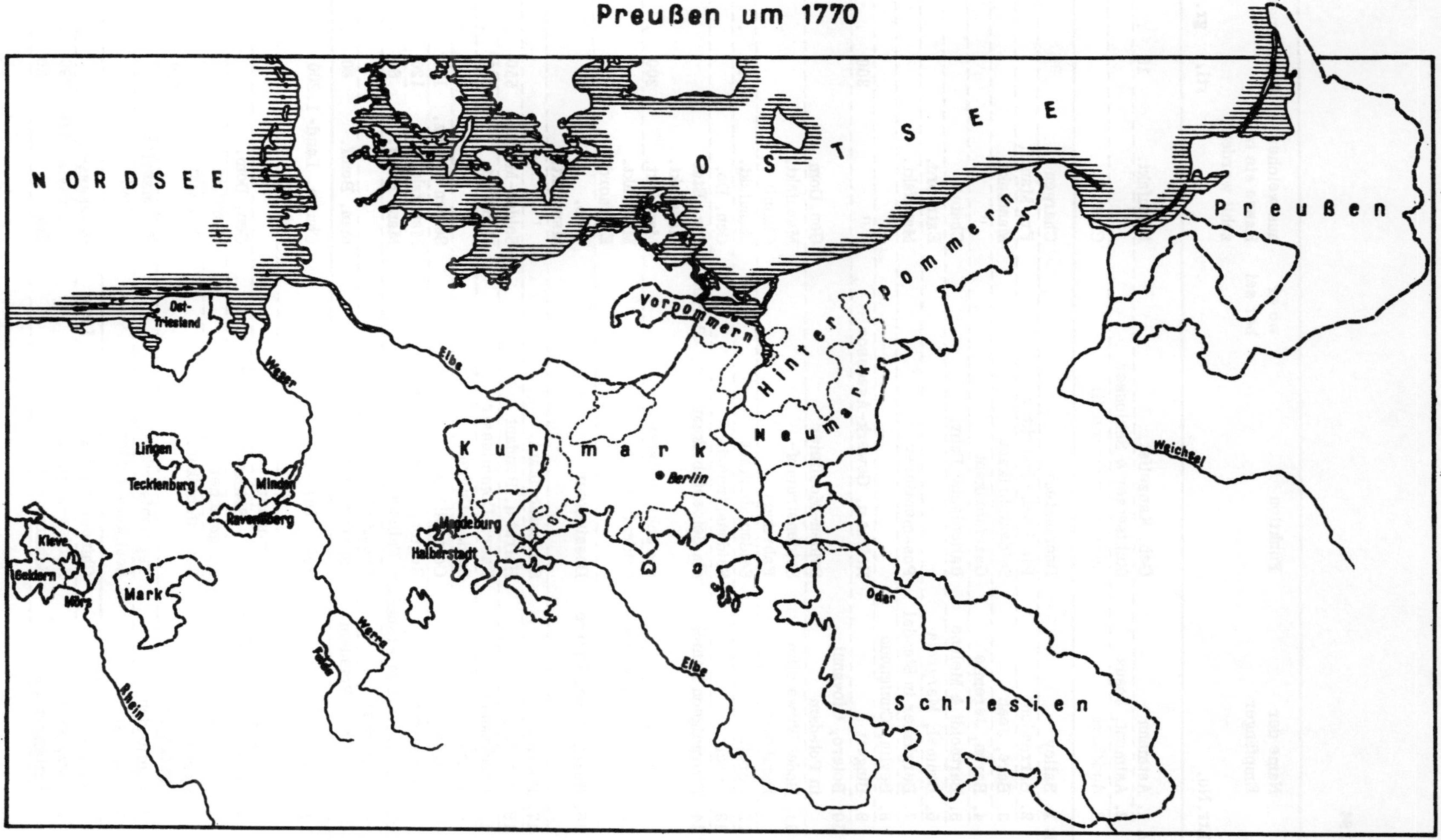

Ltr.	No.	Name der Empfänger	Funktion	wo er her sei	aus welcher Kasse sie bezahlt werden	Besoldungen rtl.	gr.
A	1.	Astmann	Geh. Kanzelist		Manufakt.	18	.
	2.	Asimont, Josua	Stuhlsetzer & Schlosser		"		
	3.	Audebert	Ouvrier en Or moulii		Chatull		
B	1.	Balley	Dessinateur		Chargen		
	2.	Barrandon	Plantagen-Inspektor		Fr. Manuf.		
	3.	Baré, Jean	Seidenfabrikant		Manufakt.		
	4.	Baron, Jeremie	Gazefabrikant		"		
	5.	Bartholdi & Melone	Italienische Fabr.		Chatull		
	6.	Baumel, Margreta			Extraord.		
	7.	Berghauer in Stendal	Posamentierer		Manufakt.		
	8.	Beylin, Cunigunda			"		
	9.	Bingert	Hofrat u. Gewerk-Assessor		"	300	.
	10.	Bolero, Giovanni in Potsdam	Seiden-Moulinier		Gen. Dom.		
	11.	Bodet Witwe olim Dambonet	Seidenstrumpf-Fabrikant		Manufakt. Chatull		
	12.	Borell	Seidenfabrikant		Manufakt.	40	.
	13.	Borell	Seidenspinnerin		Gen. Do.		
	14.	Bourguignon Daniel	als Seidenfabrikant	Berlin	Civ. Etat Manufakt.		
		Derselbe	als Schaumeister		Manufakt.	200	.
	15.	Bourguignon, Esaie	Seidenfabrikant		Manufakt. Extraord.		
	16.	Bourguignon, Pierre	Dessinateur		do. Manufakt.		
	17.	Bouvier	Seidenfabrikant		"		
	18.	Brendel, jun.	Hofrat u. Rendant		Seiden-Magaz.	650	.
	19.	Brockhausen	Fabr.-Commissair		Manufakt.	200	.
	20.	Brüss	Seiden-Ouvrier		"	"	.
	21.	Bürger	Controlleur		Seiden-Magaz.	150	.
	22.	Burmeister	Regist. u. Geh. Sekretär		Manufakt.	120	.
	23.	Baerenreuth in Frankfurt	Fabrikeninspektor		Man. Bonif.	60	.
	24.	Bergemann	Kassierer				
	25.	Baetche in Potsdam	Fabrikeninspektor		Man. Bonif.	80	.
C	1.	Chanony	Fabr. Direkteur		Churm. Land-Renthey	1.200	.
	2.	Chevallier	Verniseur				
	3.	Claris, Guisepo in Potsdam	Seiden-Moulinier		Gen. Dom.		
	4.	Closs, Michel	Zeugmacher		Manufakt.		
	5.	Combet	Seidenfabrikant		Manufakt.		
		Derselbe				200	.
	6.	Coulloudon	Tapetenfabrikant		Fr. Manufakt.		
	7.	Cousinet	Sculpteur & Modeleur		Chatoul		
D	1.	de la valle	Chineur & Dessinateur	Lion	Passkasse		
	2.	Dieu, Pierre, Kriegsrat, als	Accise-Insp. und Schaumeister		Fr. Civil-Etat dito	290 50	.

Pensions rtl.	gr.	Hausmiete rtlr.	gr.	Subsistenz- und Wartegelder rtlr.	gr.	Interessen von eigenen Darlehn rtlr.	gr.	Douceurs rtlr.	gr.	Summa was jeder empfängt rtlr.	gr.	Remarquen
										18	.	
100	.									100	.	
75	.									75	.	
300	.									300	.	nach Haus gegangen
72	.									72	.	
				20	.					20	.	
		130	.							130	.	
152	.									152	.	
50	.									50	.	
50	.									50	.	
		80	.							80	.	
										300	.	
240	.									240	.	
300 200	. . }									500	.	
										40	.	
150	.									150	.	
50 50	. . }									300	.	
60 50	. . }									110	.	
46 100	12 . }									146	12	
40	.									40	.	
										650	.	
										200	.	
50	.									50	.	
										150	.	
										120	.	
										60	.	
										80	.	
										1.200	.	
400 + 200 }										600	.	
360	.									360	.	
				10	.					10	.	
100	. }									300	.	
60	.									60	.	
150	.									150	.	
500	.									500	.	
}										340	.	

Ltr.	No.	Name der Empfänger	Funktion	wo er her sei	aus welcher Kasse sie bezahlt werden	Besoldungen rtl.	gr.
D	3.		Dessinateur		Extr.Ord.		
	4.	Denis	Pre Ouvrier		Chatull		
	5.	Duchere	Seidenfabrikant		Manufakt.		
E	1.	Engellman in Frankfurt	Schaumeister		Man. Bonif.	100	.
F	1.	de Favrat	Fabriken-Direktor		Gen.Krieges	600	.
	2.	de Ferriet	Geh. Rat u. Manufaktur-Inspektor		Fr. Civ. Etat	162	.
	3.	Fischer in Potsdam	Uhrmacher		Chatull		
	4.	Flick	Seidenfabrikant		Manufakt.		
	5.	Fonrobert, Francois	Seiden-Moulinier		Extraord.		
	6.	Fonrobert, Jean	dito		do.		
	7.	Fontyn in Potsdam	Riethmacher		Chatull		
	8.	Frickel jun.	Strumpffabrikant qua Stuhlsetzer		Manufakt.		
G	1.	Gavy, Antione	Planteur		Gen. Dom.		
	2.	Giactutti, Giovanni	Seiden-Moulinier		Gen. Dom.		
	3.	Giroud	Seidenfabrikant		Manufakt.		
	4.	Giroud seine Frau ✝	Liseuse de Desseins		dito		
	5.	Gladow	Registratur-Aide		dito	200	.
	6.	Glaisin, Charlotte	Seidenwicklerin		dito		
	7.	Gölckel			dito	10	.
	8.	Gorges	Stuhlsetzer u. Schlosser		dito		
	9.	Gralhenauer ✝	Kassierer		dito	72	.
	10.	Griot ✝	Stuhlsetzer		Extraord.		
H	1.	Heyde in Stettin	Kolonie-Stuhlschlosser		Fr. Manuf.		
	2.	Hohlfeld ✝	Mechanicus		Manufakt.		
	3.	Holtz	als Fabriken-Commissarius		Stempelkammer	250	.
			wegen der Plombage		Manufakt.	50	.
			auf den Stühlen		Man. Bonif.	200	.
	4.	Hudde	Diamantaire	Paris	Civil Etat Chatull		
	5.	Hanff	Graveur		Chargen		
J	1.	Jeanson, Abr. in Stettin	Manufaktur-Inspektor		Fr. Civ.Etat		
K	1.	Krügel ✝	als Sekretär		Manufakt.	150	. }
			maitre de quartier		do.	100	. }
	2.	Kühnel ✝	Graveur		Chargen		
	3.	Kemnitz	Kanzleidiener		Man. Bonif.	84	.
	4.	Kühnholtz	Plantagen-Inspektor		dito	60	.

Pensions		Hausmiete		Subsistenz- und Warte-gelder		Interessen von eigenen Darlehn		Douceurs		Summa was jeder em-pfängt		Remarquen
rtl.	gr.	rtlr.	gr.	rtlr.	gr.	rtlr.	gr.	rtlr.	gr.	rtlr.	gr.	
200	.									200	.	
125	.									125	.	
50	.									50	.	
										100	.	
										600	.	
										162	.	
150	.									150	.	
50	.									50	.	
150	. }	120	.	vor ihre Seidenmühlen zur Kämmerei }						420	.	
150	.											
250	.									250	.	
40	.									40	.	vom verstorbenen Griot
312	.									312	.	
240	.									240	.	
40	.	50	.	24	.					114	.	
100	.									100	.	gest. u. succed.
										200	.	die Monettin von
30	.									30	.	1. Febr. 1770 an
										10	.	
80	.									80	.	
										72	.	
100	.									100	.	gest., dessen Pension an Plaetz u. Frickel junior
50	.									50	.	
150	.									150	.	gestorben
}										500	.	
50	. }									200	.	
150	.											
200	.									200	.	des Kühnell Pension
100	.									100	.	
										250	.	gestorben
200	.									200	.	tot, Marme hat die Pension
										84	.	
										60	.	

Ltr.	No.	Name der Empfänger	Funktion	wo er her sei	aus welcher Kasse sie bezahlt werden	Besoldungen rtl.	gr.
L	1.	Labaye, Witwe			Manufakt.		
	2.	Laurent			Extraord.		
	3.	Liepmann	als Schaumeister Seidenfabrikant		Manufakt. do.	200	
	4.	Leining	Geheimen Kämmerer u. Rendant		do.	72	.
	5.	Lonne	Stählerner Kammacher		Manufakt. Chargen		
M	1.	Marme	Graveur				
	2.	Massoneau	Chineur		Manufakt.		
	3.	Morel	Ouvrier en moulii		Chatull		.
	4.	Müller	Bote, als Heizer		Manufakt.	15	.
N	1.	Neumann	Plantagen-Inspektor				
	2.	Nitschke	Seidenfabrikant		Manufakt.		
	3.	Noack	Geh. Sekretär als Kassierer		do.	72	.
O							
P	1.	Pagé	Devideuse		Manufakt. Extraord.		
	2.	de Pascal	Seidenhasplerin		Manufakt. Fr. Civ. Etat		
	3.	Pasche	Seidenfabrikant		Manufakt.		
	4.	Periant, Simon	dito		do.		
	5.	Plantier	Seidenfärber		do.	für 3000 rth.	
	6.	Plaetz	Stuhlsetzer		do.		
	7.	Prost	Seidenfabrikant		do.		
Q							
R	1.	Reinicke	Seiden-Magazin-Aufwärter		Seiden-Mag.	48	.
	2.	Rieck	Stuhl-Schlosser		Manufakt.		
	3.	Roascia in Potsdam	Seiden-Moulinier		Gen. Dom.		
S	1.	Schopffe	Aktenhefter		Manufakt.	5	.
	2.	Schroback, Joh. Heinr.	Seidenfabrikant		dito		
	3.	Schmidt	Geheimer Kanzlist		dito Seiden-Mag.	72	.
	4.	Schwan	Seidenfabrikant		Manufakt.		
	5.	Simon, Andre in Köpenick	Entreprenneur		do.		
	6.	Stoffel	Brüss. Lederfabrikant		do.		
	7.	Strietz	Schaumeister		do.	200	.
	8.	Schneiden in Köpenick	Fabrikeninspektor		Man. Bonif.	60	.
	9.	Schultze in Potsdam	Schaumeister			125	.

Pensions rtl.	gr.	Hausmiete rtl.	gr.	Subsistenz- und Wartegelder rtlr.	gr.	Interessen von eigenen Darlehn rtlr.	gr.	Douceurs rtlr.	gr.	Summa was jeder empfängt rtlr.	gr.	Remarquen
169	12									169	12	
150	.									150	.	
50	. }									250	.	
										72	.	
135	.											
133	8									268	8	
												hat die Pension des verst. Kühnel v. 200 rtlr. verbeten
				100	.					100	.	
75	.									75	.	vocant
										15	.	
40	.									40	.	
										72	.	
50	.		}									
		40	. }							90	.	
		70	. }									
104	.									174	.	
		40	.							40	.	
20	.									60	.	
Kapital a 5 Prozent						50	.			50	.	
60	.									60	.	vom Griot, so tot
250	.									250	.	
										48	.	
		50	.							50	.	
100										100	.	desertiert
										5	.	
75	.									75	.	
								36 }	.	108	.	
50	.									50	.	
180	.									180	.	
		80	.							80	.	auf 3[?]Jahr,
										200	.	welcher pro
										60	.	1769 cessieren.
										125	.	

Ltr. No.	Name der Empfänger	Funktion	wo er her sei	aus welcher Kasse sie bezahlt werden	Besoldungen rtl.	gr.
T 1.	de Thomas Guion	Hofrat u. Plantagen-Direktor der Neumark		Chargen Fr. Civ. Etat		
2.	Thorell	Seidenfärber		Manufakt.		
3.	Thym	Plantagen-Inspektor		Manufakt. Extraord.		
4.	Topff	Seidenfabrikant		Manufakt.		
5.	Tollin, Jeanne	Seidenwicklerin		do.		
U						
V 1.	Valy	Fondeur		Chatull		
2.	du Vigneau in Magdeburg	Kriegsrat und Fabriken-inspektor		Fr. Civ. Etat		
3.	Verdier, Marck	Seidenfärber		do.		
4.	Vignes	Färber		do.		
5.	Voigt, Dan.	Instrumentenmacher		Manufakt.		
W 1.	Wagener	Seiden-Magazin-Aide		Seiden-Mag.	60	
2.	Wolter	Buchhalter		do. Manufakt.	30 120	
X						
Y						
Z						

Pensions		Hausmiete		Subsistenz- und Warte-gelder		Interessen von eigenen Darlehn		Douceurs		Summa was jeder em-pfängt		Remarquen
rtl.	gr.	rtlr.	gr.	rtlr.	gr.	rtlr.	gr.	rtlr.	gr.	rtlr.	gr.	
116	.											
184	.									300		
100	.									100	.	
80	.											
50	.									130	.	
30	.									30	.	
50	.									50	.	
75	.									75	.	vacant
182	.									182		
100										100	.	
200	.									200	.	
80	.									80	.	
										60	.	
										150	.	

Geographisches Register +

Aachen 93

Altena (Mark) 92

Altmark (Kurmark) 28, 94

Amalienhof (Kurmark) 35, 57, 61, 85

Bayern 74, 83

Berg, Herzogtum 83

Berlin (Kurmark) 9, 11, 14, 16, 18, 19, 20, 21, 22, 27, 31, 37, 40, 41, 42, 43, 48, 49, 50, 53, 55, 57, 58, 60, 61, 62, 63, 64, 65, 67, 70, 71, 74, 75, 76, 78, 79, 80, 81, 82, 84, 85, 87, 88, 89, 92, 93

Bielefeld (Minden) 41

Bleicherode (Halberstadt) 57

Böhmen 62

Boitzenburg (Kurmark) 86

Borgholzhausen (Ravensberg) 86

Brackwede, Amt (Ravensberg) 83

Brandenburg (Kurmark) 43, 59

Brandenburg-Preußen, s. auch Mittel-, Ost- u. Westprovinzen 5, 6, 7, 8, 11, 13, 14, 17, 18, 21, 23, 24, 25, 32, 35, 43, 44, 51, 53, 60, 62, 63, 64, 65, 67, 68, 69, 71, 72, 73, 74, 76, 80, 82, 83, 88

Breckerfeld (Mark) 41, 42

Büderich (Kleve) 83

Burg (Magdeburg) 48

Calbe (Magdeburg) 48

Caputh, Schloß (Kurmark) 35, 85

Düsseldorf 24, 77, 81, 83, 90

Duisburg (Kleve) 20, 41, 42, 43, 53, 57, 59, 79, 80, 81, 82, 83

Eberswalde (Kurmark) 57, 60, 74, 78, 84

Emden (Ostfriesland) 22, 41, 48, 81

England 15, 64, 69, 76, 92

Frankfurt (Kurmark) 75

Frankreich 62, 91

Freienwalde (Kurmark) 78

Freren (Lingen) 86

Friedrichshuld (Pommern) 35, 61

Geldern (Geldern) 41

Geldern, Herzogtum, preußischer Anteil (Obergeldern) 13, 28, 29, 30, 33, 34, 35, 36, 38, 41, 45, 46, 47, 52, 54, 60, 73, 89

Glaucha (Magdeburg) 19, 79

Goch (Kleve) 60, 83

Göttingen 24, 82

Grieth (Kleve) 83

Hagen (Mark) 41, 86

Halberstadt (Halberstadt) 40, 41

Halberstadt, Fürstentum 13, 28, 29, 30, 31, 38, 41, 43, 45, 47, 52, 54, 55, 73, 84

Haldensleben (Magdeburg) 48

Halle (Magdeburg) s. auch Glaucha und Neumarkt 19, 40, 43, 48, 59, 62, 78

Halle (Ravensberg) 86

Hausberge (Minden) 86

Hausberge, Amt (Minden) 79

Heepen, Amt (Ravensberg) 79

Heegermühle (Kurmark) 90

Hemer (Mark) 32

Herdecke (Mark) 41, 42, 57

Hohenfinow (Kurmark) 35, 61, 85, 86, 93

Ibbenbüren (Tecklenburg) 86

+ Das Register umfaßt nicht den Quellenanhang.
Die Ortsangaben enthalten in Klammern den jeweils zugehörigen preußischen Landesteil nach dem Stand von 1769/70.

Cotton siehe Kattun.

Crepon (Krepp, Krepon): gazeartiges Wollgewebe mit gekrausten (gekreppten) Fäden; besonders stark gedrehte Kettenfäden und Behandlung des gewebten Zeuges mit siedendem Wasser brachten diesen krausen Effekt hervor.

Damast: ein geblümtes Zeug, dessen Muster die ganze Breite des Gewebes einnimmt; auf der einen Seite ist der Grund Taft (Taffet) und die Figur Atlas, auf der anderen Seite umgekehrt. Zwei Sorten wurden vor allem unterschieden: den leichteren holländischen oder Möbeldamast und den schwereren französischen Kleiderdamast.

Dessinateur: Musterzeichner, der die Zeichnung entwirft und herstellt, die als Vorlage für das Musterweben dient.

Devideuse: Garnwinderin, Spulerin.

Diamantaire: Diamantenschleifer.

Dimet, Dimth: eine Art geköperter Barchent.

Etamin (Ettamin): verschiedene Arten leichter glatter Zeuge, die leinwandartig aus Wolle oder halb aus Wolle und halb aus Seide, mitunter auch aus Seide gewebt waren. Etamin wurde als Futterstoff für die Offiziersmonturen benutzt.

Federspulen (auch Kiele oder Posen): die zur Bearbeitung als Schreibfedern gesammelten Schwungfedern verschiedener Vögel, insbesondere von Gänsen.

Flanell: ein schlechtes leichtes Wolltuch verschiedenen Aussehens (ordinärer Futterflanell, geköperter, glatter und friesartiger Flanell).

Fondeur: Gießer, Schmelzer.

Fries: tuchartiges geköpertes Wollzeug, hur halb gewalkt, gerauht, mit langen Fasern an der Oberfläche, da nicht geschoren.

Gaze: undichtes, netzartiges, zum Teil sehr feines Gewebe, das aus weißem Nesselgarn, feinem Zwirn oder roher Seide hergestellt wurde.

Golgas: bedruckter Flanell.

K siehe auch unter C.

Kammacher: Handwerker, die den Kamm (auch Blatt genannt) für den Webstuhl herstellten. Der Kamm befand sich an der Lade des Webstuhls, deren Anschlag die Fäden des Einschlags gegeneinander drängte und damit befestigte. Er hatte die Kettenfäden in Ordnung zu halten und auf eine bestimmte Breite gleichmäßig zu verteilen. Er bestand aus zwei horizontalen Randleisten und einer großen Zahl feiner vertikaler Stäbchen (Riethe genannt) zwischen denselben. S. auch Riethmacher.

Kanefas (auch Kannefas, Kannevas, Canevas, Canefas, Cannefass): Name verschiedener - roher oder ungebleichter, auch gebleichter oder weißer - sowohl aus Flachs oder Hanf wie auch aus Baumwolle hergestellter Gewebe.

Karkassendraht (Carcassendraht): dünner mit Seide umsponnener Eisendraht, der besonders zur Versteifung von Spitzen für Kopfputz benutzt wurde.

Kastor (Castor): Bezeichnung für die unter Verwendung von Biberhaaren hergestellten Hüte, Handschuhe, Strümpfe usw.

Kattun: Baumwollgewebe verschiedener Qualität und breitem Verwendungsbereich: ordinäre und Mittelkattune, feine Kattune, die wiederum unterteilt waren in Hamans, Sanspeine, ordinäre, feine und extra feine Mousseline.

Korduanleder (Corduan): ein weiches und zartes, aus Ziegen-oder Schaffellen bereitetes Leder.

Kratzendraht: Eisendraht, der zur Herstellung von Wollkratzen (Kratzenkämmen) für die Wollkämmer benutzt wurde.

Lahn: ein dünn und wie Blech breitgeplätterer Metalldraht.

Lionischer Draht: bestand im Unterschied zum Gold- und Silberdraht nicht aus Edelmetall; benannt nach seinem Hauptursprungsort, Lyon.

Liseuse des dessins: Musterleserin, die das "Einlesen" des Webmusters auf den Webstuhl, d.h. eine Vorbereitungsarbeit für das Musterweben besorgte.

Manchester: Baumwollsamt.

Marseillanische oder Marseiller Seife: eine gute weiße Seife, die vor allem zum Kochen der Seide gebraucht wurde.

Metier: Handwerk, Gewerbe, im engeren Sinne auch Bezeichnung für das Hauptproduktionsmittel eines gewerblichen Produzenten (z.B. den Webstuhl).

Misselan (auch Miselan, Meselan, Mesolan, Miscellan): ein grobes halbwollenes und halbleinenes Zeug.

Moulinier: Zwirner. S. auch Zwirnmühle.

Mühlenstuhl (Bandmühle): mechanischer Bandwebstuhl, auf dem - im Unterschied zum gewöhnlichen Posamentierstuhl - gleichzeitig mehrere Bänder hergestellt werden konnten; während für die eine Hauptform, mit der wenigstens 4 - 6 Bänder zugleich gewebt werden konnten, noch ein gelernter Weber benötigt wurde, erforderte die zweite Hauptform des Mühlenstuhls, mit der bis zu 40 Bänder gleichzeitig gewebt werden konnten, lediglich einen ungelernten Arbeiter.

Osemund: ein gefrischtes und zweimal geschmiedetes Eisen, welches mit der Hand zusammengeschlagen und in etwa ein halbes Pfund schwere Stücke zerteilt wurde. Es kam in der Qualität dem besten schwedischen Eisen (Osemund genannt) gleich. Der Name dieser Eisenbarren wurde auf die dieses Eisen herstellenden und - meist zu Draht - verarbeitenden Produzenten der Grafschaft Mark übertragen.

Percan (auch Perkan, Berkan, Baracan): wollenes ungewalktes Zeug mit leinwandartiger Bindung, das so dicht gewebt wurde, daß es zu Regenmänteln benutzt werden konnte.

Plüsch (Peluche, Pelusch, Pelusche): Samt mit längeren und nicht so dichten Haaren wie beim eigentlichen Samt; meist aus Wolle und Kamelgarn, aber auch aus Seide hergestellt.

Plumagen: Federblumen.

Posen: s. Federspulen.

Rasch: geringes, lockeres, leichtes Wollenzeug, das vor allem von den ärmeren Volksschichten getragen wurde.

Riethmacher: die Handwerker, die die Zähne (Riethe des Kammes für den Webstuhl herstellten. S. auch Kammacher.

Say (Saye, Soye): sehr leicht geköperte ganzwollene Zeuge oder Sergen.

Sayet (Sayette): ein dünnes und leichtes Wollenzeug, zuweilen mit etwas Seide gemischt.

Serge (Sarge, Sarsche, Köper): wollene oder seidene geköperte Zeuge mit unterschiedlichen Webmustern.

Siamoise (auch Siamose, Simoise): ein buntes Zeug aus Leinen- und Wollgarn, zuweilen auch aus Leinen- und Baumwoll- bzw. Seiden- und Baumwollgarn.

Schmelzkanten: aus Seide und Zwirn hergestellte Stickereikanten.

Strumpfwirker: Handwerker, der im Unterschied zum Strumpfstricker besonders die Seidenstrümpfe nicht mit der Hand, sondern auf dem Strumpfwirkerstuhl in einzelnen Teilen wirkte und dann zusammennähte. Er verfertigte auch Handschuhe, Röcke, Westen, Hosen und Mützen.

Tuch: schweres Wollgewebe aus Streichgarn, das auf der Oberfläche durch das Walken eine dünne Filzdecke erhielt; durch anschließendes Rauhen und Scheren wurde
der der Fadenlauf völlig verdeckt. Man unterschied nach der Wollqualität viele Tucharten.

Vernisseur: Lackierer.

Zeug: im Unterschied zu Tuchen aus langhaariger gekämmter Wolle (Kammgarn) hergestellter dünner, wenig oder gar nicht gewalkter Wollstoff mit glatter Oberfläche ohne den filzartigen Überzug der Tuche; häufig mit anderen Rohstoffen zusammen verarbeitet.

Zitz: Baumwollgewebe, feinste Sorte des Kattuns.

Zwirnmühle (moulin): Vorrichtung zur Vorbereitung der dünnen Seidenfäden durch Drehen zum Weben. Die Zwirnmühle bestand in der Regel aus einem zimmerhohen drehbaren Gestell, das mit bis zu 300 Spindeln besteckt war.

Erläuterungen zu einzelnen Bezeichnungen+

Appretur: Gesamtheit der Verrichtungen, durch welche man das Aussehen des Gewebes (Farbe, Glanz, Dichte, Griff) zu vervollkommnen suchte.

Blumen, italienische: manufakturmäßige Herstellung von künstlichen Blumen nach italienischem Muster, meist durch junge Mädchen und Kinder.

Beuteltuch (auch Siebleinwand oder Siebtuch): sehr klare Leinwand zum Durchsieben oder Durchbeuteln, um feines Pulver zu erhalten.

Blonden: seidene Spitzen mit netzartigem Grunde, mit oder ohne Blumenmuster, aus roher Seide geklöppelt.

Bombasin: ein kreuzweise gewebtes feines baumwollenes, meist gestreiftes Zeug.

Boy (Boi): leichtes tuchartiges Gewebe oder unvollkommenes Tuch, dessen Kette aus gekämmter Wolle besteht und das nur leicht gewalkt wurde. Schwarzer Boy wurde in Deutschland vor allem bei Trauerfällen zum Ausschlagen von Zimmern, Kutschen usw. benutzt. Der rote Boy, der aus der schlechtesten Ausschußwolle angefertigt wurde, diente besonders zur Herstellung von Futter und Aufschlägen für Soldatenuniformen.

Broderie: Stickerei.

C siehe auch unter K

Callamanque (auch Calemenque, Calmank, Kalemank): gutes ein- oder mehrfarbiges Zeug, geköpert, meist gestreift, aber auch geblümt und damastartig, einer der Hauptartikel der Zeugmacher.

Camelott (auch Camelot, Kamelott, Kamlott): wie Callamanque, nur ohne Köper; auch aus Seide oder Kamel- bzw. Ziegenhaaren, zuweilen halb mit Seide vermischt, hergestellt.

Chalon: eine Art Wollenzeug.

Chenille: seidene, behaarten Raupen ähnlich sehende seidene Borten, Schnüre oder Streifen, mit denen Röcke und Westen garniert wurden. Zuweilen bestanden sie aus ganz zartem Samtstreifen, der auf Saiten oder dünnen Draht gewunden war.

Chineur: färbte die Kette eines Stoffes derart bunt, daß beim Weben ohne weitere Vorrichtungen ein Muster entstand, und zwar nicht durch Buntdruck, sondern dadurch, daß die Kettenfäden in kleinen Gruppen zunächst mit einer Vorzeichnung versehen, dann die freibleibenden Stellen mit Papier umwickelt und unterbunden wurden, so daß die anderen gefärbt werden konnten. Dies Verfahren wurde für jede einzelne Farbe wiederholt und mit der so zubereiteten Kette der Stoff gewebt.

+ Hierzu wurden vor allem benutzt: Krünitz, J.G., Oekonomische Encyklopädie oder allgemeines System der Staats-, Stadt-, Haus- und Landwirthschaft, 2. Aufl., Berlin 1782 ff.; Jacobson, J.C.G., Schauplatz der Zeugmanufacturen in Deutschland, 4 Bände, Berlin 1775 ff.; Hinrichs, Carl, a.a.O., S. 479 ff.; Hintze, Otto, Seidenindustrie, II, S. 675 ff.; Krüger, Horst, a.a.O., S. 713 ff.; Vollmer, Gisela, a.a.O., S. 186. Hingewiesen sei auf die vor allem in der Textilproduktion stark schwankenden Bezeichnungen wie auch auf die wechselnde Materialzusammensetzung.

Iserlohn (Mark) 32, 41, 84, 87
Iserlohn, Amt (Mark) 57
Isselhorst (Ravensberg) 83
Italien 76
Jennelt, Gut (Ostfriesland) 14
Jülich, Herzogtum 33, 83
Kalkar (Kleve) 22, 83
Kappeln s. Westerkappeln
Kervenheim (Kleve) 83
Kleve (Kleve) 79
Kleve, Herzogtum 13, 23, 24, 28, 29, 30, 31, 32, 34, 36, 38, 41, 43, 45, 46, 47, 52, 53, 54, 73, 78, 83
Kloster Zinna siehe unter Z
Köln 33, 90
Königl. Reetz s. unter R
Königsberg (Ostpreußen) 40, 42, 43, 53, 55, 57, 58, 59, 79
Königsborn (Magdeburg) 35
Königswalde (Neumark) 78
Kolberg (Pommern) 41
Krefeld (Mörs) 33, 41, 42, 43, 53, 55, 59, 60, 62, 90, 92
Küstrin (Neumark) 57
Kurmark 8, 12, 13, 18, 24, 28, 29, 30, 31, 32, 33, 34, 35, 36, 38, 41, 42, 43, 44, 45, 46, 47, 49, 52, 53, 54, 55, 56, 57, 60, 61, 73, 83, 84, 85, 94
Landsberg (Neumark) 41, 42, 53, 57, 59
Leer (Ostfriesland) 22, 49, 65, 79, 81
Leer, Amt (Ostfriesland) 81
Lengerich (Tecklenburg) 86
Levante 76
Lingen, Grafschaft 23, 28, 37, 69, 84, 86
Litauen, s. auch Ostpreußen 13, 28, 29, 30, 31, 32, 34, 44, 45, 46, 47, 52, 54, 73, 87
Loburg (Magdeburg) 81
Löbau 22
London 15, 75
Luckenwalde (Magdeburg) 81
Magdeburg (Magdeburg) 40, 43, 48, 49, 57, 59, 75, 79, 80, 81, 82, 83, 88, 91, 92
Magdeburg, Herzogtum 13, 22, 24, 28, 29, 30, 31, 32, 34, 35, 36, 38, 41, 43, 44, 45, 46, 47, 52, 54, 73, 75, 79, 80, 81, 84
Mark, Grafschaft 13, 24, 28, 29, 30, 31, 32, 33, 34, 35, 36, 38, 41, 42, 43, 44, 45, 46, 47, 52, 53, 54, 55, 69, 73, 78, 81, 85, 86, 87
Merseburg 75, 76, 77, 79, 80, 81, 82
Messingwerk (Kurmark), s. auch Heegermühle 60, 78, 90
Minden (Minden) 24, 79, 81
Minden, Fürstentum 13, 18, 23, 24, 28, 29, 30, 33, 34, 35, 36, 37, 38, 41, 44, 45, 46, 47, 52, 54, 69, 73, 75, 77, 82, 85, 86, 87, 89, 94
Mittelmark (Kurmark) 28
Mittelprovinzen (Preußen) 19, 20, 27f, 29, 32, 35, 36, 37, 38, 39, 49, 60, 62, 68, 69, 70, 71, 78, 86, 89, 94
Möckern (Magdeburg) 81
Mörs (Mörs) 60
Mörs, Fürstentum 13, 28, 29, 30, 32, 33, 34, 38, 41, 43, 45, 47, 52, 53, 54, 55, 56f, 62, 73, 78
Münster 24, 82
Neubarnim (Kurmark) 84
Neulewin (Kurmark) 84
Neumark 13, 18, 24, 28, 29, 30, 31, 32, 34, 38, 41, 44, 45, 46, 47, 52, 54, 73, 77
Neumarkt (Magdeburg) 19, 79
Neumedewitz (Kurmark) 84
Neustadt a.d. Dosse (Kurmark) 41, 42, 43 59, 61
Neustadt Eberswalde s. Eberswalde
Neutrebbin (Kurmark) 84

Niederlande 62, 69, 86
Nowawes (Kurmark) 35, 49, 89
Österreich 74, 83
Oldendorf (Ravensberg) 86
Orsoy (Kleve) 41, 57, 83
Osterwieck (Halberstadt) 41, 42, 43, 59
Ostfriesland, Fürstentum 13, 14, 17, 18, 20, 22, 23, 28, 29, 30, 32, 34, 38, 41, 45, 46, 47, 49, 52, 54, 62, 65, 75, 76, 77, 79, 80, 81
Ostpreußen, s. auch Litauen 13, 28, 29, 30, 31, 34, 38, 43, 44, 45, 46, 47, 52, 53, 54, 55, 58, 59, 70, 73, 75, 82
Ostprovinzen (Preußen) 19, 24, 27f, 32, 35, 36, 37, 38, 39, 40, 49, 69, 70, 71, 78, 86
Paris 14, 75
Pommern 13, 18, 28, 29, 30, 31, 34, 35, 36, 38, 41, 43, 45, 47, 52, 54, 55, 61, 73, 84, 89
Potsdam (Kurmark) 24, 31, 40, 42, 43, 55, 57, 58, 60, 63, 64, 65, 79
Preußen s. Brandenburg-Preußen
Preußen s. Ostpreußen
Prignitz (Kurmark) 28
Rathenow (Kurmark) 43, 59
Ravensberg, Amt (Ravensberg) 33, 87
Ravensberg, Grafschaft 13, 18, 23, 24, 28, 29, 30, 33, 34, 35, 36, 37, 44, 45, 46, 47, 52, 54, 69, 73, 75, 77, 83, 85, 86, 87, 89, 94
Königl. Reetz (Neumark) 84
Rehme (Ravensberg) 78
Rheinsberg (Kurmark) 61
Rostin, Rittergut (Kurmark) 85, 93
Rüdnitz (Kurmark) 84
Ruhla 74
Sachsen 86
Salzburg 62
Schlesien 6, 10, 13, 18, 24, 43, 62, 72, 76, 82, 84, 89
Schmalkalden 74
Schöneiche, Gut (Kurmark) 85
Schwelm (Mark) 41, 42, 43, 57, 59
Schwelm, Hochgericht (Mark) 43, 59
Sonsbeck (Kleve) 41, 57, 83
Spandau (Kurmark) 57, 60, 64, 79, 93
Stettin (Pommern) 40, 41, 43, 57, 59, 61, 88
Stickhausen, Amt (Ostfriesland) 14
Stockholm 14
Tecklenburg, Grafschaft 23, 28, 37, 69 84, 86
Templin (Kurmark) 91
Uckermark (Kurmark) 28
Üdem (Kleve) 83
Versmold (Ravensberg) 86
Visquard, Gut (Ostfriesland) 14
Vlotho (Ravensberg) 86
Vlotho, Amt (Ravensberg) 78
Weißenspring (Kurmark) 35
Werther (Ravensberg) 86
Westerkappeln (Tecklenburg) 86
Westprovinzen (Preußen) 18, 19, 21, 24, 27f., 29, 31, 32, 36, 37, 38, 39, 40, 50, 53, 61, 65, 69f., 71, 78, 86
Wolmirstedt (Magdeburg) 41
Wriezen (Kurmark) 84
Xanten (Kleve) 60, 61, 77, 83, 90
Kloster Zinna (Kurmark) 22, 86
Züllichau (Neumark) 91

Personenregister[+]

Alvensleben, Udo von 75, 76

Arnim, von, Gutsbesitzer, Eigentümer einer Leinenmanufaktur in Boitzenburg 86

Averdunk, Heinrich 79, 80, 81, 82

Bamberger, Luise 81

Barkhausen, Max 86

Baudouins, (Gebr. Henri und Jacques Baudouin) Seidenmanfakturunternehmer in Berlin 58, 62

Bautz, Baumwollmanufakturunternehmer in Königsberg (Ostpr.) 59, 79

Bechtel, Heinrich 74

Beck, von der, Mitinhaber einer Drahtmanufaktur im Amt Iserlohn 57

Behre, Otto 10, 23, 74, 75, 79, 82

Bensch, Auguste, Dorothea 89

Bernhard, Witwe (des Isaak B.), Samt- und Seidenmanufakturinhaber in Berlin und Potsdam 79

Boeckh, Richard 74, 82

Böhm, E. 75

Boeley, Eigentümer einer Wollenzeugmanufaktur in Königsberg (Ostpr.) 57

Böninger, Arnold, Tabakmanufakturunternehmer in Duisburg 81

Borcke, von, Commissaire général de Commerce im V. Departement des Generaldirektoriums 76

Brandt, Magdeburger Leinenfabrikant 94

Bratring, Friedrich Wilhelm August 94

Bredow, von, Hauptmann, Gutsbesitzer, Inhaber einer Tabakspfeifenmanufaktur in Rostin 85

Bruguier, Eigentümer einer Wollstrumpfmanufaktur in Magdeburg 57

Buchholtz, Johann, Inhaber einer Tuchmanufaktur in Duisburg 57

Büsch, Otto 94

Bureau, Nagelfabrikant in Kalkar 22

Connemann, Wilhelm 92

Charpentier 76, 78

Clemens, Wilhelm 84, 85

Daum (Daun), Gottfried Adolph, Mitbegründer und -inhaber der Firma Splittgerber & Daum (Potsdam, Spandau u. Eberswalde) 57, 58, 60, 61

Dutitre (du Titre), Etienne, Baumwollmanufakturunternehmer in Berlin 58, 62

Dieterici, Karl Friedrich Wilhelm 84

Engels, Friedrich 84

Ephraim, Nathan Veitel Heine, Begründer und Mitinhaber einer Kantenmanufaktur in Potsdam 57, 58, 60, 63

Ermeler, Christian, Kattunfabrikant in Berlin 89

Fabri, Johann Ernst 82

Favreau, Mitinhaber einer Berlin Seidenbandmanufaktur 57

Fischbach, Friedrich Ludwig, Jos. 83

Floh, Textilfabrikant in Krefeld 89

Friedrich II., König von Preußen 8, 10, 11, 12, 14, 15, 16, 17, 37, 77, 91

Friedrich Wilhelm I., König in Preußen 7, 8, 9, 10

Gebhard, W. 83

Girard, David, Berliner Seidenmanufakturunternehmer 57

[+] Das Register umfaßt nicht den Quellenanhang.
Alle Autoren sind hier ohne Erläuterungen aufgenommen.

Gosler (Goßler, Goslar), Christoph, Kriegs- und Domänenrat, Manufakturunternehmer in Magdeburg und Königsborn 35, 59

Goßler, Wilhelm von 85, 92

Grützhaupt, Mitinhaber einer Wollstrumpfmanufaktur in Brandenburg 59

Günther, Adolf 83

Gutbier, Witwe u. Sohn, Inhaber einer Halbseidenmanufaktur in Berlin 57

Hardt, Witwe, Tuchmanufakturinhaber in Duisburg 59

Hassenstein, Wilhelm 93

Haussherr, Hans 73

Heineccius, Johann Ludwig 83

Heinrich, Gerd 94

Hinrichs, Carl 74, 79, 88

Hinsen, Textilfabrikant in Sonsbeck 57

Hintze, Otto 60, 73, 75, 76, 79, 90

Hinze, Kurt 90, 91

Hirsch, David, Samt- u. Seidenmanufakturunternehmer in Potsdam 57

Hoff, Walter 77

Hollberg, Gebr., Leinenfabrikanten in Osterwieck 59

Holsche, August Karl 84

Jacobi, Friedrich Heinrich, Hof- und Kammerrat 83

Jacobi, Ludwig Hermann Wilhelm 84, 87

Jancke sen., Inhaber einer Wollenzeugmanufaktur in Berlin 57

Joel, Isaac Levin, Textilmanufakturunternehmer in Potsdam 58, 63

Kamckin, von, Major, Inhaber einer Textilmanufaktur in Stettin 61

Kameke, Graf, Inhaber einer Fayencemanufaktur in Rheinberg 61

Kersten, Josef 89, 90

Keussen, Hermann 90

Keyser, Erich 85, 86, 87, 90

Kienitz, Amtsrat, Eigentümer einer Tabakspfeifenmanufaktur in Weißenspring 35

Klinckmüller, Hugo 74

Kloever, Drahtfabrikant im Amt Iserlohn 57

Knapmann, Karl 89

Knyphausen, Dodo Heinrich Freiherr von, Commissaire général de Commeroe im V. Departement des Generaldirektoriums 13, 14-16, 17, 18, 73, 76

Koch, Hinrich 76

Koser, Reinhold 87

Krauske, Otto 74

Kretschmer, Konrad 84

Krüger, Horst 76, 80, 84, 85, 86, 87, 91, 93, 94

Kuczynski, Jürgen 93

Lange, Jakob, Wollenzeugmanufakturunternehmer in Berlin 21, 58, 84

Lenz, Friedrich 90

Levi (Levy), Meyer Benjamin, Berliner Seidenmanufakturunternehmer 57

Leyen, von der, Familie, Eigentümer von Samt- und Seidenmanufakturen in Krefeld 59, 60, 62, 89, 90

-, Friedrich von der 60

-, Heinrich von der 60

-, Johann von der 89

Lingen, Mitinhaber einer Samt- u. Seidenmanufaktur in Krefeld 59, 60

Loewe, Viktor 74

Lüder, Kriegsrat, Gutsbesitzer und Inhaber einer Tabakspfeifenmanufaktur in Rostin 85

Lüps, Witwe, Inhaber einer Tuchmanufaktur in Orsoy 57

Lütge, Friedrich 93

Marçaut (Marceaut), Akziseninspektor, Inhaber einer Seidenmanufaktur in Berlin 58, 62

Marx, Karl 63, 64, 83, 88, 91, 92

Massow, Valentin von, Minister im Generaldirektorium (Chef des Departements für Preußen u. Litauen u. aller Kassen), Gutsbesitzer, Eigentümer einer Textilmanufaktur in Friedrichshuld 35, 61

Mathes, Wollmanufakturunternehmer in Landsberg 57

Mehring, Franz 73

Meisner, Mitinhaber einer Wollstrumpfmanufaktur in Brandenburg 59

Meister, Alois 77, 78, 81, 82, 85

Metzgen, Textilfabrikant in Sonsbeck 57

Meyer, Wilhelm 83

Michelet, Berliner Seidenmanufakturunternehmer 57

Mirabeau, Honoré Gabriel Victor de Riqueti, Graf von 76

Müller-Armack, Alfred 93

Muret, Edmund 90

Neuß, Erich 48, 78, 88

Nicolai, Friedrich 88

Oemigcke (Oehmigke), Witwe, Kattunmanufakturinhaber in Berlin 57

Otruba, Gustav 83

Pätsch, (Petsch), Wollmanufakturunternehmer in Berlin 57

Passow, Siegfried 93

Pfeiffer, Ernst 77

Plantier, Inhaber einer Lederhandschuhmanufaktur in Halle 59, 62

Posur, Ernst 75

Potthast, August 78

Potthoff, Heinz 78, 85, 89

Pritze, Johannes 75, 76

Pufahl, Wollenzeugfabrikant in Stettin 59

Rachel, Hugo 75, 75, 78, 79, 81, 84, 85, 86, 88, 92, 93

Reekers, Stephanie 77, 82, 83, 85, 93

Reimann, Erich Paul 77, 78

Richter, Mitinhaber einer Manchestermanufaktur in Berlin 93

Richter, J.D. 74

Ries, Moses, Seiden- und Samtmanufakturunternehmer in Berlin und Potsdam 79

Ring, Walter 81

Roden, Johann Rembert 78

Rohrscheidt, Kurt von 86, 88, 94

Roterberg, Eberhard 75

Rothert, Hermann 86

Rüsse, Karl 92

Saltzmann, Manchestermanufakturunternehmer in Berlin 22

Schäfer, A. 75, 76

Scheidt, Albert Wilhelm, Tuchfabrikant in Duisburg 59

Schickler, Joh. Jakob, Berliner Bankier, Inhaber der Spiegelmanufaktur in Neustadt a.d. Dosse 59, 61

Schiele, Wollenzeugunternehmer in Küstrin 57

Schilfert, Gerhard 93

Schlieder, Wolfgang 78

Schmidt, Witwe, Inhaber einer Wollenzeugmanufaktur in Königsberg (Ostpr.) 59

Schmidt, Jacob, Wollenzeugfabrikant in Königsberg (Ostpr.) 58

Schmidt, Klaus 82

Schmidt, Rudolf 77, 84

Schmidt, Walther 48, 79, 88

Schmitt, Inhaber einer Türkisch-Garnfärberei im Schloß Caputh 35

Schmitz, Heinrich, Tuchmanufakturunternehmer in Berlin 93

Schmoller, Gustav 73, 74, 75, 76, 88

Schöller, Peter 65, 92, 94

Scholze, Georg 88, 91

Schütze, Friedrich Wilhelm, Berliner Bankier, Gutsbesitzer und Inhaber einer Wachstuchmanufaktur in Schöneiche 85

Sieburg (Syburg), Johann Georg, Baumwollmanufakturunternehmer in Berlin 14, 58, 75, 84

Simon, David (Erben), Inhaber einer Baumwollmanufaktur in Berlin 57

Skalweit, August 86, 94

Splittgerber, David, Mitbegründer und Inhaber der Firma Splittgerber & Daum (Potsdam, Spandau, Eberswalde) 57 58, 60, 61

Steilenbeck, Stahlfabrikant im Hochgericht Schwelm 59

Sternberg (Erben), Textilunternehmer in Schwelm 57, 59

Stoeber, Wollenzeugunternehmer in Landsberg a.d.Warthe 59

Stumpf, Berliner Seidenbandmanufakturunternehmer 57

Süßmilch, Johann Peter 86

Syburg s. Sieburg

Terpoorten, Otto 78

Thilo, Martin 75

Thun, Alfons 89

Trauvetter, Wollenzeugfabrikant in Bleicherode 57

Tresckau, Barchentfabrikant in Rathenow 59

Tröger, Hansjörg 84

Tuckermann, Johann Carl, Inhaber einer Tuchmanufaktur in Duisburg 59

Tümpel, Hermann 78

Unholtz, Otto 90

Valentin, Pierre, französischer Tuchfabrikant 91

Vernezobre, Matthaeus Baron von, Gutsbesitzer und Manufakturunternehmer in Amalienhof und Hohenfinow 35, 57, 61, 86, 93

Vester, Ferdinand 92

Victor, Walther 79

Vierne, Mitinhaber einer Manchestermanufaktur in Berlin 93

Vieulsenf, Wollstrumpffabrikant in Stettin 57

Vogler, Günter 83

Vollmer, Gisela 24, 82

Voye, Ernst 85, 89

Waddington, Richard 76

Wangenheim, von, Obrist, Inhaber einer Seifenmanufaktur in Berlin 61

Weddingen, Peter Florenz 78, 83

Wegely, Johann Andreas Daniel, Wollenzeugfabrikant in Berlin 21, 58, 79, 84

Wiedfeldt, Otto 74

Wiesemann, Wilhelm 89

Wilmsen, Tuchfabrikant in Herdecke 57

Wulff, Isaak Benjamin, Inhaber einer Berliner Kattunmanufaktur 80

Wurffels, Wollenzeugfabrikant in Königsberg (Ostpr.) 58

Zelter, Carl Friedrich 79

Bei Fragen zur Produktsicherheit wenden Sie sich bitte an:
If you have any questions regarding product safety,
please contact:

Walter de Gruyter GmbH
Genthiner Straße 13
10785 Berlin
productsafety@degruyterbrill.com